国家社科基金项目（19BSH065）成果

包容性旅游减贫战略：
理论阐释与政策构思

BAORONGXING LÜYOU JIANPIN ZHANLÜE:
LILUN CHANSHI YU ZHENGCE GOUSI

王超 廉梦鹤 向雪洁 郭娜 邹中才 著

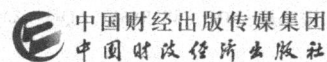

中国财经出版传媒集团
中国财政经济出版社

图书在版编目（CIP）数据

包容性旅游减贫战略：理论阐释与政策构思／王超等著．——北京：中国财政经济出版社，2023.3

ISBN 978-7-5223-1935-3

Ⅰ．①包… Ⅱ．①王 Ⅲ．①旅游业发展-扶贫-研究-中国 Ⅳ．①F592.3

中国国家版本馆 CIP 数据核字（2023）第 014922 号

责任编辑：谷兴华　　　　　责任校对：胡永立
封面设计：卜建辰　　　　　责任印制：党　辉

中国财政经济出版社 出版

URL：http：//www.cfeph.cn
E-mail：cfeph@cfeph.cn
（版权所有　翻印必究）
社址：北京市海淀区阜成路甲 28 号　邮政编码：100142
营销中心电话：010-88191522
天猫网店：中国财政经济出版社旗舰店
网址：https：//zgczjjcbs.tmall.com
北京财经印刷厂印刷　各地新华书店经销
成品尺寸：170mm×240mm　16 开　17.5 印张　290 000 字
2023 年 3 月第 1 版　2023 年 3 月北京第 1 次印刷
定价：72.00 元
ISBN 978-7-5223-1935-3
（图书出现印装问题，本社负责调换，电话：010-88190548）
本社质量投诉电话：010-88190744
打击盗版举报热线：010-88191661　　QQ：2242791300

前　言

2020年，实现全面脱贫是历史赋予中国的时代任务。中国将打开全面脱贫后的新局面，开启奔向全面小康的崭新一页。但是，2020年绝对贫困被消除后，相对贫困依然存在。因此，减少相对贫困仍然是中国乃至世界面临的重要难题。20世纪90年代，一些旅游资源丰富的城市近郊乡村开始通过发展旅游产业带动农村经济的发展，将乡村旅游扶贫策略与整体推进反贫困开发工作相结合，兼顾了"短期扶贫"和"长期开发"的基本要求，基于包容性视角来研究旅游减贫的相关问题，也开始受到政府和学术界的关注。包容性旅游（Inclusive Tourism）以协调各利益主体之间协同关系为发展理念，以消除贫困、创造就业和促进社会和谐为最终目标，是推动旅游经济成果的分配实现相对公平的方略。包容性旅游减贫是针对解决相对贫困问题的一种理论探索，致力于构建共建共治共享的旅游反贫困大格局，通过旅游目的地政府优质服务的提供及龙头涉旅企业的打造，最终形成人民"恒产"的社会、经济、文化、环境协同发展的创新生态系统。在该系统中旅游目的地居民通过旅游产业寻找可持续生计，以实现旅游经济的"共建共治共享"。因此，本书整体研究紧密围绕包容性旅游减贫所涉及的政府、企业、居民、游客四个参与主体进行相关理论假设、案例分析与调查验证，小心求证包容性旅游减贫战略解决的关键问题，探索2020年后旅游助力人民安居乐业、减少相对贫困的系统路径和政策体系，以期为可持续减贫事业的建设提供参考和借鉴。

本书通过调查研究和案例分析，基于包容性旅游减贫的理论阐释，针对性地提出了以下五个方面的包容性旅游减贫战略的政策构思：

一是抓政策协同创新。第一，政府政策服务，坚持协同引导建设。深化政府协同机制，加强政府部门与旅游企业、社区居民、游客的工作对接；提升政府服务质量，将政府服务延伸至基层，推进政府政务全方位开展；延伸政府服务领域，加强政策构思，扩大政策覆盖面。第二，企业生产参与，坚持提升生存能力。深化企业协同作用，强化企业与政府的沟通联系，健全旅游企业参与机制；强化工作对接，促进旅游企业的协同发展，共同提升企业协同能力；持续深化企业协调机制，推进政策落实，拓宽企业参与范围。第三，居民引导参与，坚持劳动就业脱贫。引导旅游社区居民互联互通，支持社区居民形成利益团体，深化居民的协同作用；鼓励居民参与政府组织的培训、宣传等，提升包容相关旅游减贫的主体意识及了解程度；持续深化居民与游客协调机制，推进政府政策、旅游企业相关措施的落实，拓宽居民参与范围。第四，游客消费参与，坚持共建共享行动。完善游客参与机制，拓宽游客参与的渠道，建立有效的反馈机制平台；聚焦游客的旅游需求，拓宽游客参与的渠道，发挥游客的智力支持作用。

二是抓政策思路创新。第一，加强政府统筹规划，优化区域设计布局。优化包容性旅游减贫的整体布局，促进旅游功能丰富化、多元化、优质化；推动包容性旅游减贫的协同发展，统筹协调包容性旅游减贫规划；制定包容性旅游减贫的战略规划，促进政府、企业、居民和游客的共同参与。第二，完善基础条件建设，夯实旅游发展基础。完善旅游目的地基本公共基础设施，提高居民的生活便利程度和工作舒适度；升级包容性旅游减贫资源体系的条件，构建具有竞争力的旅游新兴市场；优化包容性旅游减贫的服务管理体系，打造共建共享的旅游服务系统。第三，丰富传统文化内涵，提升旅游产品品质。保护和发扬优秀的传统文化，通过旅游开发赋予更多传承动力和价值；丰富有旅游目的地特色的产品种类，通过政府政策引导和支持鼓励全民参与创造；重视农村领域潜在的特色旅游产品，通过创新体验形式跨行业融入"旅游+"。第四，注重旅游品牌建设，加大旅游营销力度。构建体验美好的旅游品牌体系，通过旅游经济示范区的建立促进地区经济发展；通过传统媒体资源和现代化的新媒体网络资源，大力宣传包容性旅游减贫模式；在传统宣传营销的基础上，重视电商产品平台和短视频平台的创新营销策略。第五，构建旅游减贫机制，保障居民利益分配。根据政府构建包容性旅游事业总体布局和方针，结合旅游目的地发展条件和特点探索包容性旅游减贫合作模式；扩大旅游减贫的受益范围，提高旅游业发展在生态保护和环境治理中的位置；保障旅游地居民的基本权益和根本利益，建立系统的居民资产投入回报机制，高度保障旅游地环境利益。第六，整合金融资源体系，强化旅游保障支持。深化包容性旅游减贫金融支持体系，为包容性旅游减贫提供金融支持和保障；完善包容性旅游减贫财政支持机制；在符合上层规划和政策制度的前提下，加强包容性旅游减贫用地保障支持。第七，打造旅游人才工程，实现发展用人保障。将包容性旅游人才计划列入培训计划，加强对现行试验区的专项培训；充分做好对引进高端人才的优惠政策，组织引导高素质人才走进包容性旅游减贫地区；加强产教融合培养专业化的人才项目，加强包容性旅游减贫人才队伍的建设。

三是抓政策支持创新。第一，发挥政府融资担保作用，切实支持益贫型涉旅企业参与。明确支持范围，抓住融资担保重点对象，聚焦益贫型涉旅企业的融资担保业务；引导降费让利，实行差别费率，清理、规范收费；营造良好的信用环境，简化担保手续，提升服务能力。第二，重视社会和经济效益统一，推进益贫型涉旅企业多元合作。鼓励社会资本进入旅游减贫领域，加强政府与益贫型涉旅企业的信息沟通，坚持把社会效益放在首位；规范实施政企合作的益贫旅游项目，加强绩效考核；鼓励通过租赁合作、经营合作、融资合作等多种渠道与社区居民进行合作；从加强组织领导、优化资金投入方式等方面入手打造综合性保障措施，并进行切实有效的实施和推进从而形成工作合力。第三，优化企业市场营商环境，维护旅游市场稳定发展好局面。依法平等对待各类市场主体，促进市场主体良性竞争；加强行业协会对市场主体的管理，创造公平竞争的营商环境；落实监管职责，提升监管精准化、智能化水平，推进公共法律服务体系建设。第四，打造高质量发展行动力，提升益贫型涉旅企业服务质量。完善落实旅游景区管理制度，提升旅游景区服务水平；建立动态监管机制，优化旅游接待业服务水平；完善旅行社管理制度，规范旅行社经营活动，提升旅行社服务水平；完善旅游经营服务管理相关规定，引导和支持在线旅游企业成立行业组织，规范线上市场秩序。

四是抓政策引导创新。第一，做好工作计划，提升居民参与能力。启动社区快乐居家计划，鼓励居民积极创业；从政策上为积极参与包容性旅游减贫的居民提供支持，实施居民能力提升工程；加快推广网络设施建设，将新型科学技术应用到旅游减贫社区的各区域和各环节。第二，构建运行机制，强化居民组织程度。形成居民协作互助机制，引导居民开展合作互助；创新旅游社区的组织形式，建立社区居民合作社；完善"居民+"多元主体合作模式，对参与包容性旅游减贫规划的旅游企业给予政策支持，发挥旅游企业的先锋作用。第三，打造生计平台，提高居民收益能力。引入现代化的经营管理理念，支持居民发展特色旅游产品；利用旅游地区特有的自然文化资源和社会经济资源发展不同形式的旅游新型业态；通过政策支持和政策倾向为旅游地区的社区居民提供就业渠道和创业优惠，鼓励旅游社区居民就业、创业。第四，做实保障措施，健全社区服务体系。建立生产性就业岗位保障机制和服务机制；加快互联网、大数据、电子商务与旅游业的结合，优化乡村居民的资源配置要素；为社区居民提供高效便捷的信息化平台，加强旅游行业服务标准的制定。第五，完善配套政策，鼓励居民参与建设。建立土地管理制度，制定规范的土地运营制度；制定包容性旅游居民参与政策和制度规范，制定居民创业补贴政策及就业政策，为居民提供全面制度保障；制定规范的包容性旅游减贫金融保障政策，完善旅游减贫普惠政策和旅游减贫的信贷政策，确保旅游发展资金能够按时到位。

五是抓政策激励创新。第一，升级重大举措，激发游客消费潜力。通过惠民措施降低游客消费成本，刺激游客消费能力的提升；改善旅游环境，提升游客消费意愿；升级旅游项目，提供多元化旅游项目，拓宽游客消费途径。第二，促进各界交往，鼓励游客参与发展。构建消费扶贫政策框架，建立消费扶贫协作机制，营造全社会参与旅游扶贫的氛围，增加游客参与动力；通过加大基础设施建设力度、提升各项人员服务能力促进旅游服务提质升级，提升游客参与意愿；通过组织领导和政策激励建立保障措施政策兜底，加强游客参与力度。第三，推动体系重构，强化游客参与建设。通过旅游格局、旅游市场等进行旅游发展理论的深入研究，推进旅游发展理论的实践研究；从政府、企业、游客等多角度研究旅游发展措施，推动建设细节落实；从主体性、整体性和社会性的角度进行旅游发展主体研究，强化游客建设力度。第四，加强诚信建设，激励优化旅游氛围。从政府、企业和游客的角度进行旅游信用体系的建设，推动健全诚信机制；加强旅游诚信宣传教育，举办行业诚信活动，加强提升思想觉悟；政府、企业推进完善奖惩体系下游客自觉遵守惩戒措施，全面促进奖惩体系的建设与完善。第五，完善管理措施，促进旅游提质建设。完善物联网、云计算、人工智能等技术管理，提升旅游效率；完善方式管理，发展旅游形式的多样性，减缓旅游压力；做好品牌管理，完善特色旅游路线、旅游产品和旅游形式以提升游客的旅游感知和满意度。

本书可为对旅游减贫感兴趣的高等学校学生、研究机构学者、政府工作人员、企业从业人员等，探索旅游反贫困研究与工作新思路提供参考资料。

2022 年 12 月

目　　录

绪论　　/1

第一章　文献研究及相关理论基础　　/6
第一节　本书研究的基本概念　　/6
第二节　国外文献研究及述评　　/13
第三节　国内文献研究及述评　　/18
第四节　理论基础与研究启示　　/24

第二章　包容性旅游减贫战略的理论分析框架　　/40
第一节　包容性旅游减贫战略参与主体的维度分析　　/40
第二节　包容性旅游减贫战略的历史性和可行性　　/44
第三节　包容性旅游减贫战略的内外部影响机制　　/48
第四节　包容性旅游减贫战略的理论分析框架　　/53

第三章　2020年后包容性旅游减贫的时代需求　　/61
第一节　2020年后脱贫地区发展的时代特征　　/61
第二节　2020年后包容性旅游减贫的必要性　　/64
第三节　2020年后旅游减贫工作的政策趋势　　/68

第四章　包容性旅游减贫的研究假设与概念模型　　/73
第一节　基于政府服务能力的研究假设与概念模型　　/73

第二节　基于企业参与能力的研究假设与概念模型　/77

第三节　基于居民参与能力的研究假设与概念模型　/81

第四节　基于游客参与能力的研究假设与概念模型　/84

第五节　包容性旅游减贫指标体系的设计　/88

第五章　包容性旅游减贫的调查研究　/93

第一节　包容性旅游减贫中政府服务能力的调查　/93

第二节　包容性旅游减贫中企业参与能力的调查　/107

第三节　包容性旅游减贫中居民参与能力的调查　/119

第四节　包容性旅游减贫中游客参与能力的调查　/129

第六章　国外包容性旅游减贫的典型案例分析　/140

第一节　政府服务能力：日本包容性旅游减贫的实践与启示　/140

第二节　企业参与能力：印度包容性旅游减贫的实践与启示　/153

第三节　居民参与能力：美国包容性旅游减贫的实践与启示　/161

第四节　游客参与能力：泰国包容性旅游减贫的实践与启示　/171

第七章　国内包容性旅游减贫的典型案例分析　/184

第一节　基于政府服务的贵州省贵阳市包容性旅游减贫实践　/184

第二节　基于企业参与的云南省红河州包容性旅游减贫实践　/192

第三节　基于居民参与的四川省成都市包容性旅游减贫实践　/203

第四节　基于游客参与的贵州省黄平县包容性旅游减贫实践　/213

第八章　2020年后包容性旅游减贫战略的政策构思　/223

第一节　抓政策协同创新　/223

第二节　抓政策思路创新　/226

第三节　抓政策支持创新　/232

第四节　抓政策引导创新　/238

第五节　抓政策激励创新　　/243

附　录　　/250

附录1　包容性旅游减贫政府服务能力的调查问卷　　/250

附录2　包容性旅游减贫企业参与能力的调查问卷　　/252

附录3　包容性旅游减贫居民参与能力的调查问卷　　/255

附录4　包容性旅游减贫游客参与能力的调查问卷　　/258

参考文献　　/261

绪 论

包容性旅游减贫实质是要解决旅游目的地如何通过发展旅游事业减少贫困问题的一种旅游发展理念。在旅游减贫事业中,旅游目的地政府应该努力提供优质管理和服务,鼓励和吸引涉旅企业和游客的有效参与,激活社会活力和经济潜力,激发原住居民的能动性和积极性,最终打造一个旅游产业助力人民实现"恒产"的社会、经济、文化、环境协同发展的创新生态系统。在这个系统中,人居环境美好,社会稳定有序,经济繁荣发展,文化多彩丰富。居民通过在旅游产业中积极就业,寻找可持续生计,实现永续发展,助力旅游目的地在消灭绝对贫困的同时,也能够推动减少相对贫困的长效机制的构建,最终实现旅游经济的包容性增长和旅游发展成果由人民共建共治共享的格局。因此,本书整体研究紧密围绕包容性旅游减贫所涉及的政府、企业、居民、游客四个参与主体进行相关理论假设、案例分析与调查验证,小心求证包容性旅游减贫战略解决的关键问题,探索 2020 年后旅游助力人民安居乐业、减少相对贫困的系统路径和政策体系。

一、精准扶贫脱贫对包容性旅游减贫战略发展提出了时代要求

贫困问题一直是影响着中国全面进步和全面建成小康社会的阻碍因素之一。中国人民千百年来一直致力于与贫困的抗争。中华人民共和国成立以来,党中央一直把扶贫、减贫作为社会发展的重要工作之一。在中华人民共和国成立 70 多年的历史长河中,我国陆续采取了土地改革、合作化、人民公社化等改革政策,通过保障农民的土地使用权、改善乡村基础设施建设、改善农业技术等措施,减缓了农村极端贫困现象,但截至 1978 年,贫困人口仍然约有 77 039 万人,贫困率为 97.5%。1979 年改革开放后,中国政府花大力气探索解决千百年困扰人民的相对贫困问题。中国相继颁发了《国家八七扶贫攻坚计划(1994—2000 年)》《关于推进网络扶贫的实施方案(2018—2020

年)》《中共中央 国务院关于打赢脱贫攻坚战的决定》《深度贫困地区教育脱贫攻坚实施方案 (2018—2020 年)》等重要文件,通过扶贫式开发、金融扶贫、产业扶贫、移民扶贫、精准扶贫等形式,持续推进城乡减贫工作。据数据显示,中国农村贫困人口规模从 1978 年的 77 039 万人减少至 2018 年末的 1 660 万人,贫困人口减少了 7.54 亿人,贫困发生率从 97.5% 下降至 1.7%。70 多年来我国持之以恒的扶贫、脱贫、减贫工作成效明显,尤其是改革开放后的 40 多年来政府不仅带领全国贫困人口走出困境,而且在贫困地区的教育、医疗、产业发展等方面大量投入人才和资金,帮助贫困人口提高了自我发展能力,实现了从"输血式扶贫"到"造血式扶贫"的转变。

其中,2013 年 11 月,由习近平总书记提出有关"精准扶贫"工作的重要论述,成为中国扶贫里程碑上的一个新标志。此后,"精准扶贫脱贫"工作的深入推进与系列成果也为 2020 年后实施包容性旅游减贫战略提出了时代要求。一方面,党的十九大报告中明确指出:"确保到 2020 年我国现行标准下农村贫困人口实现脱贫,贫困县全部摘帽,解决区域性整体贫困,做到脱真贫、真脱贫。"① 2020 年实现全面脱贫是历史赋予中国的阶段性任务,中国将打开全面脱贫后的新局面,开启奔向全面小康的历史崭新的一页②。另一方面,相对贫困问题还未得到彻底解决并将长期存在,国务院扶贫办主任刘永富在 2018 年全国两会上强调:"到 2020 年中国消除了绝对贫困,相对贫困还会长期存在。"③ 绝对贫困的消除并不意味着贫困的彻底消失,相对贫困问题的解决仍然是中国乃至世界面临的重要难题。国家对精准扶贫脱贫工作制订了严格的脱贫标准,以保障"脱真贫、真脱贫",为避免精准脱贫户再次返贫,需要保证脱贫的长久性和减贫的可持续性,也需要制订可持续的减贫计划。包容性旅游减贫的任务是以旅游业发展为依托,推动减贫事业的可持续发展,尤其是相对贫困问题得到有效缓解,目的是缩小旅游目的地居民发展的相对差距,实现旅游经济的包容性增长。因此,精准扶贫脱贫对包

---

① 习近平. 决胜全面建成小康社会 夺取新时代中国特色社会主义伟大胜利——在中国共产党第十九次全国代表大会上的报告. [EB/OL]. 中华人民共和国中央人民政府网: http://www.gov.cn/zhuanti/2017-10/27/content_5234876.htm. [2017-10-27]. 引用日期 [2020-02-02].

② 本书完成时间为 2020 年之前,所涉及数据均为 2020 年之前资料。下文同,不再进行重复说明。

③ 国务院扶贫办:2020 年中国消除绝对贫困,相对贫困还会长期存在. [EB/OL]. 新京报网:http://www.bjnews.com.cn/news/2018/03/07/478071.html. [2018-03-07]. 引用日期 [2020-02-02].

容性旅游减贫战略发展提出了时代要求，成为探索减少相对贫困的探索路径之一。

二、乡村旅游扶贫为包容性旅游减贫战略发展迎来了新的契机

20世纪90年代，一些旅游资源丰富的城市近郊乡村开始通过发展旅游产业带动农村经济的发展，例如四川省成都市郫都区农科村的"农家乐"。此后，原国家旅游局（现文化和旅游部）和国务院扶贫办加大了对旅游设施建设、宣传推广、教育培训等方面的支持力度，政府开始出资支持旅游资源富集的乡村发展旅游经济，并相继印发了《国家级旅游业改革创新先行区建设管理办法》《关于支持深度贫困地区旅游扶贫行动方案》《国家旅游局关于进一步做好当前旅游扶贫工作的通知》等文件。旅游扶贫成为带动更多贫困乡村的居民实现脱贫切实可行的重要路径。国家发展和改革委等14个部门联合发布的《促进乡村旅游发展提质升级行动方案（2017年）》（发改社会〔2017〕1292号）中明确指出："进一步发挥乡村旅游在稳增长、促消费、减贫困、惠民生等方面的积极作用。"① 因此，在相对落后的农村地区未来发展中，要聚焦解决突出短板弱项，思考旅游规划开发，加大对旅游精品线路的打造和旅游特色品牌的建设，进一步激发乡村旅游扶贫的功能，促进旅游综合效益持续增长，加快形成旅游促进乡村经济可持续发展的新优势。

在这样的发展背景下，旅游作为消除贫困、创造就业和促进社会和谐的重要途径被广泛运用于乡村建设之中，基于包容性视角来研究旅游以及减贫的相关问题，也开始受到政府和学术界的广泛关注。其中，将乡村旅游扶贫策略与整体推进反贫困开发工作相结合，既能够兼顾"短期扶贫"和"长期开发"的基本要求，② 也能更好地满足贫困人群的生活需要和利益诉求。包容性旅游以协调各利益主体之间的关系为发展理念，以消除贫困、创造就业和促进社会和谐为最终目标，是推动旅游经济成果分配实现相对公平的重要方略。因此，包容性旅游减贫作为一种共建共治共享的旅游反贫困发展思路，符合乡村旅游扶贫时代发展新趋势，是对解决相对贫困问题的一种理论探索。

---

① 促进乡村旅游发展提质升级行动方案（2017年）．[EB/OL]．中华人民共和国文化和旅游部网：http：//zwgk.mct.gov.cn/auto255/201707/t20170719_832467.html? keywords =．[2017-07-19]．引用日期 [2020-02-02]．

② 常洁，高文波，何鹏．多维资本视角下贫困村旅游减贫潜力研究——以四川省小金县墨龙村为例 [J]．农林经济管理学报，2019（03）：424-432．

三、全面建成小康社会为包容性旅游减贫战略创造了历史条件

20世纪70年代末80年代初，邓小平同志首次提出"小康社会"的战略构想。改革开放以来，"小康社会"一直是中国人民的美好追求。在中国共产党的领导和全国人民的共同努力下，于20世纪末中国实现了总体小康。但离全面小康社会建成的要求还有一定距离。随着中国特色社会主义建设事业的深入，"小康社会"的内涵和意义不断得到丰富和发展。江泽民同志在党的十六大报告中指出："当人类社会跨入二十一世纪的时候，我国进入全面建设小康社会、加快推进社会主义现代化的新的发展阶段。"① 进入21世纪以后，胡锦涛同志在党的十七大报告中指出："坚持中国特色社会主义经济建设、政治建设、文化建设、社会建设的基本目标和基本政策构成的基本纲领。"② 由此，对全面小康社会的建设提出了更高更全面的要求。胡锦涛同志在党的十八大报告中明确指出"全面建成小康社会"，"确保到2020年实现全面建成小康社会宏伟目标"③。十八大以来，"五位一体"和"四个全面"的政策落地实施，也为各地区的减贫工作和农村工作做出了具体指导。完成全面建成小康社会的历史任务，最艰巨、最繁重的任务在农村，特别是在农村贫困地区。2017年，习近平总书记在党的十九大报告中指出："决胜全面建成小康社会、夺取新时代中国特色社会主义伟大胜利。"④ 全面建成小康社会是实现第一个百年奋斗目标的任务，同时是实现第二个百年奋斗目标的基础，是实现中华民族伟大复兴的中国梦的重要保障。

正是中国共产党人一脉相承的伟大梦想，为全面建成小康社会，为包容性旅游减贫战略创造了时代条件。一方面，党的十九大报告中明确指出："我

---

① 江泽民：全面建设小康社会，开创中国特色社会主义事业新局面——在中国共产党第十六次全国代表大会上的报告．[EB/OL]．中华人民共和国中央人民政府网：http://www.gov.cn/test/2008-08/01/content_1061490.htm．[2008-08-01]．引用日期［2020-02-02］．

② 胡锦涛：高举中国特色社会主义伟大旗帜，为夺取全面建设小康社会新胜利而奋斗——在中国共产党第十七次全国代表大会上的报告．[EB/OL]．中华人民共和国中央人民政府网：http://www.gov.cn/ldhd/2007-10/24/content_785431.htm．[2007-10-24]．引用日期［2020-02-02］．

③ 胡锦涛：坚定不移沿着中国特色社会主义道路前进为全面建成小康社会而奋斗——在中国共产党第十八次全国代表大会上的报告．[EB/OL]．中华人民共和国中央人民政府网：http://www.gov.cn/ldhd/2012-11/17/content_2268826.htm．[2012-11-17]．引用日期［2020-02-02］．

④ 习近平：决胜全面建成小康社会 夺取新时代中国特色社会主义伟大胜利——在中国共产党第十九次全国代表大会上的报告．[EB/OL]．中华人民共和国中央人民政府网：http://www.gov.cn/zhuanti/2017-10/27/content_5234876.htm．[2017-10-27]．引用日期［2020-02-02］．

国社会主要矛盾已经转化为人民日益增长的美好生活需要和不平衡不充分的发展之间的矛盾。"① 在中国经济"蛋糕"做大的基础上,如何"共建共治共享"这块"蛋糕"成为亟待解决的问题。因此,在解决补齐农村地区发展短板,缩小发达地区和欠发达地区间的差距方面,包容性旅游减贫是对党和国家战略需求的呼应。另一方面,2020年全面建成小康社会的历史时代已经来临,新时代为中国各领域的发展带来了新的机遇和要求,也为旅游反贫困的创新发展提供了新的历史舞台。根据全面建成小康社会的目标和要求,中国在经济建设、政治建设、文化建设、社会建设和生态文明建设五个方面都取得了很大的成就,为包容性旅游减贫的发展奠定了坚实的基础。

---

① 习近平:决胜全面建成小康社会 夺取新时代中国特色社会主义伟大胜利——在中国共产党第十九次全国代表大会上的报告. [EB/OL]. 中华人民共和国中央人民政府网:http://www.gov.cn/zhuanti/2017 - 10/27/content_5234876. htm. [2017 - 10 - 27]. 引用日期 [2020 - 02 - 02].

第一章 文献研究及相关理论基础

第一节 本书研究的基本概念

一、包容性

"包容"一词汉语解释为"宽容、大度"之意,常常指人的一种精神境界或状态。英语为"inclusion",意思是 A 也可以,B 也可以,A 与 B 都可以,即 A 或 B 其中之一,或者 A 与 B 并存状态。包容也可指一个系统能量交换的开放程度,在这个能量交换中没有严格的限制标准,是对外来能量表现出一种接纳状态。"包容"的反义词是"排斥",就是主体拒绝容纳某客体或将其排出。某个主体要体现包容,则称具有包容性[1]。包容性是主体对客体存在"异见"(不同的看法和不同的存在状态) 的可容纳能力或程度[2]。例如,对于异见(客体)的包容能力,各个社会(主体)的包容程度是不同的,主体对持有异见者采取的措施有发动战争、判刑、打压、不给发声的条件、处死(如布鲁诺的例子)、容许自由发声等。另外,不同时期、不同社会的主体,对相同的客体具有不同的包容度[3]。

主体的包容性状态能够展现出来,包含两个层面的哲学关系:对"多元"

---

[1] 陆铭,高虹,佐藤宏. 城市规模与包容性就业 [J]. 中国社会科学,2012 (10):47 - 66,206.

[2] 邢小强,周江华,仝允桓. 包容性创新:概念、特征与关键成功因素 [J]. 科学学研究,2013 (06):923 - 931.

[3] 杜志雄,肖卫东,詹琳. 包容性增长理论的脉络、要义与政策内涵 [J]. 中国农村经济,2010 (11):4 - 14,25.

的认可和对"分享"的支持。"多元"是指事物存在的多样性,而这种多样性是合理和客观的。"多元"一词,英语翻译为"diversity",是一个形容词,即多种多样的意思。多元是指构成社会单元个体的存在状态,包括了民族、种族、宗教、群体等概念。多元观念指导下社会主体是相互尊重,和谐共同发展,形成一个良好的社会发展机制。"分享"是指某事物由主体发出与客体分着享受、使用、行使的过程,它的同义词是"共享",换个角度而言,即大家共同享受某一事物。"分享"一词,英语翻译为"share",是一个动词,即 A 获得成果 C,主动与 B 享受成果 C 的过程,主体实现这一过程就叫"分享式"。常用的最多的是宗教领域,强调人的行为要利他,这样有利于社会和谐发展。从理论层面讲,分享是主体进行的利他行为,这种行为可能不存在功利性目的,与共享在很大程度上意思相近,但共享更强调客体有权利与主体进行成果分配,而分享不一定有这层意思,分享强调的是主体自愿行为。这个过程是否实现,完全由主体决定,不受法律约束或控制,只是受道德约束或控制[①]。

"包容""分享""多元"三个词语在主客体关系上,表达意义虽然有一定重合,但在深层内涵上有所不同。"包容"强调主体和客体共同发展的责任在于主体,主体需要容纳客体发展,给客体创造发展机会,客体不是不发展,而是没有环境条件来发展。主体通过满足客体发展的环境条件,实现两者共同发展的目的。"分享"强调主体创造成果,由主体主观性决定是否给予客体成果,实现主体与客体之间的利益均衡。客体发展与否,受到主体影响。"多元"强调客观存在的事物,主客体应该拥有共同的资源和环境条件,主体发展不应该利用工具排斥或消除不一样的客体。主客体的发展是齐头并进,最后实现和谐统一。根据本书研究需要,包容性旅游减贫战略强调多元主体参与旅游事业共建,共治旅游发展环境,共享旅游发展成果,其本身存在就是多元主体的一种对发展成果分享的持续状态,这种发展状态可以创造幸福的社会发展环境[②]。

---

① 迫田章子. "就业分享"的途径——小时工劳动论 [J]. 社会学研究, 2000 (04): 98-106, 125.
② 丘海雄, 李敢. 国外多元视野"幸福"观研析 [J]. 社会学研究, 2012 (02): 224-241, 246.

二、旅游减贫

旅游减贫是依托旅游产业的发展带动旅游目的地相关产业协同发展的联动效益，从而发挥旅游经济的益贫特性的一种旅游发展方式，包含以下三个层面：

一是旅游减贫的基本内涵是通过发展涉旅产业带动旅游目的地经济发展，发挥旅游经济的包容性作用，以改善民生、优化产业结构、刺激良性消费来创造更多就业机会[1]。将发展涉旅产业作为实现减贫的有效产业工具[2]，创造生产性就业岗位，改善地区居民的生计水平，旅游减贫的各参与主体共同创造优质旅游环境，加强地区基础设施建设，提高居民幸福指数和安全感。

二是旅游减贫的目的是通过发展旅游产业，促进餐饮业、交通业、零售业、娱乐业等产业的融合发展，建立一种可持续的经济发展状态，助力相对贫困的减少，缩小地区社会成员之间的收入差距。旅游产业对地区产生的积极效应体现在人力资源、基础建设、农产品生产、剩余劳动力就业等方面[3]。

三是旅游减贫直接效益的产生是游客的积极消费，间接效益的产生来自于旅游发展成果的二次分配[4]。实施旅游减贫战略的地区需要对实现减贫的潜力和适用程度进行科学评估[5]，为旅游减贫战略的实施提供政策支持和外部环境保障，保证旅游减贫效果和旅游业社会建设功能的实现。

我国旅游减贫的相关实践起始于20世纪80年代。近年来，随着精准扶贫的实施及乡村旅游的兴起，旅游减贫的效应也越来越受到政府和学者的关注。中国旅游减贫的主要做法是通过探索实施适合贫困地区的旅游业发展模式实现区域经济的发展，以促进贫困程度的降低。依托旅游业的健康发展，解决就业不充分难题，增加商业机会，扩大生计来源。《国家旅游局关于进一步做好当前旅游扶贫工作的通知》（旅发〔2018〕27号）中强调："进一步提

---

[1] 丁建军，周书应. 武陵山片区旅游减贫效应的异质性分析［J］. 湘潭大学学报（哲学社会科学版），2018，42（02）：83－88.

[2] 何彪，朱连心，李会琴. 多主体参与旅游精准扶贫行为逻辑和参与模式——基于价值共创视角［J］. 社会科学家，2019（06）：90－96.

[3] 赵磊，张晨. 旅游业与贫困减缓：基于国外经济学文献的述评［J］. 旅游科学，2018，32（04）：31－46.

[4] 李如友，郭鲁芳. 旅游减贫效应之辩——一个文献综述［J］. 旅游学刊，2017，32（06）：28－37.

[5] 常洁，高文波，何鹏. 多维资本视角下贫困村旅游减贫潜力研究——以四川省小金县墨龙村为例［J］. 农林经济管理学报，2019，18（03）：424－432.

高旅游脱贫质量和成效，全面推进贫困地区旅游产业发展，有效带动贫困人口脱贫增收，坚决打好新时代精准脱贫攻坚战。"[1] 旅游减贫的要求是引导旅游业的健康发展，针对性地解决旅游发展中存在的短板问题，关注旅游目的地居民的民生问题，保护地区生态和文化，实现旅游目的地的蓬勃发展。因此，按照旅游减贫的内涵和要求，保障贫困居民的核心利益在旅游发展过程中的合法权益，是旅游实现减贫作用的重要前提。

三、包容性旅游

（一）包容性旅游的引入

在我国古代，已经存在了"包容性思想"的基础，这为现代"包容性增长"理论奠定了思想基础。包容性增长强调参与、共享、全面、协调，有助于解决城乡发展差距大，区域发展不平衡、不充分，社会发展两极化等问题。"包容性增长"这一概念最早由亚洲开发银行提出，其目的是促进社会和经济的协调发展和可持续发展，后逐渐受到世界银行、经济合作与发展组织和联合国等国际组织的关注和完善。包容性旅游是对包容性增长理念的借鉴，国内最早由王京传、李天元[2]、王超、郑向敏[3]等学者，将包容性增长理念引入旅游研究领域，其基本内涵包括：

一是包容性旅游强调旅游可持续性和公平性的发展，一方面要促进旅游目的地人口就业机会的均等，另一方面要通过旅游相关产业的发展，增加生产性就业岗位，促进旅游目的地的社会公平，缩小贫富差距[4]。

二是包容性旅游是一种旅游战略规划发展的理念，以旅游企业为客体、政府政策为保障，社会各界为参与者[5]，所有主体参与旅游业发展具有同等条件和机会，共同享有旅游性发展带来的利益。

---

[1] 国家旅游局关于进一步做好当前旅游扶贫工作的通知．[EB/OL]．国务院扶贫开发领导小组办公室：http：//www.cpad.gov.cn/art/2018/3/4/art_50_79571.html．[2018 - 03 - 04]．引用日期[2020 - 02 - 08]．

[2] 王京传，李天元．包容性旅游增长的概念内涵、实现机制和政策建议[J]．旅游科学，2011，25（05）：10 - 22．

[3] 王超，郑向敏．我国包容性旅游的发展[J]．重庆理工大学学报（社会科学），2012，26（09）：39 - 43．

[4] 王超，郑向敏．我国包容性旅游的发展[J]．重庆理工大学学报（社会科学），2012，26（09）：39 - 43．

[5] 刘红梅，杨素丹，高瑜，李小杰．山地民族地区黔江濯水景区包容性旅游发展路径研究[J]．黑龙江农业科学，2016（09）：92 - 96．

三是包容性旅游要求多个主体的共同平等参与。包容性旅游需要政府、企业、居民、游客、其他社会组织等所有旅游事业建设参与者的共同努力，创新贫困地区的旅游发展模式，形成一种可协调和可持续发展的共同愿景，促进欠发达地区旅游脱贫的自我组织性和可持续性①。

（二）包容性旅游的目标

包容性旅游需要通过政府主导与服务，企业、居民、游客以及其他社会组织的共同参与，以涉旅产业的创新生态系统构建为基础，实现就业机会均等、发展成果共享、社会稳定和经济繁荣的目标，具体目标包括：

一是包容性旅游要求深化旅游目的地居民对发展旅游的认同感，提升自主参与能力，实现稳定就业②。

二是包容性旅游的惠民政策应与其他宏观经济、环境或社会发展政策相结合，以确保旅游业增长惠及更多贫困人口③。

三是包容性旅游发展成果是力求所有人员拥有同等的参与机会。包容性旅游战略规划的制订应将所有参与人员和组织的诉求考虑进去形成共建共治共享机制，用制度规范运行形成互利互惠利益共同体。

四、包容性旅游减贫

习近平总书记在党的十九大报告中明确指示："打造共建共治共享的社会治理格局。"④ 包容性旅游减贫是以"共建共治共享"为指导的地区旅游发展战略。包容性旅游减贫实质是包容性旅游增长必须要实现的基本功能，旅游可持续发展必须要助力解决绝对贫困问题和构建减少相对贫困的可持续发展机制。因此，包容性旅游减贫作为一项共建共治共享旅游发展成果的思路，包括：

一是包容性旅游减贫的理念与"共建"理念相通，即以政府、企业、居

---

① Salvatore R, Chiodo E, Fantini A. Tourism transition in peripheral rural areas: Theories, issues and strategies [J]. Annals of Tourism Research, 2018, 68: 41 – 51.

② Fong S F, Lo M C, Songan P, et al. Self – efficacy and sustainable rural tourism development: local communities' perspectives from Kuching, Sarawak [J]. Asia Pacific Journal of Tourism Research, 2016: 1 – 13.

③ Njoya E T, Seetaram N. Tourism Contribution to Poverty Alleviation in Kenya: A Dynamic Computable General Equilibrium Analysis. [J]. Journal of Travel Research, 2018, 57 (4): 513 – 524.

④ 习近平：决胜全面建成小康社会 夺取新时代中国特色社会主义伟大胜利——在中国共产党第十九次全国代表大会上的报告．[EB/OL]．中华人民共和国中央人民政府网：http://www.gov.cn/zhuanti/2017 – 10/27/content_5234876.htm．[2017 – 10 – 27]．引用日期 [2020 – 02 – 09]．

民、游客为主体，社会各界参与者共同建设高质量的旅游目的地，实现社会协同发展①。

二是包容性旅游减贫符合社会治理格局"共治"的基本理念，以旅游业发展作为地区减贫的重要载体之一，需要参与主体共同治理，维持旅游目的地社会与经济的繁荣稳定②。此外，旅游产业的发展与地方建设、城乡规划、土地使用、环境治理等息息相关，需要各部门和各主体共同进行治理，治理过程中要根据生态保护政策、环境建设计划、城乡长远发展等战略进行统筹规划，以保证包容性旅游减贫目标的实现。

三是包容性旅游减贫是促进参与主体实现旅游发展成果各方"共享"的有效途径。旅游减贫的富民效应已经得到社会各界的广泛关注和普遍认可，旅游产业逐渐成为落后地区经济发展的主要路径之一③。特别是旅游产业所创造的生产性就业岗位，有其独特的益贫功能。缺乏高技能和高知识储备的贫困者，通过简单劳动培训，就可以实现自主就业脱贫，享受旅游发展带来的就业机会。此外，旅游发展带来的人居环境的改善和美化，以及创造的商业机会和市场机会，也会惠及旅游目的地所有群众，实现旅游发展成果的共享。

五、旅游可持续发展

文化和旅游部、自然资源部等十七部门联合印发的《关于促进乡村旅游可持续发展的指导意见》（文旅资源发〔2018〕98号）明确指出："各地各部门要把乡村旅游可持续、高质量发展作为实施乡村振兴战略的重要举措。④"旅游减贫的工作重心在广大的乡村地区。旅游可持续发展是指合理利用和保护已有自然资源，实现社会、经济、生态环境共同发展的旅游发展方式，其前提是不破坏旅游地的生态环境、自然环境和自然资源。

一是旅游可持续发展要充分合理利用自然资源，并适度开发潜在旅游资

---

① 万君，张琦. 绿色减贫：贫困治理的路径与模式 [J]. 中国农业大学学报（社会科学版），2017，34（05）：79-86.

② 张大鹏. 旅游发展能减缓特困地区的贫困吗——来自我国中部集中连片30个贫困县的证据 [J]. 广东财经大学学报，2018，33（03）：87-96.

③ 熊正贤. 富民、减贫与挤出：武陵地区18个乡村旅游样本的调查研究 [J]. 云南民族大学学报（哲学社会科学版），2018，35（05）：77-88.

④ 关于促进乡村旅游可持续发展的指导意见. [EB/OL]. 中华人民共和国自然资源部网：http：//f. mnr. gov. cn/201905/t20190520_2412020. html. [2019-05-20]. 引用日期 [2020-02-09].

源。旅游可持续发展是在旅游业发展中，保护地区发展，平衡旅游发展内部资源，形成良性健康的旅游发展环境[1]。一方面，打破传统思维，避免旅游的同质化发展，对旅游目的地进行准确的定位，建立创新驱动机制，依托有限的旅游资源，进行无限的创意融入，实现地区旅游业的长远布局。另一方面，调动旅游参与主体的积极性、完善制度建设和基础建设、改善家庭成员的分工协作，实现旅游的可持续发展[2]，提升发展旅游的积极影响。

二是旅游可持续发展不能破坏现有和潜在的旅游资源，要对社会环境、生态环境进行保护。旅游可持续发展包括旅游人才的可持续发展、旅游环境的可持续发展、旅游产业的可持续发展、旅游设施与服务的可持续发展、旅游品牌建设的可持续发展[3]，在地区实现旅游化的过程中构建科学的发展机制，促进旅游地区生态的可持续性和旅游地居民的生计可持续性[4]。通过旅游发展来加强基础设施建设、旅游产品、旅游服务水平的可持续性，实现旅游经济和社会的永续发展[5]。

三是依托旅游业的发展促进社会、经济、生态"三位一体"的综合提升。首先，从宏观调控措施、综合性规划、旅游服务发展、旅游环境建设方面提高可持续性[6]，基于可持续发展的原则，以旅游业发展为载体，提升人民幸福感和获得感，实现旅游业的长远发展。其次，在地区的旅游发展中，克服制约发展的因素，包括资金因素、人力资源因素、基础设施建设等，激发旅游发展的内生动力[7]，从而实现收入提高、生活质量提升、建立旅游品牌等目标。再次，通过旅游业的发展带来经济利益和非经济利益的均衡发展，提升旅游发展的整体性水平[8]，处理好旅游开发商、旅游地原有资源、旅游开发强

---

[1] 史玉丁，李建军. 乡村旅游多功能发展与农村可持续生计协同研究 [J]. 旅游学刊，2018，33（02）：15-26.

[2] 王慧. 乡村旅游地可持续发展的实现进路 [J]. 重庆社会科学，2018（05）：105-111.

[3] 吴小霞. 推动乡村旅游可持续发展 [J]. 人民论坛，2018（32）：84-85.

[4] 史玉丁，李建军，刘红梅. 提升旅游生计资本的生态补偿机制 [J]. 西北农林科技大学学报（社会科学版），2019，19（05）：98-106.

[5] 武少腾，付而康，李西. 四川省乡村旅游可持续发展水平测度 [J]. 中国农业资源与区划，2019，40（07）：233-239.

[6] 李喜梅. 乡村旅游何以走得更远 [J]. 人民论坛，2017（25）：90-91.

[7] 林德荣，陈莹盈. 智慧旅游乡村建设的困境与突破：从智慧潮流走向可持续发展 [J]. 旅游学刊，2019，34（08）：3-5.

[8] 斯丽娟，夏玛，陶杰，刘宇浩. 旅游精准扶贫绩效影响因子研究——基于可持续生计理论 [J]. 西北农林科技大学学报（社会科学版），2019，19（01）：29-38.

度和时间的关系,促进旅游高质量发展①。

第二节 国外文献研究及述评

一、旅游减贫

贫困是世界性的研究话题之一,从"益贫式增长"到"包容性增长",一直是反贫困领域国际学术界关注的热点话题,代表学者包括 Ali、Anna、Jennifer、Florence、Stephan 等,研究领域包括企业发展的益贫功能、经济包容性增长的益贫路径、信息与技术对贫困人口脱贫的作用、不平等增长对贫困的影响及其解决的路径、新千年后贫困的新问题、亚洲和非洲及拉丁美洲等欠发达地区脱贫典型案例的研究等。对于旅游的减贫功能而言,国际上习惯称为"旅游扶贫"(Pro – poor Tourism),以哈罗德·古德温(Harold Goodwin)博士研究团队为代表的学者们,从新千年到现在对旅游减贫的系列问题,在非洲、亚洲、南美洲等欠发达国家,进行了长时间和系统性的探索,并取得了国际上认可的研究成果。国外关于旅游减贫的研究主要集中在以下三个方面:

(一)关于旅游减贫相关影响因素与作用的研究

随着贫困地区旅游发展起来的体验经济使少数民族地区游客成为乡村文化的传播者,旅游业对于促进乡村经济和弘扬乡村特色文化起到了非常重要的作用(Katia Laura Sidalia、Elisabeth Kastenholzb,2013)②。在旅游减贫工作中应根据乡村经济和环境的现实条件设计民族地区旅游战略,同时要充分考虑对文化遗产的保护(Silva、Luís 等,2015)③。旅游业发展可以为落后地区带来经济社会的高效益,在贫困地区的旅游发展中应该引进高等教育人才、

---

① 马骁. 关于民族旅游可持续发展的思考 [J]. 中南民族大学学报 (人文社会科学版),2017,37 (06):126 – 130.

② Katia Laura Sidalia, Elisabeth Kastenholzb. Food tourism, niche markets and products in rural tourism: combining the intimacy model and the experience economy as a rural development strategy [J]. Journal of Sustainable Tourism, 2013, 23 (8 – 9):1 – 19.

③ Silva, Luís, Leal J. Rural tourism and national identity building in contemporary Europe: Evidence from Portugal [J]. Journal of Rural Studies, 2015, 38:109 – 119.

注重高等院校民族地区旅游人才的对口培养（Reid、Stuart，2018）①。旅游减贫战略在实施中需要丰富的旅游形式和业态，乡村遗产旅游就是一种新型旅游方式，随着文化遗产旅游的兴起，民族地区旅游发展更加迅速，经济增长也更加多元化（Mitchell、Shannon，2018）②。

（二）关于旅游减贫现实问题的相关研究

旅游业的发展中需要充分考虑将当地贫困人口纳入决策过程之中，旅游业能够带来一定的经济利益，但旅游利益分配的公平性应引起足够的重视，以促进减贫成果的共享（Truong、Hall 等，2014）③。旅游减贫的积极作用已经得到了众多学者的证实，研究表明旅游业的确对贫困人口很重要，但其潜力还未得到充分的开发，脆弱的宏观环境阻碍了旅游业的脱贫力度与进程（Llorca - Rodríguez、Carmen María 等，2017）④。旅游业的发展使资源从传统部门向旅游业转移，创造更多的就业机会、提供更高的工资，对减少贫困人口、降低贫困率起正向作用（Njoya、Seetaram，2018）⑤。在欠发达地区发展旅游的过程中需要加强公共交通工具的使用，避免因私家车过多导致的破坏环境行为，影响落后地区旅游的发展成果（Angela、Derek 等，2018）⑥。

（三）关于旅游减贫实现路径的相关研究

一方面，政府要充分考虑经济政策的不确定性对旅游业的影响，制定科学的旅游业相关政策，保持旅游业的健康发展和旅游经济的持续性增长，为旅游减贫提供帮助（Tiwaria、Das 等，2019）⑦。另一方面，要注重旅游

---

① Reid, Stuart R M. University extension and rural tourism enterprise development: A rare Australian case [J]. Journal of Hospitality, Leisure, Sport & Tourism Education, 2018, 23: 10 - 17.

② Mitchell C J A, Shannon M. Exploring cultural heritage tourism in rural Newfoundland through the lens of the evolutionary economic geographer [J]. Journal of Rural Studies, 2018, 59: 21 - 34.

③ Truong V D, Hall C M, Garry T. Tourism and poverty alleviation: perceptions and experiences of poor people in Sapa, Vietnam [J]. Journal of Sustainable Tourism, 2014, 29: 41 - 54.

④ Llorca - Rodríguez, Carmen María, Casas - Jurado A C, García - Fernández, Rosa María. Tourism and poverty alleviation: An empirical analysis using panel data on Peru's departments [J]. International Journal of Tourism Research, 2017, 10: 34 - 46.

⑤ Njoya E T, Seetaram N. Tourism Contribution to Poverty Alleviation in Kenya: A Dynamic Computable General Equilibrium Analysis. [J]. Journal of Travel Research, 2018, 57 (4): 513 - 524.

⑥ Angela S, Derek R, Dickinson J E. Defining sustainable transport in rural tourism: experiences from the New Forest [J]. Journal of Sustainable Tourism, 2018: 1 - 18.

⑦ Tiwari A K, Das D, Dutta A. Geopolitical risk, economic policy uncertainty and tourist arrivals: Evidence from a developing country [J]. Tourism Management, 2019, 75: 323 - 327.

减贫进程中的文化保护与传承，深化民族地区旅游地居民对地方文化的认同感，提升自我效能，加强对民族地区旅游目的地生态和文化环境的保护，保证民族地区旅游脱贫的可持续性（Fong、Lo 等，2016）①。同时，要通过信息和通信技术的提高在技术层面给予旅游减贫支持，加大对电信行业和其他相关行业的投资、提供免税期等努力和政策助力减贫目标的实现，依托旅游业的发展提供更多的就业机会，减少人才外流，提高本地旅游产业的吸引力，为回乡就业和创业提供良好的环境（Ejemeyovwi、Osabuohien，2018）②。

二、包容性旅游

国外关于包容性旅游（Inclusive Tourism）的重点放在了残疾人旅游、弱势群体的旅游权利，以及旅游扶贫等方面的研究，一定程度上与可持续旅游（Sustainable Tourism）在理论内涵上有互通关系，这与1990年世界银行提出的"益贫式增长"理念和"广泛基础的增长"理念密切相关。国外包容性旅游的最新研究成果包括：

（一）关于包容性旅游基本内涵和发展目标的相关研究

包容性旅游在于构建政府机构、公民、旅游经营者在内的所有旅游参与者共同努力的有机统一体，创新贫困地区旅游战略，形成一种可协调和可持续发展的共同愿景，促进欠发达地区旅游脱贫的自我组织性和可持续性（Salvatore、Chiodo 等，2018）③。包容性旅游的发展目的是在深化民族地区旅游地居民对地方文化的认同感，提升自我效能，提升旅游减贫的内生动力，加强对乡村地区旅游目的地生态和文化环境的保护，促进民族地区包容性旅游减贫的可持续性（Fong、Lo 等，2016）④。包容性旅游着眼于可持续发展的目标，要求以旅游业带动地区经济发展的同时，保护地区生态环境和社会环境，

---

① Fong S F, Lo M C, Songan P, et al. Self-efficacy and sustainable rural tourism development: local communities' perspectives from Kuching, Sarawak [J]. Asia Pacific Journal of Tourism Research, 2016: 1-13.

② Ejemeyovwi J O, Osabuohien E S. Investigating the relevance of mobile technology adoption on inclusive growth in West Africa [J]. Contemporary Social Science, 2018: 1-14.

③ Salvatore R, Chiodo E, Fantini A. Tourism transition in peripheral rural areas: Theories, issues and strategies [J]. Annals of Tourism Research, 2018, 68: 41-51.

④ Fong S F, Lo M C, Songan P, et al. Self-efficacy and sustainable rural tourism development: local communities' perspectives from Kuching, Sarawak [J]. Asia Pacific Journal of Tourism Research, 2016: 1-13.

实现旅游业的可持续发展，提供旅游减贫战略的可持续性（Bushell，2018）①。此外，通过旅游业缓解贫困要因地制宜，充分考虑居民的利益诉求，以旅游业的发展为经济社会进步的载体，帮助地区居民实现就业提升收入，实现长远发展（Truong、Dao，2017）②。

（二）关于包容性旅游现实问题的相关研究

国际旅游业与减贫之间有着长期的关系，在实施包容性旅游减贫的过程中，由于技术、政策、资金、思想意识等原因，导致一些现实问题需要解决（Garza - Rodriguez，2019）③。旅游扶贫和包容性战略发展中的社会治理、腐败问题亟须解决，要求政府提高效能、更好地发挥组织功能，促进旅游经济和社会整体的公平发展，各地区需要政府部门从教育培训、基础设施、人才技术等方面进行支持（Doumbia，2019）④。包容性旅游减贫发展中由于传统旅游业存在的问题还未充分解决，导致居民对旅游减贫的认识不足，在包容性旅游政策的落地实施中必须考虑到可持续发展的重要性，提高居民的参与热情和参与空间（Gai、Soewarni 等，2018）⑤。

（三）关于包容性旅游对策建议与未来展望的相关研究

包容性旅游减贫目标的实现需要多元主体共同参与，贫困地区旅游的相关组织间利益相关者的合作和各利益主体也需要参与旅游减贫战略中，为旅游脱贫的可持续性做出积极贡献（Asnawi、Novia 等，2018）⑥。同时，由于包容性旅游面临着政策构思不足的问题，公众政策需要为新的经济创新提供可发展的空间，创新包容性旅游政策发展，制定专门的政策服务机制，注重行

---

① Bushell R. Refocusing Sustainable Tourism: Poverty Alleviation in Iconic World Heritage Destinations in Southeast Asia [J]. 2018, 12: 23 - 35.

② Truong, Dao V. Tourism, poverty alleviation, and the informal economy: the street vendors of Hanoi, Vietnam [J]. Tourism Recreation Research, 2017: 1 - 16.

③ Garza - Rodriguez J. Tourism and Poverty Reduction in Mexico: An ARDL Cointegration Approach [J]. Sustainability, 2019, 11 (3).

④ Doumbia D. The quest for pro - poor and inclusive growth: the role of governance [J]. Applied Economics, 2019, 51 (5): 1 - 22.

⑤ Gai A M, Soewarni I, Sir M M. The concept of community poverty reduction in coastal area of Surabaya based on sustainable livelihood approach [J]. IOP Conference Series: Earth and Environmental Science, 2018, 137: 1 - 12.

⑥ Asnawi M, Novia P, Maya D, et al. Community - Based Rural Tourism in Inter - Organizational Collaboration: How Does It Work Sustainably? Lessons Learned from Nglanggeran Tourism Village, Gunungkidul Regency, Yogyakarta, Indonesia [J]. Sustainability, 2018, 10 (7): 2142.

业监管服务，为当地居民带来真正的发展利益（Kasekende，2014）①。此外，包容性旅游减贫的相关政策应与其他宏观经济、环境或互补政策相结合，充分结合地区的空间规划、土地规划、环境规划等顶层设计，制定科学合理的包容性旅游政策，以扩大旅游减贫的收益范围，确保旅游业增长惠及更多贫困人口（Eric Tchouamou Njoya、Neelu Seetaram，2017）②。

三、研究述评

（一）已有研究的优点

一是关于旅游减贫的研究，国外已经拥有扎实的理论基础，对于旅游减贫的基本内涵、影响与作用、现实问题和实现路径的分析已经有了丰富的研究成果，旅游减贫基础理论的研究已经非常系统，对旅游减贫中出现的现实问题进行了详细的分析，并创新性提出了机制模式。

二是对于包容性旅游的基本内涵、发展目标、现实问题、对策建议和未来展望的研究有了很好的研究基础，现有研究成果对未来旅游理论体系的丰富和包容性旅游理论体系的建立都具有非常重要的意义。

三是在旅游减贫和包容性旅游的研究范式和研究的基础理论方面已经有了扎实的成果基础，对本书的研究具有很好的借鉴意义。

（二）已有研究的不足

一是对包容性旅游的内在机理的研究成果还比较少，虽然已有学者对包容性旅游的基本内涵进行了界定，但是宏观界定的概念较为笼统，尚未形成科学完整的理论研究体系，其科学性还有待进一步研讨。

二是在学者进行的前期研究中，研究方法不够多样化，对现实社会的指导意义和价值不足，研究方法以定性为主，定量研究包容性旅游和旅游减贫的研究成果不多。

三是当前研究多是对旅游减贫和包容性旅游进行的单方面的研究，对两者结合研究包容性旅游在减贫方面贡献的成果还非常少，对包容性旅游减贫的内在机理和理论体系的建设有待进一步探索。

---

① Kasekende L. What Role Does Financial Inclusion Play in the Policy Agenda for Inclusive Growth in Sub - Saharan Africa？［J］. Development，2014，57（3-4）：481-487.

② Eric Tchouamou Njoya，Neelu Seetaram. Tourism Contribution to Poverty Alleviation in Kenya：A Dynamic Computable General Equilibrium Analysis［J］. Journal of Travel Research，2017，57（3）：513-524.

第三节 国内文献研究及述评

一、旅游减贫

（一）关于旅游减贫发展目标、现实问题的相关研究

旅游减贫是实现落后地区经济快速发展的重要抓手（高翔，2019）①，其目标是发挥旅游优势促进落后地区经济独立、改善人民生活（彭华、何瑞翔等，2018）②，从政治、生态、经济、文化等方面为落后地区的发展注入新的活力（吴蓉、施国庆，2019）③，为游客提供了一种新的休闲娱乐方式（张圆刚、黄业坚等，2019）④。近年来，旅游业快速发展，通过政府、居民、游客、旅游企业等内外部多元主体的共同参与（杨莹、孙九霞，2018）⑤，激发了旅游业的发展活力、提高了旅游减贫的经济效益（张玉山、邓子元等，2019）⑥。虽然旅游业的发展带来了很多正面效应，但旅游减贫的落地实施中仍存在产品同质、缺乏保护、趋利性重等问题（徐刚，2014）⑦，旅游减贫的现实问题主要表现为：传统文化和村落空间不断遭受到侵蚀和破坏（李胜杰，2018）⑧，旅游经营者网络营销意愿不足（林轶、田茂露等，2019）⑨，旅游资

---

① 高翔. 多措并举激发农村旅游经济活力 [J]. 人民论坛，2019（08）：74-75.

② 彭华，何瑞翔，翁时秀. 乡村地区旅游城镇化的多主体共治模式——以福建泰宁水际村为例 [J]. 地理研究，2018，37（12）：2383-2398.

③ 吴蓉，施国庆. 乡村旅游发展过程中乡村秩序的演化与重构策略——以W州X村为例 [J]. 云南民族大学学报（哲学社会科学版），2019，36（02）：66-72.

④ 张圆刚，黄业坚，程静静，余向洋，陈希. 城市居民压力源对幸福感的影响研究——基于乡村旅游休闲参与的角度 [J]. 地理研究，2019，38（04）：971-987.

⑤ 杨莹，孙九霞. 乡村旅游发展中非政府组织与地方的关系：一个双重嵌入的分析框架 [J]. 中南民族大学学报（人文社会科学版），2018，38（06）：123-127.

⑥ 张玉山，邓子元，邓宏亮. 中国陶艺村的发展及其对村民收入增长的影响 [J]. 经济地理，2019，39（03）：172-179.

⑦ 徐刚. 贵州乡村旅游可持续发展的困境及破解——以安顺天龙屯堡为例 [J]. 贵州社会科学，2014（08）：116-118.

⑧ 李胜杰. 社会伦理语境下的民族乡村旅游演进与反思——基于贵州西江苗寨的个案研究 [J]. 民族学刊，2018，9（04）：33-38+104-107.

⑨ 林轶，田茂露，曾慧珠. 乡村旅游经营者参与网络营销的意愿及行为研究——基于广西融水、阳朔的调查数据 [J]. 中国农业资源与区划，2019，40（02）：56-63.

源的特色挖掘不够，旅游商品创意水平不高（杨美霞，2019）[①]，旅游地居民普遍缺乏语言学习的能力，影响旅游服务质量（林晓娜、王浩等，2019）[②]，缺乏旅游减贫发展的科学规划、管理体系有待进一步完善，管理组织不健全（于法稳，2019）[③]，旅游减贫的内生发展动力不足（张洪昌、舒伯阳，2019）[④]，等等。

（二）关于旅游减贫实践历程、逻辑思路与未来展望的相关研究

旅游减贫过程中通过对基础性建设资源进行整合，实现了旅游业一体化发展（辛纪元、曹务坤等，2015）[⑤]，旅游业通过与"农业、酿造业、文化业"等产业的结合，形成了产业融合的减贫模式（黄鑫、储德平等，2017）[⑥]。旅游业的快速发展正在发挥其减贫的积极效应，旅游减贫可以为改善贫困居民的生活开辟一条新的道路（张荣彬、王建华，2019）[⑦]，生态旅游在旅游减贫中具有重要的作用（秦杨，2019）[⑧]，旅游发展应当从可持续生计的视角考虑后期保障措施的制定与落实（罗鲜荣、王玉强等，2017）[⑨]。在旅游减贫的未来发展中，可以借助现代化的信息技术实现科学、规范的发展，借助"云服务"平台建设实现休闲旅游产业的可持续发展（朱蔓莉、王素贞等，2019）[⑩]，深刻认识旅游减贫的本质和目标、注重旅游减贫速度与效果的平衡（何红、王淑新，2019）[⑪]进一步完善旅游主体的参与途径，使居民真

[①] 杨美霞. 乡村旅游开发的现实困境、不足及其化解 [J]. 社会科学家，2019（01）：76-80.

[②] 林晓娜，王浩，李华忠. 乡村振兴战略视角下乡村休闲旅游研究：村民参与、影响感知及社区归属感 [J]. 东南学术，2019（02）：108-116.

[③] 于法稳. 新时代乡村旅游发展的再思考 [J]. 环境保护，2019，47（02）：14-18.

[④] 张洪昌，舒伯阳. 制度嵌入：民族传统村落旅游发展模式的演进逻辑 [J]. 云南民族大学学报（哲学社会科学版），2019，36（03）：88-94.

[⑤] 辛纪元，曹务坤，勾清芸. 贵州民族村寨旅游扶贫链接机制完善研究 [J]. 贵州民族研究，2015，36（08）：189-192.

[⑥] 黄鑫，储德平，林婷，蔡沐心，卢淑莹，王兰兰. 旅游产业融合对革命老区减贫的作用机制及其实践模式 [J]. 资源开发与市场，2017，33（05）：599-603.

[⑦] 张荣彬，王建华. 贫困、他者与平等：反贫困中乡村旅游发展的文化解读 [J]. 青海社会科学，2019（01）：125-131.

[⑧] 秦杨. 发展乡村生态旅游 促进精准扶贫 [J]. 人民论坛，2019（03）：64-65.

[⑨] 罗鲜荣，王玉强，保继刚. 旅游减贫与旅游再贫困：旅游发展中不同土地利用方式对贫困人口的影响 [J]. 人文地理，2017，32（04）：121-128+114.

[⑩] 朱蔓莉，王素贞，张璐，何宇炜. 乡村休闲旅游移动云服务平台建设模式研究 [J]. 经济与管理，2019，33（01）：82-86.

[⑪] 何红，王淑新. 多维视角下中国乡村旅游扶贫效应研究评述 [J]. 中国农业资源与区划，2019，40（04）：180-187.

正获得对旅游发展的决定权和话语权（李小民、郭英之等，2017）①，构建具有包容性的发展体系和制度，实现旅游减贫的可持续发展（王超、王志章，2013）②。同时，在旅游减贫的未来发展中要注意生态环境的发展，保护旅游减贫环境，走绿色减贫的可持续减贫新模式（张琦、冯丹萌，2018）③。

（三）关于旅游减贫实现路径的相关研究

一是旅游减贫要通过优化的管理制度，构建综合旅游目的地的建设路径（朱宝莉、刘晓鹰，2018）④，实现"一、二、三产业"的融合开发，激发乡村人民文化自信、助推乡村稳定减贫和可持续发展（李军红，2019）⑤。旅游减贫要促进旅游者的负责任旅游行为，制定相关制度，规范游客行为，加强对环境的保护，促进旅游减贫的长远发展（杨德进、白长虹等，2016）⑥。

二是要完善旅游扶贫管理机制和社区扶贫参与机制（金松兰、黄金丽等，2019）⑦，构建落后地区的旅游发展体系，有效推动旅游业和地区融合的一体化发展（宋慧娟、塞莉等，2018）⑧。

三是优化旅游减贫组织结构、完善旅游减贫股权结构（盖媛瑾、吴红梅，2018）⑨，健全贫困人口参与受益机制（陶恒，2018）⑩，引入新理念、新方法、新技术，降低旅游减贫过程中资源的消耗（杨德进、白长虹，2016）⑪，

---

① 李小民，郭英之，张秦. 精准扶贫背景下少数民族居民旅游增权参与模型机理实证研究——基于贵州肇兴侗寨的调研［J］. 贵州民族研究，2017，38（11）：40–46.

② 王超，王志章. 少数民族连片特困乡村包容性旅游发展模式的探索——来自贵州六盘水山区布依族补雨村的经验数据［J］. 西南民族大学学报（人文社会科学版），2013，34（07）：139–143.

③ 张琦，冯丹萌. 绿色减贫：可持续扶贫脱贫的理论与实践新探索（2013—2017）［J］. 福建论坛（人文社会科学版），2018（01）：65–73.

④ 朱宝莉，刘晓鹰. 精准扶贫视域下的民族地区全域旅游：经验和思考——以贵州黎平为例［J］. 社会科学家，2018（02）：104–109.

⑤ 李军红. 基于乡村文化资源开发的产业扶贫路径探析［J］. 东岳论丛，2019，40（02）：107–114+192.

⑥ 杨德进，白长虹，牛会聪. 民族地区负责任旅游扶贫开发模式与实现路径［J］. 人文地理，2016，31（04）：119–126.

⑦ 金松兰，黄金丽，林泽. 民族地区旅游扶贫开发实现路径思考［J］. 延边大学学报（社会科学版），2019，52（01）：93–101+144.

⑧ 宋慧娟，塞莉，陶恒. 景区带动型乡村旅游精准扶贫的机制及路径［J］. 农村经济，2018（05）：46–51.

⑨ 盖媛瑾，吴红梅. 民族贫困地区旅游产业扶贫：实践困境与推进路径——以贵州省少数民族极贫乡镇旅游产业扶贫为讨论对象［J］. 黑龙江民族丛刊，2018（01）：67–73.

⑩ 陶恒. 新结构经济学视野下民族地区旅游精准扶贫的系统构建与实施路径［J］. 经济体制改革，2018（04）：50–55.

⑪ 杨德进，白长虹. 我国旅游扶贫生态效率的提升路径［J］. 旅游学刊，2016，31（09）：12–14.

实现资源、环境、社会的协调发展和旅游生态文明的可持续发展（董法尧、陈红玲等，2016）①。

二、包容性旅游

（一）关于包容性旅游基本内涵和发展目标的相关研究

将包容性增长理念引入国内旅游研究领域，其目的是让各相关利益主体平等参与旅游，共同分享旅游发展所带来的综合效益，推动国家或地区经济社会和谐发展的旅游增长（王京传、李天元，2011）②。包容性旅游包括关注民生、机会均等、利益共享和和谐利益格局四个维度，旅游包容性发展内涵具备政府合法性，公共政策认同感高，旅游及其相关产业的一体化融合发展有助于提高规模效应。此外，包容性旅游还要求实现旅游经济、社会效益、环境效益的高效和共同发展，实现旅游业的可持续发展（谭华云、阎友兵，2015）③。包容性旅游是一种旅游规划发展理念，引导贫困人口积极参与旅游脱贫开发，保障弱势群体基本权益；协调发展与保护关系，注重可持续发展（刘红梅、杨素丹等，2016）④，其目标是使所有人员参与旅游机会均等、全民共同参与和享有旅游带来的成果（何悦、朱斌，2019）⑤。

（二）关于包容性旅游对策建议与未来展望的相关研究

一是旅游的包容性发展模式，有利于促进民族地区旅游经济与社会的同步发展，实现旅游经济有质量的增长（王超、王志章，2015）⑥，应从赋予居民话语权利、加强公共基础设施建设、重视旅游地品牌建设、落实环境保护制度、认真做实土地流转工作五个方面来推动旅游的包容性发展（王超，2016）⑦。

---

① 董法尧，陈红玲，李如跃，吴建国．西南民族地区民族村寨旅游扶贫路径转向研究——以贵州西江苗寨为例［J］．生态经济，2016，32（04）：139-142+157.
② 王京传，李天元．包容性旅游增长的概念内涵、实现机制和政策建议［J］．旅游科学，2011，25（05）：10-22.
③ 谭华云，阎友兵．古城镇包容性旅游增长及路径选择——以凤凰古城"门票新政"为例［J］．广西财经学院学报，2015，28（01）：103-107.
④ 刘红梅，杨素丹，刘金梁．武陵山片区包容性旅游脱贫开发策略［J］．内江师范学院学报，2016，31（04）：71-75.
⑤ 何悦，朱斌．辽宁省少数民族地区包容性旅游扶贫研究［J］．市场论坛，2019（01）：74-76.
⑥ 王超，王志章．我国少数民族地区旅游包容性发展模式研究［J］．四川师范大学学报（社会科学版），2015，42（03）：59-66.
⑦ 王超．贵州民族地区生产参与型旅游开发路径的研究——基于贵州省布依族补雨村的案例分析［J］．乐山师范学院学报，2016，31（01）：62-67.

二是通过实行经济与社会包容性、政府与群众包容性的发展模式，开发生态旅游、有效利用当地的人文资源打造生态旅游链（王晓云，2013）①，打造包容性旅游增长模式，让贫困民族村寨脱贫致富、缩小地区贫富差距（李佳乘、白雪等，2016）②。

三是基于地方文化、产品特色、游客偏好、市场需求等因素，形成政府、企业、居民共同参与的包容性旅游发展模式，发挥包容性旅游发展成果的共享效应（陈炜、张志明，2018）③。

（三）关于包容性旅游实证案例的相关研究

已有学者以泰国、南非、印度等欠发达国家和日本、美国等发达国家为案例地区进行了实证研究（周阳敏，2011；④王志章、刘天元等，2015⑤）。对于中国的实证案例，学者们进行了以下研究：通过对中国"淘宝旅游村"典型案例的研究，剖析了内生包容性增长的机理和路径（刘亚军，2018）⑥；运用主成分分析方法，对陕西省的10个地市进行了评价（李勤，2017）⑦。基于对案例地的实证研究主要得出以下结论：在实际运行操作过程中应该实施高效、高质量的包容性社会治理模式，在城市的发展过程中要多措并举不断提高各地金融包容性发展水平，要不断加快市场化进程并适度减少地方政府的干预程度（张林、冉光和，2018）⑧。充分发挥"一带一路"倡议的优势（曹培强，2019）⑨，实现包容性增长理念惠及全球，达到包容性理念与城市

---

① 王晓云．"花儿"传承与传承的可持续性实践——解读冶力关镇包容性旅游发展模式［J］．星海音乐学院学报，2013（04）：136-142.

② 李佳乘，白雪，蓝森泉，王琦琦．包容性发展：特色民族村寨新一轮旅游扶贫发展的新模式——以贵州三都水族自治县为例［J］．科技创业月刊，2016，29（12）：38-41.

③ 陈炜，张志明．全域旅游视域下青海民族地区包容性旅游扶贫模式研究［J］．青海民族研究，2018，29（04）：48-55.

④ 周阳敏．基于包容性社会治理的保障房建设与管理研究——国外的经验教训及其对中国的启示［J］．河南社会科学，2011，19（04）：122-127.

⑤ 王志章，刘天元，贾煜．印度包容性增长的扶贫开发实践及启示［J］．西南大学学报（社会科学版），2015，41（04）：71-80+190.

⑥ 刘亚军．互联网使能、金字塔底层创业促进内生包容性增长的双案例研究［J］．管理学报，2018，15（12）：1761-1771.

⑦ 李勤．包容性增长视角下陕西旅游业发展水平研究［J］．统计与信息论坛，2017，32（12）：107-115.

⑧ 张林，冉光和．金融包容性发展的产业结构优化效应及区域异质性［J］．经济与管理研究，2018，39（09）：41-52.

⑨ 曹培强．"一带一路"是全球经济包容性增长成功范例［J］．红旗文稿，2019（03）：11-13+1.

发展的"科学发展观、转变发展方式"的有机衔接和内在统一（任保平，2011）①。打破城乡二元结构的壁垒（刘祖云、周家明，2012）②，在实现共同繁荣的基础上，构建一个彼此尊重、相互包容的可操作的制度（陶一桃，2016）③，实现永续发展的客观要求，使绿色包容性经济发展能力成为经济增长的第一驱动因素（李政大、刘坤，2018）④。制定针对性的政策，建立各城市间的协调机制，实现城市的包容性增长（宋冬林、姚常成，2018）⑤。

三、研究述评

（一）已有研究的优点

一是基于不平等理论、包容性增长理论发展起来的包容性旅游较好地借鉴了包容性增长思想理念，已有研究成果为社会发展不平衡、不充分等问题的解决提供了十分重要的方案，能够为地区的经济、社会、生态等方面的发展带来积极的影响。

二是关于国内旅游减贫和包容性旅游的研究探索中，在理论层面已经逐步完善，特别是针对我国精准扶贫攻坚前线的"三区三州"和"老少边穷"等深度贫困地区，包容性旅游的减贫作用已经在实践中探索出一条新路。

三是在已有研究成果中，学者们已经对旅游减贫和包容性旅游的基本内涵、发展目标和实现路径等进行了界定与阐述，对旅游减贫和包容性旅游的基础理论研究进行了详细研讨，已有学者选取案例地对包容性旅游进行了研究，为未来的研究奠定了前期基础，具有十分重要的借鉴意义。

（二）已有研究的不足

一是针对2020年后包容性旅游减贫战略的理论阐释与政策构思研究，特别是国家提倡"全社会参与"共建共治共享的包容性旅游减贫路径的探索，目前还没有系统论述，相关配套政策构思方面的研究成果也有待进一步补充。

---

① 任保平. 包容性增长的特征及其后改革时代中国的实践取向 [J]. 西北大学学报（哲学社会科学版），2011，41（02）：9-13.

② 刘祖云，周家明. 我国城乡二元结构破解之道：基于包容性发展的视角 [J]. 南京工业大学学报（社会科学版），2012，11（01）：5-12.

③ 陶一桃. 一带一路倡议实施的制度——文化约束 [J]. 深圳大学学报（人文社会科学版），2016，33（06）：19-24.

④ 李政大，刘坤. 中国绿色包容性发展图谱及影响机制分析 [J]. 西安交通大学学报（社会科学版），2018，38（01）：48-59.

⑤ 宋冬林，姚常成. 经济区发展规划的实施促进了城市群的包容性增长吗？——来自我国六大国家级城市群的经验证据 [J]. 求是学刊，2018，45（02）：27-38+173.

二是包容性旅游的实践研究成果比较少，具有针对性的研究还比较匮乏，虽已有部分学者选取案例地进行了包容性旅游的研究，但是相关实践研究成果仍然难以查证，缺少相关的实证研究，有待进一步完善和说明。

三是对于旅游减贫和包容性旅游两者关系的研究成果比较少，包容性旅游尚处于研究的起步阶段，对于包容性旅游在减贫方面的应用还需要进一步研究，研究问题思路和研究方法不足、研究理论较少、研究对象模糊等问题也尚未解决。

第四节 理论基础与研究启示

一、"两山"理论

（一）"两山"理论的渊源

"两山"理论的重要思想起源于浙江省安吉县余村，2005年8月，时任浙江省委书记的习近平赴浙江安吉余村视察时首次提出了"绿水青山就是金山银山"的科学论断[1]。习近平同志对于"两山"理论的科学论断来源于他对基层工作的经验、对绿色发展的深入思考以及对生态发展的深刻认识。2005年8月，时任浙江省委书记的习近平在《浙江日报》头版发表的《绿水青山也是金山银山》一文中对"两山"理论进一步进行了重要论述[2]，2006年3月23日，习近平同志再次深入阐释了"两山"理论，提出了"两座山"之间关系认识的三个阶段，并指出这三个阶段是人与自然关系不断调整、趋向和谐的过程[3]。

2013年9月，习近平总书记在哈萨克斯坦纳扎尔巴耶夫大学发表了题为《弘扬人民友谊共创美好未来》的演讲，向全世界表达了中国的生态文明发展

---

[1] 姚茜，景玥．习近平擘画"绿水青山就是金山银山"：划定生态红线推动绿色发展．[EB/OL]．人民网：http://cpc.people.com.cn/n1/2017/0605/c164113-2931 6687.html．[2017-06-05]．引用日期［2020-02-10］．

[2] 柯水发，朱烈夫，袁航，纪谱华．"两山"理论的经济学阐释及政策启示——以全面停止天然林商业性采伐为例［J］．中国农村经济，2018（12）：52-66．

[3] 从"两座山"看生态环境．[EB/OL]．河北新闻网：http://zhuanti.hebnews.cn/2017-10/11/content_6645095.htm．[2017-10-11]．引用日期［2020-02-10］．

理念:"我们既要绿水青山,也要金山银山。宁要绿水青山,不要金山银山,而且绿水青山就是金山银山。"① 2014年3月7日,习近平总书记在参加十二届全国人大二次会议贵州代表团审议时的讲话中明确指出:"绿水青山和金山银山决不是对立的,关键在人,关键在思路。"② 现代化文明的经济发展应该实现经济效益与生态效益的共同进步,"两山"理论是新时代中国经济发展和生态文明进步的重要指导理论,《中共中央 国务院关于加快推进生态文明建设的意见》中明确指出:"牢固树立尊重自然、顺应自然、保护自然的理念,坚持绿水青山就是金山银山,动员全党、全社会积极行动、深入持久地推进生态文明建设。"③ "两山"理论的发展逐渐成熟,并正式成为中国特色社会主义生态文明建设的指导思想。

(二)"两山"理论的丰富内涵

一是"两山"理论是"绿水青山就是金山银山"的简称,蕴含着经济生态化与生态经济化的辩证统一④,尊重所有的生命形式和生态伦理,是一种寻求平衡经济发展和生态环境之间关系的绿色发展理念,旨在解决经济的快速发展与生态环境保护之间的矛盾⑤。在自然资源有限的条件下如何满足现代社会的生产力要求,是"两山"理论解决的主要问题。

二是"两山"理论体现的是对人与自然关系的深入思考,是人与自然和谐共存,该理论倡导的是多元化的包容性发展理念,为稳定自然界秩序提供了新的价值判断,为经济和生态关系的重构提供了政策保障,遵从自然生态规律和尊重社会发展规律⑥。

三是"两山"理论是基于生态环境和生产力之间的矛盾所提出,是马克

---

① 弘扬人民友谊,共创美好未来. [EB/OL]. 中国共产党新闻网:http://cpc.people.com.cn/n/2013/0908/c64094-22843712.html. [2013-09-08]. 引用日期[2020-02-10].

② 习近平:坚持绿色发展是发展观的一场深刻革命. [EB/OL]. 中国共产党新闻网:http://cpc.people.com.cn/xuexi/n1/2018/0224/c385476-29831795.html. [2018-02-24]. 引用日期[2020-02-10].

③ 中共中央 国务院关于加快推进生态文明建设的意见. [EB/OL]. 光明网:http://dangjian.gmw.cn/2019-10/23/content_33257093.htm. [2019-10-23]. 引用日期[2020-02-10].

④ 周光迅,郑玥. 从建设生态浙江到建设美丽中国——习近平生态文明思想的发展历程及启示[J]. 自然辩证法研究,2017,33(07):76-81.

⑤ 杨莉,刘海燕. 习近平"两山理论"的科学内涵及思维能力的分析[J]. 自然辩证法研究,2019,35(10):107-111.

⑥ 齐骥. "两山"理论在乡村振兴中的价值实现及文化启示[J]. 山东大学学报(哲学社会科学版),2019(05):145-155.

思主义生产力发展规律理论的具体化和发展性创新成果①，依托"绿水青山"的自然资源建立"金山银山"的物质基础，实现经济繁荣发展，在提高人民生活质量的同时建立优质的生态自然环境，为绿色发展注入新的思想理念，促进经济社会、知识文化、生态环境的全面发展。

（三）"两山"理论对本书的指导

一是"两山"理论实际上指明了人与自然的关系从矛盾冲突走向和谐统一的文明，为全人类长期存在的不平衡、不协调、不可持续等问题提供了解决方案②。"两山"理论在2020年后中国的长期发展战略和"五位一体"的战略布局中具有非常重要的地位，为中国经济由高速发展向中高速发展转变提供了思想基础和现实道路。"两山"理论对包容性旅游减贫战略在解决旅游发展中"发展与环境"之间的辩证关系有非常重要的指导意义，包容性旅游要求更多发挥旅游产业的积极效应，避免旅游发展带来对环境的负面效应，遵循"两山"理论解决人与自然关系的重要思想，促进实现旅游发展的经济效益和生态效益的同步发展。

二是在经济全球化、生态全球化的时代，"两山"理论为全球性的环境治理和节能减排等规划提供了中国智慧，对丰富马克思主义生产力理论和树立中国国家治理理念至关重要③。借鉴"两山"理论的治理理念，在包容性旅游减贫战略的实施中注重各参与主体的共同发展，扩大旅游减贫的收益范围，有助于促进落后地区的长远发展，对丰富包容性旅游减贫的理论体系有重要意义。

三是"两山"理论体现了人类对自然生态的敬畏和尊重，对于降低资源消耗、减少环境污染、平衡自然生态、保护传统文化具有重要作用，为经济社会向生态社会回归提供了现实路径④。"两山"理论是实现包容性旅游减贫的行动指南，在战略的规划和实施中注重自然生态平衡和文化生态平衡，促进旅游减贫的可持续发展和绿色发展。

---

① 卢宁．从"两山理论"到绿色发展：马克思主义生产力理论的创新成果 [J]．浙江社会科学，2016（01）：22-24．

② 王少峰："两山"理论指导绿色发展．[EB/OL]．求是网：http://www.qstheory.cn/llqikan/2019-04/11/c_1124354596.htm．[2019-04-11]．引用日期 [2020-02-10]．

③ 柯水发，朱烈夫，袁航，纪谱华．"两山"理论的经济学阐释及政策启示——以全面停止天然林商业性采伐为例 [J]．中国农村经济，2018（12）：52-66．

④ 唐承财，郑倩倩，王晓迪，邹兆莎．基于两山理论的传统村落旅游业绿色发展模式探讨 [J]．干旱区资源与环境，2019，33（02）：203-208．

四是"两山"理论通过激发自然资源的潜在使用价值和多元存在价值,以经济生态化和生态经济化的实现过程,不断完善生态资源保护机制,推动建立多元化的生态补偿机制[①]。"两山"理论为包容性旅游减贫战略开辟了新的思路,推动建立旅游减贫社会、经济和环境"三位一体"的运行机制。

二、可持续发展理论

(一) 可持续发展理论的渊源

可持续发展理论起源于 20 世纪 80 年代世界环境与发展委员会发表的《我们共同的未来》报告,其核心思想是实现经济发展与生态环境保护的协调一致,为子孙后代的生存资源与环境提供政策性保障。1994 年 7 月,国务院在《中国 21 世纪人口与发展》白皮书中批准了我国的第一个国家级可持续发展战略[②],将经济发展战略与生态保护战略结合起来,为现代化生态文明思想的提出奠定了理论基础。我国最早在《中国的和平发展》中提出了"人类命运共同体"的概念,完善了可持续发展理论的思想和内涵[③],为全球的可持续发展理论体系做出了贡献。可持续发展理念是实现绿色发展、生态平衡、区域协调的重要理念,是为全球的当代发展与未来的长远发展提供的战略思想。2012 年,国务院新闻办发布《中华人民共和国可持续发展国家报告》,报告明确提出了"我国推进可持续发展战略的总体思路",包括转变我国经济发展方式和经济结构、建立资源节约型和环境友好型社会、保障和改善民生、推动科技创新、深化体制改革和扩大改革开放的五个方面[④]。2019 年 6 月 7 日,习近平总书记在第二十三届圣彼得堡国际经济论坛全会的致辞中讲道:"可持续发展是各方的最大利益契合点和最佳合作切入点。"[⑤] 在可持续发展战略的

---

① 杜艳春,程翠云,何理,王倩,葛察忠. 推动"两山"建设的环境经济政策着力点与建议 [J]. 环境科学研究, 2018, 31 (09): 1489 - 1494.
② 《中国 21 世纪人口与发展》白皮书. [EB/OL]. 中国新闻网: http://www.chinanews.com/2000 - 12 - 19/26/62210. html. [2000 - 12 - 19]. 引用日期 [2020 - 02 - 10].
③ 叶文虎. 可持续发展实践的再思考 [J]. 中国环境管理, 2019, 11 (04): 132.
④ 《中华人民共和国可持续发展国家报告》正式发布. [EB/OL]. 中华人民共和国中央人民政府网: http://www.gov.cn/gzdt/2012 - 06/04/content_2152296. htm. [2012 - 06 - 04]. 引用日期 [2020 - 02 - 10].
⑤ 坚持可持续发展共创繁荣美好世界. [EB/OL]. 中华人民共和国中央人民政府网: http://www.gov.cn/gongbao/content/2019/content_5401339. htm. [2019 - 06 - 07]. 引用日期 [2020 - 02 - 10].

实施中要坚持绿色发展、促进人与自然的和谐发展，促进实现全球化的可持续发展，建设全人类的美好家园。

（二）可持续发展理论的丰富内涵

可持续发展理论包含"需要"和"对需要的限制"两个关键要素，既要满足当代人经济发展的需求，又要对需求进行专门性地限制，避免因向大自然的索取造成对生态环境的毁灭性打击。可持续发展理论的核心在于"公平"，包含了代内公平和代际公平两层含义[1]。

一方面，可持续发展理论的代内公平包括了在社会发展过程中各环节的公平性和利益成果分享的公平性。在资源管理、政策制定、技术提升等方面应以可持续发展为原则[2]，促进对自然资源、生态环境、文化传承的保护和关注。在经济快速发展的同时，可持续发展理论要求顺应自然法则，并把尊重自然的理念贯穿于经济社会发展的各个环节，以保护可再生资源的再生力量和防止不可再生资源消耗过多。可持续发展理论要求加强生态保护，形成现代化的生态文明发展观，加强人类的生态保护意识和实际保护力度。可持续发展理论要求严格保护各类生物，不肆意践踏其他生物赖以生存的家园，尊重自然、敬畏生命。

另一方面，可持续发展理论的代际公平遵循高效、创新、人道主义等原则。可持续发展理论要求全球各国、各地区共同合作，实现全球的长期健康发展[3]。可持续发展理论要求在实现当代人需求的同时，也要确保代际公平，建立自我约束机制，为保障地球的长期可持续发展和保护地区生态环境质量提供机制保障。可持续发展理论要求实行高效的发展原则，建立高效的经济发展模式，减少资源消耗和浪费，最大化实现资源的高效利用，提高资源的使用效率。可持续发展理论要求全球协作，共同建设美好家园，担当起保护地球的职责，为地球的未来发展贡献各地区的智慧和力量。

（三）可持续发展理论对本书的指导

一是由于经济发展中的不可抗力或对生态环境的不负责开发等原因，出现了全球变暖、自然灾害频发等不和谐的景象，给旅游业的发展也不可避免

---

[1] 方行明，魏静，郭丽丽. 可持续发展理论的反思与重构［J］. 经济学家，2017（03）：24-31.

[2] 张晓玲. 可持续发展理论：概念演变、维度与展望［J］. 中国科学院院刊，2018，33（01）：10-19.

[3] 张军泽，王帅，赵文武，刘焱序，傅伯杰. 可持续发展目标关系研究进展［J］. 生态学报，2019，39（22）：8327-8337.

带来了很多负面影响①。借鉴可持续发展理论的治理和发展理念，在包容性旅游减贫战略的实施中，以解决在传统经济发展过程中出现的资源消耗过大、环境污染严重、生态系统遭受破坏等突出问题。包容性旅游减贫应遵循减少不必要的资源浪费、提高旅游资源使用率、保护生态环境等要求，助力解决经济发展中遇到的瓶颈问题。

二是可持续发展理论是建立负责任外交大国的战略需要②。实施包容性旅游减贫战略，以可持续发展理论为指导，以实施高质量、可持续的旅游减贫方式，进一步推进命运共同体的建设。勇于提出新型旅游减贫战略，并领衔实施新时代包容性旅游减贫政策，结合乡村振兴发展战略，与真诚互信、志同道合的旅游企业、社会组织精诚合作，兼顾当代全体人民和子孙后代的利益，同联合国提出的可持续发展目标相结合，助力实现旅游减贫的可持续发展。

三是可持续发展理论对于新型经济发展模式的构建有着至关重要的促进作用，对新时代的战略发展与融合有重要的指导意义③。以旅游业发展为载体，按照经济发展要求，实现旅游经济增长，并促进实施包容性旅游减贫战略地区在社会效益与生态效益方面的同步提高，同时要求推动地区的协调发展，可持续发展理论提出的公平理念有助于实现旅游经济发展的转型，促进旅游经济长期向好和旅游生态化发展的目标。

三、包容性增长理论

（一）包容性增长理论的渊源

"包容性增长"这一概念最早由亚洲开发银行于2007年提出，寻求的目标是社会和经济的协调发展和可持续发展。2009年，亚太经济合作组织就包容性增长达成共识。中华人民共和国成立70多年来，经济不断快速发展，但是经济高速增长的同时也面临着一些问题，主要表现在经济发展质量总体水平不高、资源和环境压力日益加剧、区域发展差距成为制约经济社会持续发展的瓶颈、社会事业发展滞后的矛盾日益尖锐等方面。国家对"包容性增长"

---

① 张利国，鲍丙飞，杨胜苏. 我国农业可持续发展空间探索性分析 [J]. 经济地理，2019，39 (11)：159 – 164.
② 周家义，王哲. "一带一路"下中资企业海外基础设施建设可持续发展策略 [J]. 宏观经济管理，2019 (11)：63 – 68 + 74.
③ 曹智，李裕瑞，陈玉福. 城乡融合背景下乡村转型与可持续发展路径探析 [J]. 地理学报，2019，74 (12)：2560 – 2571.

的关注度持续上升，2010 年，胡锦涛同志出席第五届亚太经济合作组织人力资源开发部长级会议的致辞中提到："中国是包容性增长的积极倡导者，更是包容性增长的积极实践者。"① 包容性增长理论的目标是实现地区的均衡发展和全球的经济协调发展，惠及所有人群，实现可持续发展的同时促进社会的公平公正。2017 年，李克强总理在夏季达沃斯论坛开幕式致辞中指出："在新一轮工业革命中实现包容性增长，具有更大的可能性。"② 在社会主义现代化的建设中，网络化、科技化、数字化、智能化等新兴技术的高速发展和普及为包容性增长理论的实践提供了更高的可能，包容性增长理论成为我国未来经济建设的重要价值取向，事实证明粗放型的经济高速增长方式是不可行的，在中国经济发展转型的背景下，包容性增长理论成为指导我国经济社会实现高质量发展的重要理论之一。

（二）包容性增长理论的丰富内涵

包容性增长有三个关键的衡量指标，即机会均等、生产性就业岗位和发展成果共享机制③，其基本内涵可以诠释为：

一是包容性增长理论的形成与贫困理论及其影响有着密切的联系④，在包容性视角下经济的增长应与目标项目进行有机结合，从而实现脱贫减贫、共享发展成果的目的⑤。包容性增长理论要求最大限度完善社会保障制度，激活社会资源和各发展要素，实现经济社会发展的良性循环，创新科学技术和管理模式，实现环境建设、生态保护与经济文化的有机统一。

二是包容性增长是一种更加全面、更趋公平、更具人文关怀的增长理念⑥。包容性增长理论是既要求增长速度又要求增长质量的一种经济增长理

---

① 深化交流合作实现包容性增长．[EB/OL]．中国网：http：//www.china.com.cn/policy/txt/2010 -10/13/content_21116459.htm．[2010 -10 -13]．引用日期[2020 -02 -11]．

② 李克强：在新一轮工业革命中实现包容性增长具有更大的可能性．[EB/OL]．中华人民共和国中央人民政府网：http：//www.gov.cn/premier/2017 -06/27/content_5205976.htm．[2017 -06 -27]．引用日期［2020 -02 -11］．

③ Ifzal Ali. Inequality and the Imperative for Inclusive Growth in Asia [J]. Comparative Economic & Social Systems, 2007, 24（2）：1 -10.

④ 蔡荣鑫."包容性增长"理念的形成及其政策内涵［J］．经济学家，2009（01）：102 -104.

⑤ 张琦．包容性增长视阈下的精准扶贫开发［J］．云南民族大学学报（哲学社会科学版），2018，35（03）：62 -68.

⑥ 唐鑫．论包容性发展与中国特色社会主义道路的内在联系［J］．科学社会主义，2015（04）：56 -61.

论，强调经济财富分配的公平性、社会保障情况、扶贫方式、促进公共参与等①。包容性增长理论旨在促使人们积极参与经济发展和改善自身生存发展条件，推动经济的持续健康发展，促进劳动力价值的提高②，实现经济的包容性增长和以人为本的发展。包容性增长的实施能够创造更多的就业机会，提升人力资本和技术创新能力，促进社会公平和经济增长的共享性③。

三是包容性增长理论与科学发展观一脉相承④，以全体人民的共同利益为基础，引领全体建设者共同享有发展权益和发展成果，统筹协调不同地区的发展规划，制定同等的政策规则和体制机制，促进实现经济的包容性发展。包容性增长理论的要点在于从个体、群体、组织、社会等层面共同产生积极结果⑤，推动经济效益、文化效益、社会效益、生态效益等全面发展，以包容性理念促进全面的现代化建设，实现产业的转型升级与发展方式的转变⑥。

（三）包容性增长理论对本书的指导

一是包容性增长理论有利于政治稳定和社会和谐。包容性旅游减贫战略应突出"参与"和"共享"，旅游减贫的过程需要地区居民共同积极参与，让广大人民共同参与旅游可持续减贫进程的建设，有助于地区居民共同分享旅游减贫的成果。同时，包容性旅游减贫也要强调"全面"和"协调"，能够通过旅游业带动政治、经济、社会、生态、文化等各方面的协调发展。

二是引入包容性增长理念，促进包容性旅游减贫中生态、经济和社会效益的统一。在包容性旅游减贫系统运转过程中真正做到降低消耗、降低污染、保护环境，实现旅游经济的绿色发展和旅游减贫的可持续发展，助力解决因

---

① Ianchovichina E, Lundstrom S. Inclusive Growth Analytics: Framework and Application [J]. Policy Research Working Paper, 2009.

② Ali I, Zhuang J. Inclusive growth toward a prosperous Asia: Policy implications [R]. ERD Working Paper Series, 2007.

③ Felipe J, Mccombie J S L. On the Rental Price of Capital and the Profit Rate: The Perils and Pitfalls of Total Factor Productivity Growth [J]. Review of Political Economy, 2007, 19 (3): 317-345.

④ 冯玺. 包容性增长与科学发展观、中国梦: 历史与现实 [J]. 湖北民族学院学报（哲学社会科学版），2013, 31 (06): 54-56.

⑤ 瞿皎姣, 赵曙明. 组织包容性发展: 理论演变、价值逻辑及生态性建构 [J]. 现代财经（天津财经大学学报），2018, 38 (10): 16-30.

⑥ 朱东波, 任力, 刘玉. 中国金融包容性发展、经济增长与碳排放 [J]. 中国人口·资源与环境，2018, 28 (02): 66-76.

过度关注旅游经济效益而造成的环境污染问题。以旅游业的发展为载体，提高旅游企业的科技水平，改变传统的旅游减贫方式，走出一条新型的科技化、智慧化旅游减贫道路，同步提高生态效益与社会效益。

三是将包容性增长理论的公平理念纳入包容性旅游减贫的发展过程中，通过政策支持加快贫困地区的自我发展能力，创造缩小区域发展差距的政策环境条件。推动欠发达地区把握住发展时机，提高旅游减贫发展模式的社会公平性，提高旅游地区居民的幸福感。充分考虑各地区的资源和条件差异，形成包容性旅游减贫服务体系，通过包容性旅游减贫战略的实施进一步解决区域发展不平衡和城乡发展不平衡的问题。

四、共建共治共享理论

（一）共建共治共享理论的渊源

共建共治共享理论是延续了我国社会管理工作和治理工作的理论脉络，并对共建共享思想进行了升级，推动社会治理格局迈向新阶段[①]。1998年，在《关于国务院机构改革方案的说明》中首次提出了社会管理的政府职能[②]，党的十六大报告中明确提出："完善政府的经济调节、市场监管、社会管理和公共服务的职能，减少和规范行政审批。"[③] 党的十六届四中全会和五中全会、十七大、十七届三中全会和四中全会、十八大等会议对社会管理分别进行了进一步的阐释和工作部署，科学高效的社会管理格局逐步形成。《中共中央关于构建社会主义和谐社会若干重大问题的决定》中提到："我们要构建的社会主义和谐社会，是在中国特色社会主义道路上，中国共产党领导全体人民共同建设、共同享有的和谐社会。"[④] 和谐社会建设以共建共享为基本原则，其内涵是在中国共产党的领导下，全体人民共同建设并享有社会建设成果。十八届三中全会通过的《中共中央关于全面深化改革若干重大问题的决定》明

---

① 江必新，王红霞. 论现代社会治理格局——共建共治共享的意蕴、基础与关键［J］. 法学杂志, 2019, 40（02）: 52-60+140.

② 夏锦文. 共建共治共享的社会治理格局：理论构建与实践探索［J］. 江苏社会科学, 2018（03）: 53-62.

③ 江泽民：全面建设小康社会，开创中国特色社会主义事业新局面——在中国共产党第十六次全国代表大会上的报告.［EB/OL］. 中华人民共和国中央人民政府网: http://www.gov.cn/test/2008-08/01/content_1061490.htm.［2008-08-01］. 引用日期［2020-02-11］.

④ 中共中央关于构建社会主义和谐社会若干重大问题的决定.［EB/OL］. 中国网: http://www.china.com.cn/policy/zhuanti/sljzqh/txt/2006-10/18/content_7252302_4.htm.［2006-10-18］. 引用日期［2020-02-11］.

确指出"加快形成科学有效的社会治理体制"①。社会治理与社会管理一字之差,其内涵和高度有着重大差别,具体体现在治理主体、治理方式、治理范围等方面,十八届三中全会对创新社会治理体制和社会治理方式做出了要求和工作部署,有助于进一步激发社会发展活力和内生动力。十八届四中全会进一步强调:"坚持系统治理、依法治理、综合治理、源头治理,提高社会治理法治化水平。"② 十九大报告中首次提出了"打造共建共治共享的社会治理格局",报告中明确指出从社会治理制度、预防和化解社会矛盾机制、社会心理服务体系、社区治理体系四个方面加强建设③。十九届四中全会进一步提出了"坚持和完善共建共治共享的社会治理制度,保持社会稳定、维护国家安全"。④ 社会治理是政府治理和国家治理的基础⑤,面对新时代出现的新形势和新的时代特征,积极推进改革措施落地实施,夯实社会基层的工作基础,通过完善社会治理体制机制、加强法制建设、强化社会制度支撑等打造共建共治共享的社会治理格局,调动社会多元主体的积极性,共同建设社会治理共同体。

(二)共建共治共享理论的丰富内涵

共建共治共享理论是吸收现代治理理念并结合中国发展现实所构建的适应中国国情的本土化社会治理模式和治理体系。构建共建共治共享的社会治理格局旨在打造人人参与社会治理实践活动的现代化格局⑥,实现改革的重大突破和社会制度的进一步完善,其理论内涵包括共建、共治、共享三个方面。

---

① 中共中央关于全面深化改革若干重大问题的决定. [EB/OL]. 人民网:http://politics.people.com.cn/n/2013/1116/c1001-23560979.html. [2013-11-16]. 引用日期 [2020-02-11].

② 中共中央关于全面推进依法治国若干重大问题的决定. [EB/OL]. 中华人民共和国中央人民政府网:http://www.gov.cn/xinwen/2014-10/28/content_2771714.htm. [2014-10-28]. 引用日期 [2020-02-11].

③ 习近平:决胜全面建成小康社会 夺取新时代中国特色社会主义伟大胜利——在中国共产党第十九次全国代表大会上的报告. [EB/OL]. 中华人民共和国中央人民政府网:http://www.gov.cn/zhuanti/2017-10/27/content_5234876.htm. [2017-10-27]. 引用日期 [2020-02-11].

④ 习近平:党的十九届四中全会公报(全文). [EB/OL]. 澎湃网:https://www.thepaper.cn/newsDetail_forward_5056644. [2019-11-25]. 引用日期[2020-02-11].

⑤ 新时代如何打造共建共治共享社会治理格局. [EB/OL]. 检察日报:http://newspaper.jcrb.com/2017/20171024/20171024_003/20171024_003_4.htm. [2017-10-24]. 引用日期 [2020-02-11].

⑥ 欧阳康,郭永珍. 构建和完善中国特色国家治理体系——以中国共产党的社会治理理论为视角 [J]. 行政管理改革,2019(11):31-38.

一是"共建"即全体人民共同参与社会建设。共建的主体是全体人民，社会成员都承担着不同的社会责任和社会风险，现代社会治理格局要求全体人民共同承担社会责任和风险建设中国特色社会主义事业。共建的内容包括社会实体建设和社会制度建设，建设成果是依托全部社会公共资源得到的物质财富和精神财富①。

二是"共治"即全体人民共同参与社会治理活动。共治的主体是国家、人民以及其他社会组织，社会治理是一种公共的、共同的治理方式，共治主体具有多元性的特点，共治是一种与单治相对的社会治理理念，是一种遵循社会发展规律、迎合时代发展的顶层设计②。

三是"共享"即全体人民共同享有社会治理成果。共享的主体是全体人民，发展成果最大限度和最大范围惠及全体建设者，促进全体人民的共同参与和实现共同富裕。共享要解决的是社会发展中长期存在的公平正义问题，以推动全体人民在发展和建设中的积极性、主动性和创造性③。

（三）共建共治共享理论对本书的指导

一是共建共治共享理论能够促进社会力量的集中，推动现代化治理体系的发展，进而实现社会主义现代化建设效率的提升④，其对包容性旅游减贫的启示是可以通过制定参与主体合作治理的共同愿景，结合不同参与者优势互补、协作互动的共建过程⑤，为包容性旅游减贫政策提供根本动力，引导旅游减贫的协调发展，增强社区居民的参与程度，推进科学民主的旅游减贫治理机制和包容性旅游联动机制的建立。

二是共建共治共享理论以保障全体人民的共同利益为目标，同时不以牺牲个人利益为代价⑥。包容性旅游减贫战略以共建共治共享理论为指导，与国

---

① 江国华，刘文君. 习近平"共建共治共享"治理理念的理论释读 [J]. 求索，2018（01）：32-38.

② 胡弼成，欧阳鹏. 共建共治共享：大学治理法治化新格局——基于习近平的社会治理理念 [J]. 中南大学学报（社会科学版），2019，25（06）：153-161.

③ 刘镭. 论新时代中国民生政治实践——以共建共治共享为视角 [J]. 社会主义研究，2019（06）：58-64.

④ 谢宇. 共建共治共享格局中的社区治理精准化研究 [J]. 福建论坛（人文社会科学版），2019（02）：158-164.

⑤ 杨逢银. 新时代共建共治共享社会治理格局的实践逻辑研究——基于新世纪以来杭州城市社会治理先行经验的分析 [J]. 浙江学刊，2018（05）：29-34.

⑥ 李斌. 迈向"共建共治共享"的中国社区治理 [J]. 中南大学学报（社会科学版），2018，24（06）：140-146.

家新型城镇化战略、可持续发展战略、乡村振兴战略等的实施相结合，通过制度性安排搭建旅游减贫的共建共治共享结构，推动各参与主体的治理分工，实现高效的旅游发展协作，协调主体间的利益分配，实现全体参与人员的"事前事中事后"的协作与共享①，促进不同区域实现包容性旅游减贫协同发展。

三是借鉴共建共治共享理论中进行整体性的布局、规划和设计的理念②，通过构建社会治理的创新整体框架，促进共同参与旅游减贫社区建设，共同参与包容性旅游减贫治理和共同享有旅游发展成果，提供包容性旅游减贫战略的实施，夯实旅游减贫治理的多元主体体制，通过社会力量的供给侧发力和提高基层治理能力③，促进新时代的旅游减贫多元化治理，提高包容性旅游减贫服务的均等化水平。

四是借鉴共建共治共享理论的政策体系建立理念④，建立公平公开的包容性旅游减贫政策体系，提升旅游减贫公共服务，完善旅游减贫政策落地保障体系，有效促进包容性旅游减贫组织的健康发展，营造良好的包容性旅游减贫氛围。

五、创新生态系统理论

（一）创新生态系统理论的渊源

"创新"概念由经济学家熊彼特于1921年首次引入经济学中，"生态系统"由学者引入经济学领域，国外创新生态系统理论的提出最早出现于美国总统科技顾问委员会（PCAST）（2004）发布的研究报告中，报告指出"创新生态系统是国家创新能力不断发展的关键，国家经济繁荣和全球领先地位的建立得益于其完善的创新生态系统"。⑤ 至此，创新生态系统理论正式在经济学领域出现，作为指导国家经济发展战略的创新生态系统理论，其目标是创新经济发展形态、促进经济的长期繁荣发展，加强经济发展的战略管理和生态平衡，实现经济的高质量发展，维持国家经济的领先地位。国内关于创新

---

① 肖丹. 打造共建共治共享的社区治理格局 [J]. 人民论坛，2018 (16)：78-79.
② 马海韵. 共建共治共享：国家级新区社会治理格局 [J]. 学海，2018 (05)：89-95.
③ 马庆钰. 共建共治共享社会治理格局的意涵解读 [J]. 行政管理改革，2018 (03)：34-38.
④ 朱前星，黄辰呈. 新中国成立以来中国社会治理价值导向和基本内涵的变迁 [J]. 西南民族大学学报（人文社科版），2020，41 (02)：206-213.
⑤ 刘芹良，解学芳. 创新生态系统理论下众创空间生成机理研究 [J]. 科技管理研究，2018，38 (12)：240-247.

生态系统理论的研究开始于 2000 年学者黄鲁成的研究,他提出要深入结合区域经济创新理论与技术创新理论,促进国家经济的创新发展[①]。不同地区由于资源条件、技术水平、自然条件、历史条件等不同的限制,其经济发展水平和规模会遭遇瓶颈,因此,创新生态系统理论要求在经济创新活动中协调不同地区进行组织创新、制度创新、市场创新,不仅要实现经济的协调创新发展,也要实现信息创新、人力创新、资本创新等要素创新。创新生态系统理论逐渐引起学术界的广泛关注,国内学者王发明、杨荣、刘钒、李万等分别从创新生态系统的价值共创行为[②]、方法演进[③]、实践应用[④]、政策构思[⑤]等视角对创新生态系统理论做了阐释。

(二)创新生态系统理论的丰富内涵

创新生态系统理论将生态学理论与理念引入创新发展理论中,结合"创新"和"生态学"的优势,强调创新发展的协调性、开放性、层次性和多样性,其丰富内涵主要从两个视角进行解读。一方面,从组织视角看,创新生态系统理论是要求多重参与主体共同合作、实现多元目标的创新理论。另一方面,从环境视角或生态视角看,创新生态系统理论要求的是形成一个动态化、多元化、合作化的创新环境。

一是创新生态系统理论包括生产方和需求方的多重主体,要求企业、政府、高校、科研机构等不同要素载体共同参与,构建成为创新生态系统的网络结构,提高经济建设、社会建设、技术网络建设等基于环境的自我调节能力,实现组织结构的创新式发展[⑥]。企业作为技术创新的主体,其创新能力和管理能力关系到创新系统理论能否实现其目标。因此,企业应完善创新机制和市场保障机制,实现创新式的快速发展。政府作为政策的制定和组织保障主体,创新生态系统理论所包含的各板块都要求政府提供健康有序的政策法律环境。高校和科研机构作为人才输出基地和技术创新源头,是创新服务的

---

① 黄鲁成. 关于区域创新系统研究内容的探讨 [J]. 科研管理, 2000 (02): 43-48.
② 王发明,朱美娟. 创新生态系统价值共创行为影响因素分析——基于计划行为理论 [J]. 科学学研究, 2018, 36 (02): 370-377.
③ 杨荣. 创新生态系统的界定、特征及其构建 [J]. 科学与管理, 2014, 34 (03): 12-17.
④ 刘钒,吴晓烨. 国外创新生态系统的研究进展与理论反思 [J]. 自然辩证法研究, 2017, 33 (11): 47-52.
⑤ 李万,常静,王敏杰,朱学彦,金爱民. 创新 3.0 与创新生态系统 [J]. 科学学研究, 2014, 32 (12): 1761-1770.
⑥ 董铠军. 创新生态系统的本质特征与结构——结合生态学理论 [J]. 科学技术哲学研究, 2018, 35 (05): 118-123.

主体，人才机制和技术完善保障策略对生态创新系统理论的实现目标至关重要。其他社会组织同样需要根据自身优势参与社会建设中，共同建设协调、开放、共商、共赢的发展模式。

二是创新生态系统理论要求完善创新要素，实现产业发展、创新能力、科技服务、资金技术等方面的融合，形成新的竞争优势①，实现不同层面的创新，包括科技创新、人才创新、技术创新、环境创新等方面。创新生态系统理论要求打破不同领域边界的限制，通过合理划分不同功能、相互互补的模块，形成具有生态系统理念的架构创新②，实现不同地区的可持续发展和各领域、各产业的共同进步。

三是创新生态系统理论与新时代的开放主体相结合，构建新型创新生态系统机制，建立新型大国发展战略③。创新生态系统理论要求在各主体实现共赢的前提下，依托不同领域和地区的优势互补、技术共享，通过联合和协作的方式实现战略的创新，形成动态化、可持续的创新型发展。在当今世界全球化和经济一体化的国际形势下，完善和有效利用创新生态系统理论对于我国的国际地位和综合实力的提升有着重要的时代价值④。

（三）创新生态系统理论对本书的指导

一是借鉴创新生态系统理论的多元主体参与理念，推动建立包容性旅游减贫共同体。以政府规划为指导，促进旅游企业、社区居民、游客、旅游院校、社会组织等不同主体的共同参与，实现包容性旅游减贫参与主体的多元化，各司其职，发挥各主体的优势。建立包容性旅游减贫利益分配机制，保障所有参与主体的利益和权益，成立旅游减贫联合社，为参与包容性旅游减贫的各方主体解决矛盾和问题，真正实现包容性旅游的共建、旅游减贫的共治和减贫成果的共享。

二是从多方面保障包容性旅游减贫战略的实施，包括从组织层面、技术层面、人才层面、资金层面等不同方面为旅游减贫的有效实施提供保障。从

---

① 李晓锋．"四链"融合提升创新生态系统能级的理论研究［J］．科研管理，2018，39（09）：113－120．

② 梅亮，陈劲，刘洋．创新生态系统：源起、知识演进和理论框架［J］．科学学研究，2014，32（12）：1771－1780．

③ 陈衍泰，夏敏，李欠强，朱传将．创新生态系统研究：定性评价、中国情境与理论方向［J］．研究与发展管理，2018，30（04）：37－53．

④ 陈健，高太山，柳卸林，马雪梅．创新生态系统：概念、理论基础与治理［J］．科技进步与对策，2016，33（17）：153－160．

组织层面为包容性旅游减贫提供政策支持和组织规划引领；从技术上为旅游减贫的发展提供现代化的技术支持；从人才方面大力推动地区旅游业的发展，提供教育培训和人力支持；从资金方面保障旅游减贫的项目正常开展，等等。

三是不同村落应联合规划包容性旅游减贫战略，共同建设包容性旅游减贫示范区，依托不同地区的资源互补、技术共享、居民合作的方式实现旅游减贫方式的创新。各地区提供联合规划，降低旅游业发展的成本，形成共建共享的和谐氛围，促进更多的居民受益，充分发挥包容性旅游减贫的积极效应，扩大包容性旅游的覆盖面和受益范围，让更多的落后地区实现旅游的可持续发展。

六、PEST 战略分析模型

（一）PEST 战略分析模型的提出

1998 年，美国学者 Johnson 和 Scholes 提出了 PEST 模型，用于企业在做重大战略决策时候的分析，即政治（P）、经济（E）、社会（S）、技术（T）[1]。随着管理学界对该模型的不断深入探索，在 PEST 战略分析模型基础上形成了以下四种常见战略分析模型：

一是 PESTLE/ PESTEL 分析，即 Political（政治）、Economic（经济）、Social（社会）、Technological（技术）、Legal（法律）和 Environmental（环境）六个方面的分析[2]。

二是 PESTLIED 分析，即 Political（政治）、Economic（经济）、Social（社会）、Technological（技术）、Legal（法律）、International（国际）、Environmental（环境）、Demographic（人口）八个方面的分析。

三是 STEEPLE 分析，即 Social（社会）、Technological（技术）、Economic（经济）、Environmental（环境）、Political（政治）、Legal（法律）、Ethical（伦理）七个方面的分析。

四是 SLEPT 分析，Social（社会）、Legal（法律）、Economic（经济）、Political（政治）、Technological（技术）五个方面的分析。

---

[1] Scholes K, Johnson G, Ambrosini V. Exploring Techniques of Analysis and Evaluation in Strategic Management [J]. Atherosclerosis Supplements, 1998, 10 (1): 1–8.

[2] Kolios, Athanasios, Read, George. A Political, Economic, Social, Technology, Legal and Environmental (PESTLE) Approach for Risk Identification of the Tidal Industry in the United Kingdom [J]. Energies, 2013, 6 (10): 5023–5045.

（二）PEST 战略分析模型的内涵

PEST 战略分析模型常用于企业宏观环境的分析，用政治（P）、经济（E）、社会（S）、技术（T）四个因素来分析企业集团所面临的宏观环境发展状况。政治环境分析主要包括政治制度与体制、政局发展状态、政府态度、政府办事效率、政府制定的法律法规等方面。经济环境分析主要包括 GDP、财政货币政策、通货膨胀、利率水平、失业率水平、居民可支配收入水平、能源供给成本、市场机制、汇率、市场需求等。社会环境分析主要包括社会发展的人口结构、文化环境、人口规模、人口分布、种族情况、收入分布、民族特征、文化传统、价值观念、宗教信仰、教育水平、风俗习惯等方面。技术环境分析主要包括发明、新工艺、新技术、新材料等与企业战略发展相关的技术创新方面。

（三）PEST 战略分析模型给本书的指导

本书研究采用最基本的 PEST 战略分析模型，指导包容性旅游减贫相关主体的宏观发展环境分析。

一是 PEST 战略分析框架以企业战略发展宏观环境分析为主体，抓住了产业发展的关键要素。对于贫困地区而言，没有产业发展，一切都是纸上谈兵，或是空想主义。任何好的政策和制度，要促进贫困地区脱贫致富走上可持续发展的道路，必须依靠产业发展。然而，产业发展的核心是企业，包容性旅游减贫战略的关键抓手，也是涉旅企业对应的发展产业。因此，做好涉旅企业在包容性旅游减贫中的战略参与分析，是实施好包容性旅游减贫战略的主要抓手。

二是 PEST 战略分析框架从一个宏观发展主要涉及的四个方面，来客观分析事业建设发展的时代条件、发展环境和政策机遇。对于政府、企业、居民和游客"四位"主体参与包容性旅游减贫事业的建设，需要深入了解政府相关态度和政策、涉旅企业的发展环境条件、当地居民的社会文化环境和旅游发展新体验、新技术对游客消费的影响。抓住事物的关键矛盾，分析"四位"主体的宏观发展环境，对包容性旅游减贫起着积极的指导作用。

三是 PEST 战略分析框架给本书研究提供了一个更深入清晰的战略分析框架，为包容性旅游减贫路径的设计提供了一个分析思路。针对 2020 年后包容性旅游减贫战略的理论阐释和政策构思，需要从政治、经济、社会、技术四个方面深入阐释。无论 PEST 战略分析框架如何变化，其四个方面的分析思路是最核心的分析逻辑。这为抓住包容性旅游减贫的主要矛盾，解决发展的关键问题提供了理论分析框架。

第二章　包容性旅游减贫战略的理论分析框架

第一节　包容性旅游减贫战略参与主体的维度分析

一、政府

政府是指国家进行统治和社会管理，表示意志、发布命令和处理事务的机构，实际上是国家代理组织和官员的总称。政府基本职能包括：保卫国家独立和主权、保护公民的生命安全和各种合法权益、保护国家与企业和个人的合法财产不受侵犯、保障人民民主、协调人民内部矛盾、打击犯罪分子、维护社会治安和社会秩序、保护国家自然环境、维持经济稳定增长、减少国家内部贫富差距、完善治理体系和法律法规、促进社会进步等。本书研究所关注的政府主体主要集中在旅游目的地政府层面。这个层面是提供旅游发展服务政策供给和制度保障最直接的层面。

政府作为强制性制度供给的主体、管理和使用公共资源的主体以及社会经济发展的直接干预者，在包容性旅游减贫战略中主要发挥其主导作用，并以优质的管理服务作为直接表现，包括：

一是政策的制定。参与包容性旅游减贫战略的政府部门主体主要为国务院扶贫开发领导小组、文化和旅游部、国家发展和改革委员会等，同时农业农村部、住房和城乡建设部、教育部、人力资源和社会保障部等及其下属对应省市级行政部门也积极参与其中，按照行政管理结构进行顶层设计、中层规划、底层落实，发挥决策和领导职能，解决相关地区文化、教育、卫生等方方面面问题，完善包容性旅游减贫战略发展的社会环境基础。

二是资源的整合。充分发挥职能作用，整合部门力量，围绕行业职能，制订行业减贫规划，推进项目实施，动员社会力量和市场主体积极参与减贫战略，各司其职，有效发挥各方资源力量以促进减贫。

三是责任的落实。建立减贫考核机制及专项考核办法，以贫困户减贫绩效为主要考核依据，严格进行考核，记录减贫工作的开展情况，并接受监督和检查，确保工作扎实开展。

四是优质的服务。我国政府代表人民群众，是广大人民委托管理社会的机构，是为人民促生产和谋利益的机构。在包容性旅游减贫中，政府优质服务是吸引涉旅企业和游客参与旅游建设的关键要素之一，是鼓励当地居民在旅游发展中激发内生动力的保障主体。旅游目的地政府所建设的优质营商环境、社会风气、基础条件、文化氛围等，无不影响着旅游事业的发展。因此，旅游目的地政府提供优质服务是包容性旅游减贫事业建设的基础之一。

二、企业

本书关注的企业主要指涉旅企业，既包括景区、酒店和旅行社等旅游企业，也包括旅游目的地工艺制造、交通运输、农业生产、食品加工、文化艺术等为游客提供相关服务，涉及部分旅游业务的企业。企业一般是指以盈利为目的，运用各种生产要素（土地、劳动力、资本、技术和企业家才能等），向市场提供商品或服务，实行自主经营、自负盈亏、独立核算的法人或其他社会经济组织。企业作为经济社会发展的主体、贫困地区和相对贫困人口最直接的发展推动者，在包容性旅游减贫战略中发挥重要的带动作用，是旅游目的地经济发展的基础单元之一，是打造实现可持续减贫的关键要素[1]，更是地区产业发展的核心力量。贫困地区的贫困往往源于交通闭塞、信息不畅、文化保守、资源匮乏等因素，很多贫困地区属于少数民族地区和偏远边境地区。在这些地方发展传统工业和农业难以取得好的成效，而发展旅游业，吸引涉旅企业投资则可能具有一定优势。企业发展在包容性旅游减贫中的重要作用，包括：

一是助力补齐基础设施。贫困地区发展短板是一个系统问题，但是发展旅游必须要有良好的基础设施，以提升游客的体验感。旅游目的地必须在基

---

[1] 林艳丽，杨童舒，王雅馨. 企业扶贫与可持续减贫作用机理的政治经济学阐释 [J]. 生产力研究，2019（03）：14-22.

础设施上花功夫，下力气，这样才有利于吸引更多的企业投资。企业有了信心进行投资，会对地区经济快速发展起着明显的促进效应，对地方政府财政收入也会有积极的带动作用。形成这样的良性循环，政府就会有更多的财力补齐基础设施短板，改善人居环境。

二是提供生产性就业岗位。从个体来说，旅游作为服务性行业，很多岗位对专业技能的要求不高，能够给当地贫困人口提供丰富、多层次的就业，特别是在促进妇女、低学历人群就业以及当地居民本地就业等方面具有突出优势。

三是促进资源优化配置。企业可以将旅游目的地土地资源和人力资源与外界旅游市场信息进行有序对接，靠市场"无形的手"进行优化资源配置，构建"旅游业+农业+商业"或者"旅游+"多元产业的全链条产品体系，打造旅游目的地的市场竞争体系，引导贫困户参与旅游项目经营，有效地带动贫困地区劳动力的回流和素质的提高。同时，旅游减贫事业客观上促进了旅游业本身的产业结构调整和升级。

三、居民

本书关注的居民主要是指旅游目的地原住居民。这些居民在没有发展旅游之前，也常年定居于此。这些人口在所住地方土生土长，他们的祖先在本地形成了不同的文化，甚至不同的种族。在旅游开发过程中，旅游目的地居民可以指世世代代都居住在开发地，依靠开发地生存和发展的居民。在旅游开发之后，为了区分游客或者外来者而被称为原住民或当地居民。

原住居民作为包容性旅游减贫战略的主体之一，不仅是当地政府服务的对象，也是旅游发展提升生活水平的受益者。通过引导居民参与包容性旅游减贫事业，从而实现：

一是参与决策。当地居民对旅游开发过程中涉及的自身利益的事件具有决策权、执行权，对减贫成果共享拥有参与权和决议权，居民参与主要体现在旅游业的发展、参与决策、参与旅游收入分配等方面，与当地政府和企业形成一个共建共治共享的利益格局。

二是提供空间。通过现有的地区资源和外部援助的合理利用，从贫困地区发展利益的需要，能够计划、促进和引导当地居民参与旅游减贫战略，在居民参与的情况下为旅游业提供特色资源及发展空间，从而提高其生活质量。

三是劳动就业。居民可以积极通过劳动参与涉旅相关就业岗位，为旅游经济发展提供劳动服务，并实现自身可持续脱贫的一种"有岗"状态。

四是资本参与。一些符合条件的居民可以根据国家政策，流转自身拥有的房屋、土地使用权、人力资源等，以买卖或租赁形式给涉旅企业或者自主创业成为个体工商户，获得一次性或持续性经营收益。

五是资金入股。对于拥有资金优势的居民，可以通过投资入股的参与方式实现金融领域的收入，参与旅游经营收入的分红，达到可持续收益的目的。

六是其他形式。除了上述参与旅游发展获得收益以外，一些居民拥有的社会关系资源、智力资源、传统文化资源等，也可以因地制宜在旅游经营活动中获得可持续收益。

四、游客

游客又称旅游者，是指任何一个人到其惯常环境外的地方去观光体验[①]，连续停留时间不超过 12 个月，其旅游目的不是通过所从事的活动从访问地获取报酬的人[②]。2019 年"世界旅游日"的主题是"旅游业与就业：人人享有更美好的未来"。作为发展最快的产业之一，旅游业在全球范围内提供了大量的就业机会，改变着人们的生活，影响着经济和社会的发展，同时也承担着更加重要的社会责任。游客作为旅游发展中的消费主体、旅游三大要素的基本要素、旅游减贫过程中的消费者，在包容性旅游减贫战略中发挥激发旅游目的地经济潜力，增强资金向旅游目的地的流动性，推动旅游目的地产业、文化、社会、生态等资源配置要素与外界交流互动，促进其经济实现又快又好地发展等重要作用。游客与旅游目的地的参与互动，主要包括：

一是拉动贫困地区消费。随着旅游减贫事业的发展，越来越多的游客开始将旅游的注意力从城市转移到乡村。例如，根据农业农村部相关数据，2018 年中国休闲农业和乡村旅游接待超 30 亿人次，营业收入超过 8 000 亿元。通过游客的进入，有效带动了乡村旅游过程中资金向相对贫困地区的流动，加快相对贫困地区经济社会的发展速度。

二是传递不同区域文化。在旅游的过程中，游客有不同的文化背景，会在一定程度上与旅游目的地文化进行交流、融合、创新或者并存。这也给当地居民带来文化理念、管理理念、生活理念等多方面的改变。

---

① 张凌云. 旅游：非惯常环境下的特殊体验 [J]. 旅游学刊, 2019, 34（09）: 3-5.
② 谢彦君. 旅游体验研究：范式化取向及其变革与包容趋势 [J]. 旅游学刊, 2019, 34（09）: 12-14.

三是积极参与社区建设。游客除了自身消费拉动经济外，一些负责任和有能力的游客还可以积极参与到旅游目的地建设之中，利用献言献策、慈善公益、法律援助等各种方式，参与到旅游社区相关建设之中，体现社会责任与担当。

在包容性旅游减贫战略中，之所以抓住以上四个主体，而没有更为深入广泛分析高等院校、科研院所、村集体等其他主体形式，原因在于：一是抓主要矛盾。包容性旅游减贫战略要实现，关键是政府引导、企业参与、居民主动和游客消费，这是解决旅游减贫内生动力的最关键因素。二是抓关键问题。包容性旅游减贫实质关键是政府提供优质服务，引导涉旅企业开发旅游资源，发挥市场经营特长，刺激游客消费而获得经济收入，进一步带动居民本地就业，实现有可持续收入，解决贫困问题。三是抓类别归属。战略分析不宜过于细分，其他主体参与形式可以归属到游客类别或居民类别。例如，高等院校、科研院所、慈善机构等，往往以社会第三方或者游客个人形式出现，可以归类到游客主体类别。同理，村集体是原住居民的集体代表机构，也可以归属到原住居民类别。四是抓常规状态。政府、企业、居民和游客"四位"主体是旅游减贫涉及利益相关者的常规主体，相对于一些社会第三方临时性或者非持续性地参与旅游减贫事业，这些主体之间的关系显得更具稳定性和普适性。

第二节 包容性旅游减贫战略的历史性和可行性

一、历史性

一是从人类社会发展的历史进程来看，"消除贫困从来就是人类社会的一件大事，全球性减贫事业仍不容放松。2015 年通过的《联合国 2030 年可持续发展议程》的首要目标就是'在世界各地消除一切形式的贫穷'"[①]。世界旅游联盟秘书处党支部书记刘士军认为："随着旅游业的快速发展，旅游在贫困

[①] "不打赢扶贫攻坚战，决不收兵"——贫困县里来了社会组织. [EB/OL]. 中华人民共和国文化和旅游部网: https://www.mct.gov.cn/whzx/whyw/201912/t2019 1204_849295.htm. [2019 - 12 - 04]. 引用日期 [2020 - 01 - 14].

乡村地区经济社会发展体系中正在由辅助角色转换为关键推动力量。"以旅游业为抓手，实现通过包容性旅游减贫打造共建共治共享的发展体系，为全球减贫事业不断探索持续赋能，不仅体现了旅游在消灭贫困中的责任与担当，而且是旅游为人类事业发展贡献力量的一种表现方式。

二是从文化交流的历史进程来看，在很多贫困地区，丰富的文化遗产由于不为人所知，其价值得不到重视和体现。这些优秀的文化遗产本身就是最重要的旅游吸引物之一，通过科学的包容性旅游减贫开发，则让人们重新认识到这些传统文化的价值，从而使其获得"新生"，并在和旅游者的互动过程中得以创新发展。同时，文化遗产潜在的经济价值得以激发，促使人们更加合理保护和利用，形成一个良性的文化与经济协同发展的局面。

三是从社会发展的历史进程来看，贫困地区发展旅游产业，创造了新的就业机会，有效吸引劳动力的返乡回流，在旅游市场机会中寻找自主脱贫的方式。在一定程度上，包容性旅游减贫有利于贫困人口家庭的团聚和收入的增加，促进了家庭的和谐和社会的稳定①。因此，通过包容性旅游减贫方式，不再单一强调旅游经济惠及贫困人口的扶贫功能，更加综合性强调涉旅相关利益主体的动态平衡，形成持续稳定的创新生态系统，打造稳定的产业发展体系，为旅游目的地制造生产性就业岗位，鼓励贫困人口依靠自身能力改变贫困现状，实现可持续的自主脱贫。

二、可行性

作为发展最快的产业之一，旅游业在全球范围内提供了大量的就业机会，对全球经济和社会各方面的发展影响巨大。以产业植入和文化建设为核心的旅游减贫事业发展能够切实推动实现贫困地区的可持续发展，其可行性主要体现在政策环境的可行、基础条件的可行、发展思想的可行、产业融合的可行四个方面。

一是政策环境的可行。中国旅游行业在较早时候就关注到旅游扶贫。改革开放初期，国内旅游开始起步，当时的旅游业已经在一定程度上促进了旅游目的地贫困地区的经济发展，客观上起到了扶贫的作用。近年来，中国旅游扶贫工作更是取得了很多新的进展，总体上经历了从区域试点到全国范围

---

① 刘士军：旅游减贫与可持续发展．[EB/OL]．世界旅游联盟网：http：//www．wta－web.org/chn/xwdt/xw/201911/t20191115_878071.shtml．[2019－11－15]．引用日期[2020－01－14]．

内推行、从粗放式到精准式、从资金和政策支持到人才和智力支持的动态发展过程。2013年，习近平总书记作出有关"精准扶贫"工作的重要论述后，国家陆续出台了更多支持旅游减贫的新政策，拟通过发展旅游加快民族地区经济和社会的发展。2013年12月，中共中央办公厅、国务院办公厅印发《关于创新机制扎实推进农村扶贫开发工作的意见》，将乡村旅游扶贫列为新时期扶贫开发的十项重点工作之一，自此乡村旅游作为旅游减贫的重要手段逐渐得到广泛实施。2016年9月，国家旅游局等12个部门联合印发《乡村旅游扶贫工程行动方案》，提出要充分发挥乡村旅游在精准扶贫、精准脱贫中的重要作用。2016年12月，国务院印发的《"十三五"脱贫攻坚规则》中提出了在产业发展脱贫的规划中有关旅游扶贫的详细措施。2016—2020年连续5年的"中央一号文件"均对乡村旅游有所提及，对大力发展休闲农业和乡村旅游扎实推进脱贫攻坚的作用进行了肯定，也对加快发展旅游扶贫以推进乡村振兴战略的措施进行了部署和规划。这一系列乡村旅游推进乡村振兴发展实现旅游减贫的政策，无疑为包容性旅游减贫战略的实施提供了巨大的可行性空间，为持续推进宜居宜业的美丽乡村建设提供了坚固的政策基础。

二是基础条件的可行。旅游基础设施是发展旅游业不可缺少的物质基础，并且随着旅游业的发展基础设施的种类也逐渐多样化，建设程度日趋完善，各种服务设施的增加也会进一步推动旅游业的持续发展。2017年，国家旅游局发布《"十三五"全国旅游公共服务规划》，为加快全国旅游公共服务体系建设提供了专项规划，大力完善旅游发展所需的基础设施建设政策，加大旅游基础设施建设的财政投入，为旅游基础设施建设有序推进提供了保障。旅游公共服务基础设施、旅游信息咨询服务设施、旅游交通集散设施、旅游公共卫生设施、旅游安全保障设施等各旅游基础设施领域都得到了快速发展。从旅游公共服务基础设施建设来看，通信、邮政、医疗等公共服务设施功能都得到不断加强；从旅游公共信息服务设施建设来看，旅游资讯网站、智慧旅游终端等旅游信息服务平台相继建成，旅游信息咨询、门票预约、酒店预订等服务功能得到不断拓展；从旅游交通集散设施建设来看，旅游道路加速建设、旅游专线相继开通、旅游景点的可进入性和标识性都得到了很大的提高；从旅游公共卫生设施建设来看，随着"厕所革命"的启动开展，《全国旅游厕所建设管理三年行动计划》《旅游厕所建设管理指南》等文件相继出台，厕所建设资金投入、用地保障等政策不断推出，旅游景区的卫生条件得到了极大的提升；从旅游安全保障设施建设来看，《旅行社责任保险管理办法》

《旅游饭店反恐怖防范规范》等政策不断出台,旅游安全法规标准体系不断得到完善,文化和旅游部与交通、质检、公安等部门的旅游安全监管协同联动工作不断深化,安全应急工作得到不断加强,居民和游客的安全感不断增强。因此,旅游基础设施与旅游公共服务体系的完善为包容性旅游减贫战略的发展提供了可行的必要条件。

三是发展思想的可行。减贫是 21 世纪全球面临的亟待解决的难题。实践证明,旅游有助于地区减贫,是建立和扩大人与人交流的最好方式。旅游事业发展不仅提升了旅游品牌,促进了旅游产业不断融合创新,也推动了旅游减贫惠民富民,使当地居民生活水平获得了大幅度提升。包容性旅游减贫是"四位"主体力量共同参与的战略,在战略实施的过程中主要涉及的四大主体,分别是政府、企业、居民和游客。从政府角度来看,政府减贫政策的实施为贫困地区居民的可持续生计提供了有力的保障,政府的权威性也不断加强,同时政府政策的引领和实施也是推动游客、居民、企业参与共建共享的基础。从企业角度来看,企业进行项目投资,为贫困居民提供生产性就业岗位的同时,企业的收益也能得到极大的提升,这无疑是企业参与旅游减贫共建共享,实现企业与居民"双赢"的体现。从居民角度来看,包容性旅游减贫发展遵循与居民共创建、与居民共发展、与居民共致富的共建共治共享理念,居民的发展思想必须从"要我做"变成"我要做",主动参与减贫事业获得就业机会,才能共享减贫成果。从游客角度来看,随着贫困旅游地区基础设施、服务水平和社会治理等方面条件的提升,游客享受的旅游体验和服务质量逐渐提高,游客消费提升和游客满意度提升都是无形中参与旅游减贫共建共享的体现。因此,包容性旅游减贫战略的实施是在共建共治共享理念的指导下,让贫困地区由外到内、由浅到深、由小到大,全方位提升与改变,迈向美好生活,收获幸福,每一个人都将受益,涉旅各利益主体都能够在旅游发展中实现自己的价值。

四是产业融合的可行。旅游本质是通过旅游产业来实现景区过剩产能和闲置资源与游客资金之间的交换、流动活动,旅游者从中可实现有偿分享。为了进一步提高有效供给和资源配置的效率,从而实现旅游产业低成本、高效率的目标,旅游产业可以通过促进结构改革和加快产业融合来实现优化配置。早在 2009 年国务院就颁布了《加快旅游业发展的意见》的政策,明确提出要大力推进旅游与文化、体育、农业、工业、林业、商业、水利、地质、海洋、环保、气象等相关产业和行业的融合发展[①]。目前，工业、农业、文化产业、医疗业、体育业等众多产业均实现了与旅游的融合化发展，并取得了一定成效。旅游事业发展需要综合性产业支撑，旅游产业与其他产业关联度高，融合性强，对产业链的形成和地区经济发展带动作用大。包容性旅游减贫强调涉旅企业的广泛参与，形成互融互惠的产业发展共同体。在很多贫困地区，旅游发展不仅让直接从事旅游行业的人民实现了可观的收入，而且还有力地带动了其他行业的发展，成为贫困地区经济发展的重要引擎。例如，2011 年以来，我国通过乡村旅游已带动 1 000 万人以上贫困人口脱贫致富，占脱贫人口的比重超过 10%。发展旅游无疑给相对贫困的国家和地区带来了经济增长的机会。

综上所述，旅游业对于促进人类社会和平发展、带动可持续减贫的责任和能力是不可忽视的，包容性旅游的发展为推动相对贫困地区经济社会均衡发展提供了一种可行且易实现的途径。

第三节 包容性旅游减贫战略的内外部影响机制

一、内部影响机制

在实际减贫工作中，减贫对象的消极参与、企业参与程度不够、利益分配不均等问题在一定程度上会阻碍包容性旅游减贫工作的推进，而其根本原因就在于各利益者之间的利益矛盾问题（如权利失败、机会缺失、能力匮乏、利益分配不均等）[②]，从而导致各主体参与意愿呈消极状态[③]。因此，分析包容性旅游减贫的内部影响机制，有利于明确各主体之间的价值和责任所在，以及各主体之间的利益联结点，从而缓解矛盾以提高各利益相关者参与的积极性。包容性旅游减贫战略内部影响机制的主要要素为政府、企业、居民、

---

① 国务院关于加快发展旅游业的意见. [EB/OL]. 中华人民共和国中央人民政府网：http://www.gov.cn/zwgk/2009 - 12/03/content_1479523.htm. [2009 - 12 - 05]. 引用日期 [2020 - 02 - 21].

② 左冰. 发展主义语境下社区参与旅游发展困境及出路 [J]. 思想战线, 2011, 37 (4)：122 - 126.

③ 何彪，朱连心，李会琴. 多主体参与旅游精准扶贫行为逻辑和参与模式——基于价值共创视角 [J]. 社会科学家, 2019 (06)：90 - 96.

游客，在其他公益组织、科研机构、教育机构以及当地社区的积极参与下，逐渐形成多元参与和多元治理的机制，实现带动性强、覆盖面宽、广泛受益的包容性旅游减贫系统的构建，如图 2-1 所示。

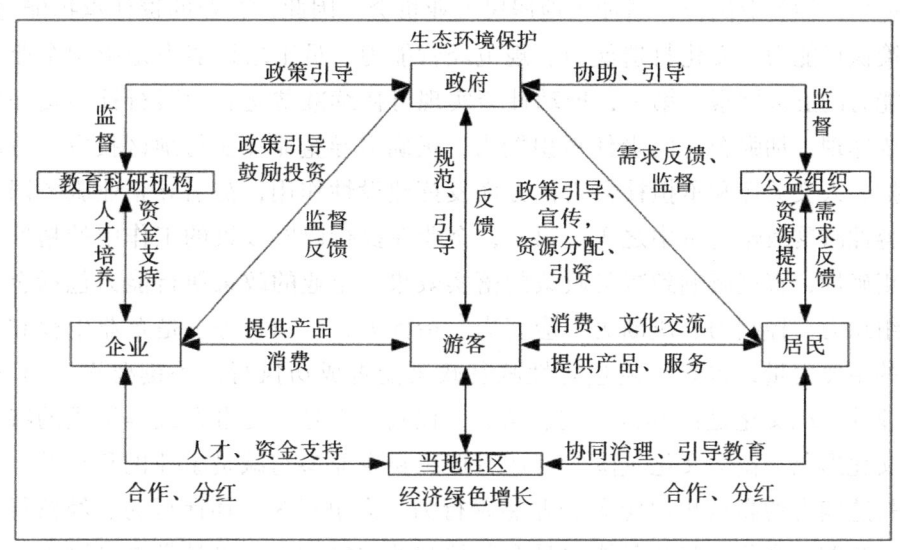

图 2-1 包容性旅游减贫战略的内部影响机制

一是政府方面的影响因素。政府作为包容性旅游减贫战略中的领导者和管理者，其主要作用是统筹规划包容性旅游减贫战略，协调旅游发展各利益主体之间的关系，并以政策引导和优质行政管理服务促进其作用的实现。包容性旅游减贫中政府服务需要充分考虑政策引导和宣传、市场管理规范、资源合理分配、整体环境保护等方面。因此，政府的统筹能力、管理能力、环保能力、决策能力、号召能力是影响政府服务效率和质量的五大因素。第一，政府统筹能力对项目规划布局、资源整合优化、资金引导投入、政策实施力度、部门联动执法至关重要。第二，政府良好管理能力能够使"游客+居民+企业"产生"1+1+1>3"的效果，也能使各部门、各地区政府实现"多赢"的效果。第三，政府环保能力影响旅游景区污染处理设施的完善、环保制度的制定和实施情况，也关系着能否使绿水青山变为金山银山的同时保留绿水青山的纯粹和乡愁。第四，政府决策能力是正确的引领性政策制定和实施的关键因素，也关系到居民、游客、企业的监督反馈能否得到及时处理。第五，号召能力直接影响群众思想与时俱进、和谐益贫氛围建设，良好的号召力能够有效引导社会各方力量参与包容性减贫战略中，对其参与意愿的影响极大。

　　二是企业方面的影响因素。企业参与旅游减贫的目的在于获得经济价值和社会价值，其参与的方式主要是通过在具有旅游资源禀赋的地区投入资金，创造生产性就业岗位，增加当地居民就业机会。因此，企业的责任承担能力、政策执行能力、文化打造能力、规范经营能力、员工培训能力是影响企业参与能力的五大因素。第一，推动社会实现可持续减贫是企业践行社会责任的重要体现，加强企业的责任承担能力，正确引导企业在实行地区投资、劳动保护、人文关怀和承担社会责任方面发挥建设性作用，是引导企业服务国家包容性减贫战略的重中之重。第二，企业在执行政府政策的工作中的精准性和正确性，直接影响到减贫政策的落实效果。企业的政策执行能力包括企业的组织力、控制力、决断力、应变力、指挥力、协调力等，是企业生存和发展的主要力量，也是影响包容性减贫政策能否成功执行的关键要素。第三，企业的组织文化是由其价值观、信念、仪式、符号、处事方式等组成的特有的文化形象，益贫文化氛围的打造直接影响企业参与减贫事业的积极性，文化打造能力的高低也决定着企业慈善行为、竞争行为、环保行为、经营行为等。第四，企业规范经营能力是企业盈利的关键能力，也是带领贫困地区居民成功增收的关键能力，企业能够最大化利用贫困地区的自然资源、社会资源、政策资源、人力资源等条件，创造盈利项目并进行规范化经营是包容性旅游减贫实现的基础。第五，良好的企业员工培训能力是提高群众勤劳致富能力的关键，解放贫困户的思想，端正贫困户的态度，提高贫困户的能力，是企业社会责任的体现，更是企业盈利的主要途径。

　　三是居民方面的影响因素。贫困地区居民参与包容性旅游减贫的参与方式和获利方式主要有三种：资金入股、参与就业、自主创业。贫困地区居民的能力、权利、参与程度是决定减贫绩效的关键。因此，居民的认知能力、参与能力、反馈能力、发展潜力是影响居民参与包容性旅游减贫的四大因素。第一，良好的认知能力能够促使居民认识到其对经济利益、相关知识技能发展的诉求，意识到参与减贫的重要性，只有居民有意愿参与到旅游减贫事业中，旅游减贫战略才具备了实施的可能性。第二，居民的参与能力包括其自身的知识技能条件、资本资源条件、社会关系条件，具备资金基础的居民可以选择入股分红，具备知识技能基础的居民可以选择就业或创业，具备社会关系的居民可以选择与企业或景区合作，居民的参与能力直接关系居民能否进入旅游减贫系统中。第三，居民的反馈能力和监督能力是促进政府政策顺利实施、企业投资及时到位的一把利剑，畅通的反馈渠道和良好的反馈能力才能使包容性旅游减贫战略按照居民的需求正确实施。第四，居民的发展潜力与居民参与决策、社区赋权息息相关，发展潜力大的居民在履行责任的同时在决策权利的赋予、参与机会的选择等方面也具备较大的竞争力，因此充分挖掘居民的发展潜力也是社区实现可持续减贫的关键。

四是游客方面的影响因素。游客参与包容性旅游减贫主要为通过旅游体验和地区消费的方式来带动资金向贫困地区倾斜。因此，游客环境体验能力、文化交流能力、生态保护能力、带动消费能力是影响游客参与包容性旅游减贫的四大因素。第一，良好的环境体验能力和先进的益贫思想的存在与否是决定游客是否参与包容性旅游减贫的决定性因素，只有具备先进益贫思想、对景区的食、住、行、游、购、娱六个要素服务能够进行客观评价的游客，才能正确消费进而促进贫困地区脱贫增收。第二，合理的文化保护是游客参与包容性旅游减贫事业必备的负责任行为，旅游活动中的文化交流是不可避免的，只有合理保护和传承地区文化才能确保贫困地区特色资源的可持续性，促进地区之间进行正确的文化交流。第三，生态保护能力和环保意识直接影响到游客在进行旅游活动时的责任感，除了外部道德和法律的约束规范外，游客应该自发在实践过程中让环保由意识质变为规范，保护当地生态环境和自然资源，确保旅游活动的长久性。第四，游客带动消费能力的高低也决定着贫困地区居民增收成果的大小，游客的消费意愿是否强烈以及游客的消费水平高低是影响包容性旅游减贫战略是否具有实施可能性的关键因素。

五是其他组织的影响因素。在包容性旅游减贫战略实施的过程中，除了政府、企业、居民、游客四大主体的参与外，科研机构、教育机构、公益组织、旅游社区等其他组织也发挥了不可替代的助力，人才输出、资源提供、资金支持等都离不开这些组织的助力。它们要在旅游减贫的过程中实现与周围环境进行物质、成员、信息的交换，实现社会帮扶资源和旅游减贫的有效对接，同时履行监督职责，保证政策实施的公开透明，因此社会组织的监督能力、合作能力是影响其参与包容性旅游减贫的两大因素。第一，社会组织的良好的监督能力有利于旅游减贫的正向激励机制和督促约束机制建立和完善，只有采取行动规范和约束减贫活动，才能避免减贫行为上和方向上的错误。第二，社会组织的合作能力与传递能力是人力、物力、财力资源进行交换和流动的关键，科研机构和教育机构负责人才的输出和流动，公益组织和当地社区负责资金、物资的交换和流通，架起旅游减贫的中间桥梁，实现社会组织的机动灵活的跨界合作功能，与政府、企业扶贫形成优势互补的减贫格局。

二、外部影响机制

根据 PEST 战略分析模型的指导，包容性旅游减贫的外部影响主要来源于旅游目的地的政治、经济、社会和技术方面的因素。现实中，发展中国家普遍存在"制度性贫困"，而通过经济增长和收入分配"自上而下"缓解贫困的政府"输血"式扶贫，由于未考虑到贫困个体自生能力和社会流动性的作用，无法根除"制度性贫困"。因此，我国政府在长期的扶贫工作探索中，总结出产业扶贫是实现贫困人口稳定脱贫的长久之策和根本途径。"授人以鱼不如授人以渔"，"造血式"产业扶贫抓住了扶贫的根，通过提高个体自生能力和社会流动性"自下而上"发挥增长的"包容性"以缓解区域、城乡、群体间的分割贫困[①]。

目前，我国通过制度创新、管理创新、产业创新，"上下联动、内外协调、融合共推"的旅游扶贫工作机制日趋完善，特别是精准扶贫脱贫工作的全面推进，展现着我国消灭千百年来困扰人类的绝对贫困问题的决心。在这场精准扶贫脱贫攻坚战中，我国旅游减贫事业以乡村旅游为抓手，旅游减贫工作成效显著，特别是在贵州、云南、广西等长期处于绝对贫困状态的边缘山区、边疆地区、革命老区等，旅游减贫已经走出了一条可选的精准脱贫之路。我国长期坚持的反贫困事业建设，为世界贡献了中国反贫困的智慧和方案。

从实践视角来看，包容性旅游减贫需要确保各相关利益主体，在旅游系统运行的内外部各个环节主动参与且参与机会的平等，从而实现旅游利益公平分享，以及实现相互尊重、平等交流的有尊严的扶贫与减贫。旅游系统包括旅游客源地系统、旅游通道系统、旅游目的地系统以及旅游支持系统四个子系统（克里斯·库珀等，2007）。包容性旅游减贫是一个复杂的创新生态系统，其外部影响机制的作用在于旅游支持系统与外部其他经济系统在经济资源分配、公共资源使用、利益分配、外部性补偿等方面的平等以及各不同产业之间的协调[②]。如图 2-2 所示，包容性旅游减贫战略的外部影响机制，即

---

① 文雁兵. 包容性增长减贫策略研究 [J]. 经济学家, 2015 (04)：82-90.
② 王京传, 李天元. 包容性旅游增长的概念内涵、实现机制和政策建议 [J]. 旅游科学, 2011, 25 (05)：10-22.

在制度创新、管理创新、产业创新的基础上，打造具有利贫性、包容性的旅游系统，进而实施有助于提升居民自生能力、减贫成果共享的包容性旅游减贫战略，实现可持续减贫和包容性经济增长的目的。

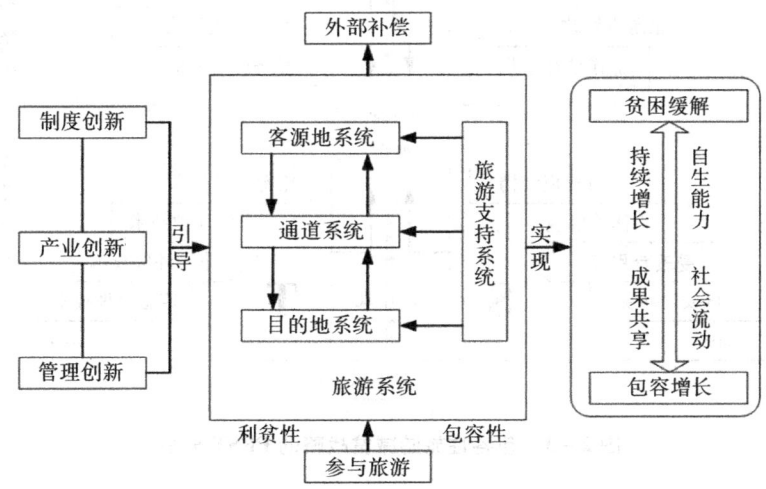

图 2-2　包容性旅游减贫战略的外部影响机制

第四节　包容性旅游减贫战略的理论分析框架

一、分析模型

PEST 分析法是战略外部环境分析的基本工具，从政治（Politics）、经济（Economic）、社会（Society）和技术（Technology）四个方面在总体上分析把握企业发展的宏观环境，并评价四个因素对企业战略目标和战略制定的影响。本书采用 PEST 战略分析模型，从四个方面来分析参与包容性旅游事业建设的企业所处的宏观环境，如图 2-3 所示，提出包容性旅游减贫事业发展的时代条件、发展环境和政策机遇，使分析框架的构建更具科学性。

（一）政治环境分析

包容性旅游减贫战略的政治环境分析包括国家或地区对旅游发展战略的法律法规、方针政策、国际政治环境和国内政治环境等方面。

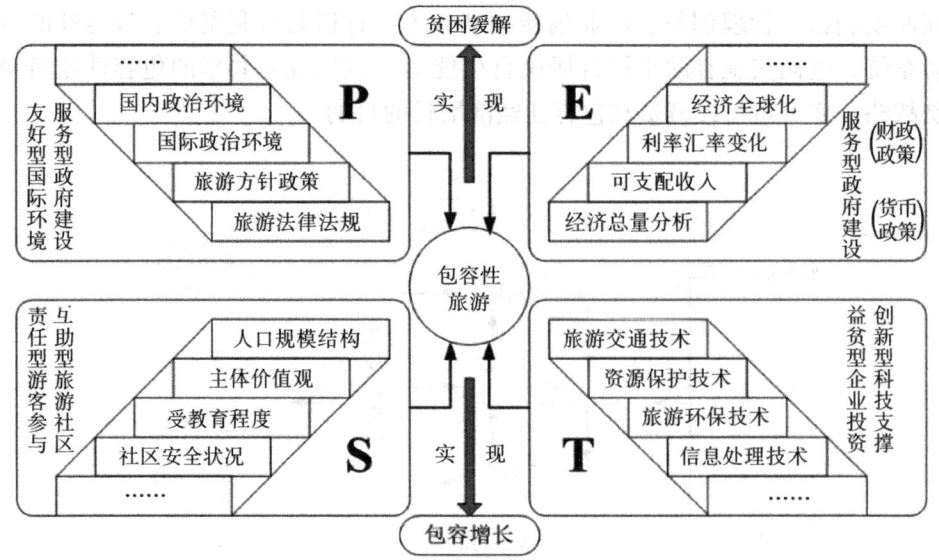

图 2-3 包容性旅游减贫战略的 PEST 分析

一是《中华人民共和国旅游法》《旅游行政处罚法》等法律法规的颁布，使旅游业的法律法规和行业管理制度日趋完善，执法行为更加规范，为良好的竞争机制和旅游市场秩序的形成提供了保障，良好的旅游发展环境逐渐形成，旅游发展将逐渐步入有序化、规范化、法治化的轨道。

二是《中共中央 国务院关于实施乡村振兴战略的意见》《促进乡村旅游发展提质升级行动方案（2018年—2020年）》以及《国务院关于促进旅游业改革发展的若干意见》等一系列政策、方案也为旅游业的健康发展和旅游减贫事业的顺利进行提供了坚实的政策基础。

三是中国对外开放的进一步扩大、全方位和平外交等国际战略思路以及丝绸之路经济带和21世纪海上丝绸之路的建设，加上有利于边境旅游的出入境政策等，都有力地推动了中国同东南亚、南亚、中亚、东北亚、中东欧的区域旅游合作，为我国旅游业在国际市场和世界舞台的发展创造了更为有利的国际政治条件。

四是中国政通人和，社会安定，坚持走中国特色社会主义发展道路，按照建设中国特色社会主义事业"五位一体"总体布局的要求，坚持深化改革、依法兴旅，积极营造良好的国内旅游环境，中国成为世界上最安全的旅游目的地之一指日可待。

因此，友好型国际环境和服务型国内政府建设，已为包容性旅游企业的经营投资等系列行为提供了相对稳定的宏观政治环境。

(二) 经济环境分析

对包容性旅游减贫战略的经济环境分析可以从以下四个方面展开：经济总量分析，可支配收入及旅游总花费分析，利率、汇率、投资率分析和经济全球化趋势分析。

一是自改革开放尤其是进入 21 世纪以来，我国的 GDP 呈现稳定上涨趋势。2018 年我国 GDP 达 919 281.1 亿元，相比 2017 年增长率为 10.49%，国内经济的持续快速增长无疑为我国旅游需求增长发挥了基础性的支撑作用；2018 年旅游业为全球经济贡献了 8.8 万亿美元，相当于全球 GDP 的 10.4%，世界各地有超过 3.19 亿人的工作是依赖旅游业提供的，可见旅游业的地位正在不断凸显。

二是随着经济的发展、人民的生活水平日益提高，中国社会主要矛盾也已发生改变，人们可自由支配的金钱和闲暇的时间逐渐增多，旅游需求和旅游花费也越来越多，2018 年居民可支配人均收入为 28 228.0 元，较 2017 年上涨 2 254.2 元，同年国内旅游总花费 51 278.3 亿元（《中国统计年鉴（2019 年）》），约占国民总收入的 5.7%，由此可见，可支配收入和旅游花费的持续上涨为旅游业的新模式探索创造了新的条件和机遇。

三是汇率的变化会对旅游产品和旅游服务的价格产生实际影响，当人民币对外币的汇率上升时，外币的购买力下降，可能会使国际游客数量减少，造成旅游收入的下降，给旅游发展带来冲击，反之，当人民币对外币的汇率下降时将会刺激国际游客来华旅游，促使旅游收入的增加；同理，利率和投资率的变化也会对游客的消费心理造成直接影响，通过改变游客当期可消费的价格预期，进而影响到旅游消费水平。

四是随着经济全球化的不断深入，我国旅游业作为流动性强、涉及范围广的朝阳产业，也将进入新一轮全方位、多层次、更广泛的对外开放进程，国际旅游服务贸易领域将得到进一步扩展，旅游商品和旅游服务的流通效率不断加强，对于旅游产业整体质量的提升产生了较大的促进作用。

因此，政府正确的财政政策和货币政策等宏观经济政策及经济体制、良好的经济发展水平等都为包容性旅游企业的生存、发展及变革提供了相对稳定的竞争环境和市场环境。

(三) 社会环境分析

社会文化环境包括人口规模和人口结构、居民及游客的价值观培养和生活方式、旅游参与主体的受教育程度和思想观念、旅游社区的社会安全状况等。

一是截至2018年末，中国65周岁及以上人口为16 658万人，占总人口的11.9%①，老龄化趋势愈发明显，人口结构的变化将为旅游业的发展带来了新的机遇，康养旅游市场呈现出良好的市场前景。

二是价值观会直接影响到旅游者的旅游动机、旅游目的地选择、旅游模式偏好和旅游后行为等，同时游客和当地居民价值观冲突的大小也是影响和谐旅游、生态旅游的关键因素。

三是旅游教育包括对游客的伦理道德教育、对当地居民的培训、对旅游从业人员的在职培训及全民的旅游安全观念教育，目前随着我国教育体系的完善，旅游参与主体的整体教育水平也随之不断提高，为我国整体旅游素质和旅游质量的提升奠定了基础。

四是旅游产业进入黄金发展期，旅游安全的问题愈加突出，要完善相关法律法规，极力避免"八达岭老虎伤人""天价海鲜""东方之星翻沉"等旅游安全事故的再度发生，为游客打造安全、舒适的旅游目的地，推动旅游产业实现安全、高质量发展。

因此，责任型游客的培养和互助型旅游社区的建立能够创造有利于包容性旅游减贫战略实施的宏观社会环境。

（四）技术环境分析

旅游发展的技术因素包括旅游交通技术、旅游资源保护技术、旅游环保技术及旅游信息处理技术等。

一是随着旅游交通技术水平的提高，交通条件随之提高，如铁路的快速发展、高速公路系统的完善及旅游目的地乡村道路的修建，为游客的外出旅游提供了更为便利和快捷的条件。

二是通过研究细胞技术或基因技术，对濒危动植物物种进行有效保护，以及应用高新技术对许多文物古迹资源进行保护，在保持旅游资源吸引力、增强它们可持续发展的能力的同时也使旅游产业能够得到持续发展。

三是旅游企业积极采用新技术、新材料来建设旅游厕所，采用"生态厕所""沼气化粪"等先进技术，使旅游设施建设符合现代时尚、方便实用、节

---

① 2018年国民经济运行情况新闻发布会．[EB/OL]．国家统计局网：http://www.stats.gov.cn/tjgz/spxw/201901/t20190121_1645941.html．[2019-01-21]．引用日期[2020-04-21]．

能节水、环保卫生等要求，积极在旅游产业发展中践行绿色发展理念，实现绿色发展。

四是大数据、人工智能、区块链等技术的发展丰富了旅游信息收集和处理的手段和途径。新技术的不断发展也给旅游带来了许多新的可能，如2016年3月XC成立定制旅游频道，交易规模迅速增至10亿元，同年在线旅游渗透率超过15%，在线旅游市场交易规模持续两位数增长，依托旅游大数据开展智慧旅游管理、营销和服务。其数据中心可以将政府、企业、游客有机联系起来，使旅游资源采购、服务运营等效率持续提高，实现旅游企业营收最大化，也使游客体验更加轻松、便捷，从而实现"双赢"。

因此，在政府政策的支持和推动下，益贫型企业更多地进行科技投资和研发是加快传统旅游企业变革的利刃，打造创新型的科技支撑环境有利于包容性旅游减贫战略不断打开新局面、开拓新领域。

二、框架构建

习近平总书记在中央扶贫开发工作会议上指出："脱贫致富不仅仅是贫困地区的事，也是全社会的事"，要求更加广泛、更加有效地动员和凝聚各方面力量，加快形成全社会参与的大扶贫格局。动员和凝聚社会力量参与扶贫开发，是我国扶贫事业的一条成功经验，是我们党的政治优势和社会主义制度优势在脱贫攻坚领域的重要体现。各级党政机关和国有企业、事业单位参与包容性旅游减贫能够为推动社会扶贫起到示范引领作用；涉旅企业、社会组织和个人积极参与包容性旅游减贫，捐资助学、发展产业，也能够彰显出社会减贫的巨大发展潜力。

因此，社会各界的群智群策，有助于汇聚各方智慧，推动解决扶贫开发中的体制性、机制性等深层次问题。社会各界的热心帮扶，有助于整合社会资源，缓解扶贫开发中的资金短缺、投资乏力等问题。社会各界的无私奉献，有助于激发内生动力，培育贫困群众自力更生实现脱贫致富的信心和决心。社会各界的广泛参与，有助于增强社会活力，在全社会形成扶贫开发工作人人愿为、人人可为、人人能为的良好氛围。如图2-4所示，在包容性旅游减贫工作的框架构建中，"一个服务，三个参与"结构能够更好地协同推进包容性旅游减贫，加强服务型政府建设、鼓励益贫型涉旅企业、营造互助型旅游社区、激发责任型游客参与是做好2020年后包容性旅游减贫工作的理论阐释与政策构思的核心工作，目的在于发挥调动社会力量参与扶贫开发的保障作用。

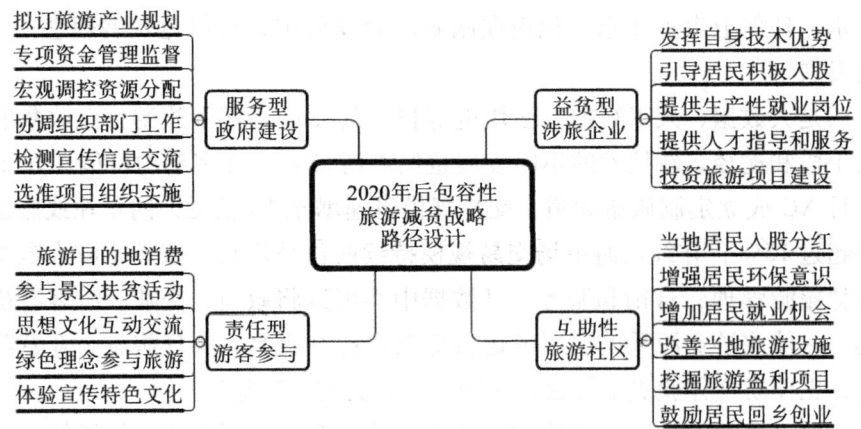

图 2-4 包容性旅游减贫战略的分析框架结构

三、框架解析

（一）服务型政府建设

为人民服务是我国政府执政的根本动力。在包容性旅游减贫中，政府要动员鼓励社会各方力量参与旅游减贫，充分发挥统筹推进、宏观调控、资源分配等作用，协调组织各部门、团体的工作，保证减贫工作的有序进行，做好社区治理服务和企业经营环境治理服务。按时委派专家深入开展地区视察、专题调研、界别协商，及时发现动员社会力量参与包容性旅游减贫工作中存在的困难和问题，形成有实效、有价值的调研报告，及时了解地区实情，做到因地制宜、科学民主决策。另外，政府也要加大宣传力度，通过思想发动、感情沟通、政策解读、减贫引导，调动社会各界参与扶贫开发的积极性，以优质服务为导向，推动形成政府、企业、社区（居民）、游客协同推进包容性旅游减贫工作的大格局。

（二）益贫型涉旅企业

有社会责任感的企业是包容性旅游最为需要的主体之一。在包容性旅游减贫战略实施的过程中，要充分发挥涉旅企业的桥梁作用，通过主动搭建企业平台，畅通企业与社区居民之间的交流渠道，实现益贫资源与减贫需求的精准对接，积极鼓励与引导更多有爱心、有能力、有社会责任感的企业、社会组织和个人投身扶贫开发事业，最大限度地动员和凝聚社会力量参与扶贫开发。要积极引导涉旅企业利用自身的资源优势，配合政府打好包容性旅游减贫工作组合拳，打造益贫性企业，协调推动企业资金、技术、人才等经济要素和科技、教育、文化、医疗等社会资源向相对贫困村和相对贫困户精准输送，着力在发展农村集体经济、培育优质产业、加强基础设施建设、落实社会保障等方面给予支持，齐心协力帮助相对贫困地区提高集体收入，实现缩小城乡居民收入和社会协调发展的目标。

（三）互助型旅游社区

社区是居民的生活聚集的一个基本单元。旅游社区区别于传统的城市社区，常指旅游目的地居民生活聚集的一个行政区域，一般指一个发展乡村旅游的村级单位，或者一个旅游景区所在的居民日常生活区域。旅游目的地居民共建旅游发展事业，共治旅游发展环境，共享旅游发展成果，形成一个互助型旅游社区，是包容性旅游减贫助力实现社区社会建设的一种推手。在包容性旅游减贫战略的实施过程中，旅游产业减贫，或者"旅游+"多产业融合创新等方式是"造血式"、可持续的减贫战略，是可以精准到点子上、根子上的策略，旅游社区要充分发动其领导和组织作用，积极为社区和社区居民培育持久增收致富的产业发展长效机制，引导社会资本和民间投资向当地旅游流动，通过产业带动和改革创新，让社区的土地、劳动力、资产、自然风光等要素活起来，把资源优势转化为经济优势、发展优势，实现资源变资产、资产变股金、农民变股东，让绿水青山变金山银山，帮助社区居民增产增收致富，提高社区集体经济水平。要把居民教育作为社区包容性旅游减贫战略中的鼓励居民参与减贫的重要手段，用旅游经济建设成果推动专项资金向基础教育、职业教育倾斜，帮助相对贫困地区改善办学条件，举办定期技能培训班，提高社区居民的就业技能，为社区居民提供生产性就业岗位，提高其自生能力，让他们用知识改变命运，实现持续性、包容性减贫致富。

（四）责任型游客参与

有责任的游客给旅游目的地带来的是发展，而不是带来违法犯罪、破坏环境、扰乱市场等负面问题。游客在包容性旅游减贫战略中主要以旅游目的地消费的方式，参与旅游目的地建设，促进社会财富在地区之间流动，包括：一是旅游消费减贫是带动性更强的扶贫方式，旅游者在相对贫困地区的食、住、行、游、购、娱等消费，对相对贫困地区关联产业发展有积极的带动作用。二是旅游消费减贫是"授人以渔型"减贫方式，随着旅游者的到来，外界的新鲜思维、观念也会随之而来，有助于潜移默化地改变贫困人口的思想观念。三是旅游消费减贫是减贫效果更好的包容性减贫，旅游消费产品是附加值更高的产品,也能够为当地居民带来更高收益。并且,游客在结束旅游活动后也可以针对自己的体验与发展履行监督反馈的职责,影响政府下一步的减贫工作,同时其评论、日记等文字记录也会宣传旅游地形象,影响其他游客的决策。

第三章 2020年后包容性旅游减贫的时代需求

第一节 2020年后脱贫地区发展的时代特征

一、相对贫困问题长期存在

目前，脱贫攻坚正引领贫困地区发生历史性转变，2020年中国实现了现行扶贫标准下建档立卡贫困人口全面脱贫，反贫困取得历史性胜利，但相对贫困问题仍然存在。在经济高质量发展、乡村振兴繁荣和减贫工作深入开展的三种因素共同作用下，我国未来将减少相对贫困人口，建立解决相对贫困的长效机制，是新时代中国特色社会主义发展的一个趋势，并逐步实现共产主义伟大目标。相对贫困问题主要表现在以下四个方面：

一是地域之间相对贫困问题。随着改革的逐步推进，东部沿海地区农村迅速打破温饱状态，农民脱离土地，区域性工业化和城镇化加速推进，这些地区的农民率先从贫困迈向富裕。但同时，一些中西部地区经过了改革开放40多年的发展却依然处于发展不足的状态，虽然实现了全面小康的目标，但是由于其发展基础薄弱，不能迅速跟上东部地区发展的步伐，因此极可能存在收入差距仍然不断拉大的现象，相对贫困问题得不到解决。

二是社会分化产生的相对贫困问题。人民由于收入能力不同，拥有识别机会的能力不同，拥有的资源也不同，财富分化趋势在全国各地区都存在，实质上出现了隐形的"阶层化"问题。强势群体必定会对弱势群体产生挤压。因此，社会内部分化也可能成为解决相对贫困问题和收入问题的主要障碍。

三是行业之间存在的相对贫困问题。由于行业之间在新时代中所处的地位不同,产生的经济价值和效应不同,决定了所从事行业的人们收入水平的不尽相同,成为相对贫困发生的一个原因。

四是城乡之间存在的相对贫困问题。由于在历史发展进程中,城市聚集的财富和创造的条件,在短时间内乡村地区难以"齐步"实现相同水平,出现了城市人均收入普遍高于农村人均收入,形成一个长期的相对贫困差距问题。

二、贫困治理焦点问题转变

脱贫攻坚任务完成后,我国贫困状况发生重大变化,扶贫工作重心转向解决相对贫困方面,扶贫工作方式由集中作战调整为常态推进。加强解决相对贫困问题顶层设计,纳入实施乡村振兴战略统筹安排。我国扶贫形势的转变导致了贫困治理焦点的变化,主要集中在以下三个方面:

一是战略目标发生转变。我国的减贫战略目标由消除绝对贫困、收入贫困和农村贫困,向解决相对贫困、多维贫困和统筹城乡扶贫转变①。2020年后,在解决了我国农村地区的绝对贫困问题以后,并不意味着贫困就从此消除了,贫困治理的重点和难点将从显性的绝对贫困转向更加隐蔽的相对贫困。国务院印发的《国家人口发展规划(2016—2030年)》明确提出要探索建立符合国情的贫困人口治理体系,推动扶贫开发由主要解决绝对贫困向缓解相对贫困转变②。

二是作战区域发生转变。发展不平衡不充分、社会保障体系不完善等因素成为产生相对贫困的主要原因。减贫工作的区域将由集中作战农村扶贫开发向统筹解决城乡贫困方向转变。同时,减贫工作要更为重视多维贫困标准,要兼顾城市和乡村共同发展,特别是在城乡义务教育、基本医疗、住房安全的"三保障"上要进一步下功夫,提高保障标准,同步减少相对贫困与多维贫困,建立城乡一体的扶贫模式。

三是战略重点发生转变。民族地区贫困治理战略重点将向促进城乡要素实现平等交换转变。2020年后我国虽然按现行标准消除了农村绝对贫困,解决了区域性整体贫困问题,但就微观层面而言,不同资源条件的贫困地区发

---

① 面向2020年后的减贫战略[J].领导决策信息,2018(34):30-31.
② 国务院关于印发《国家人口发展规划(2016—2030年)》的通知.[EB/OL].中华人民共和国中央人民政府网:http://www.gov.cn/zhengce/content/2017-01/25/content_5163309.htm. [2017-01-25]. 引用日期[2020-02-07].

展程度不同，依然呈现出区域性的整体欠发达状态。针对少数民族地区而言，减贫战略重点要在实现城乡居民医保、养老逐步并轨的基础上，推进城乡居民低保、就业、创收、义务教育、住房保障等领域的城乡并轨，将民族地区减贫问题的焦点从解决生存问题转向发展问题和发展成果的共享问题①。

三、高质量发展的时代要求

习近平总书记在党的十九大报告中指出，我国经济已由高速增长阶段转向高质量发展阶段，正处在转变发展方式、优化经济结构、转换增长动力的攻关期②。国家对社会和经济高质量发展的要求，也对全面小康后的可持续减贫工作提出了新的要求。实现高质量发展，必须打赢脱贫攻坚战，必须实现可持续减贫，中国减贫脱贫将持续为缩小世界经济贫富差距做出贡献。包容性旅游减贫不仅能够助力现阶段建成全面小康社会的目标，实现经济高质量发展，也有助于全国人民更好地共享改革发展的成果，早日实现共同富裕的目标。因此，包容性旅游减贫战略实施是必要的，其必要性主要体现在以下三个方面：

一是包容性旅游减贫是区域经济协调发展的现实需要。不管是在党的十九大报告中，还是中央经济工作会议上，实施区域协调发展战略都被党中央、国务院多次提及，重要性不言而喻。2020年后，相对贫困问题占据减贫工作的主导领域，相对于由物质财富匮乏造成的绝对贫困问题，相对贫困则是对特定参照群体而言的，即同一时期，不同地区或不同阶层成员之间由于主观认定的可维持生存水准的差别而产生的贫困。包容性旅游减贫战略是解决相对贫困问题、促进新旧动能转换、促进经济高质量发展，缩小贫困落后的西北地区与中东部地区的发展差距，国家整体进入高质量发展新阶段，实现区域经济协调发展战略的重要举措，同时也有利于畅通"一带一路"。

二是包容性旅游减贫对国家间经济合作深化意义重大。长期以来，中国一直作为世界经济增长的重要引擎发挥着重要作用。中国开放的市场不仅为本国经济发展及人民生活水平提高创造了条件，还为其他经济体带来发展机

---

① 郑长德. 2020年后民族地区贫困治理的思路与路径研究 [J]. 民族学刊, 2018, 9 (06): 1 - 10 + 95 - 97.

② 习近平：决胜全面建成小康社会 夺取新时代中国特色社会主义伟大胜利——在中国共产党第十九次全国代表大会上的报告. [EB/OL]. 中华人民共和国中央人民政府网. http://www.gov.cn/zhuanti/2017 - 10/27/content_5234876. htm. [2017 - 10 - 27]. 引用日期 [2020 - 02 - 23].

遇。包容性旅游减贫对推动世界经济稳定增长、完善全球减贫治理均有重要意义，有助于促进中国同其他新兴经济体和发展中国家合作不断深化，共同分享中国发展带来的无限机遇，中国经济高质量发展成为世界经济增长的"稳定器"和激活国际贸易的"动力源"。

三是包容性旅游减贫有助于高质量生态经济带的建设。生态兴则文明兴，生态衰则文明衰，这是人类文明史所揭示的朴素真理。经济发展的经验证明：先污染再治理的代价太大，是不可持续的。在习近平生态文明思想指引下，建设好区域生态经济带有重大现实意义，包容性旅游减贫战略把改善生态环境、发展生态产业和群众减贫致富进行有机融合。生态脆弱地区经过旅游减贫战略的实施，持续性的生态治理，能够大大减少自然灾害的发生频率，而生态环境的好转，又为当地农牧民带来了经济林果、药材和生态旅游等一系列可持续的产业收益。因此，发展包容性减贫不仅能够促进生态脆弱地区的经济高质量发展，实现广大农牧民的脱贫增收，更能够达到生态保护与经济发展的良性循环，实现"生态修复促脱贫，脱贫减贫促增收"的绿色减贫格局。

第二节 2020年后包容性旅游减贫的必要性

一、巩固脱贫成果和防止返贫

脱贫摘帽仅仅意味着贫困群众迈过了绝对贫困线，为了使广大群众过上幸福安稳的生活，要切实提高脱贫效果的可持续性，实现贫困人口的真正脱贫、长久脱贫，旅游产业助力多产业融合发展成为一种选择。对于已脱贫人口而言，由于子女上学支出压力大、身体不好偏又遇变故、农产品销售困难、重大突发事件导致经济损失等原因，随时都有可能导致返贫，再次陷入绝对贫困的陷阱。因此，帮助脱贫后的群众巩固脱贫成果，多管齐下防止返贫，是当前脱贫工作的重要内容之一。

一是紧抓产业可持续减贫。发展包容性旅游相关产业是促进贫困群众持续增收致富、摆脱贫困最有效的途径。要巩固脱贫成果防止返贫，进一步抓实旅游产业减贫，大力发展农村产业合作社，促进贫困群众持续增收、稳定脱贫；进一步强化涉旅产业就业减贫，不断提高转移就业的组织化程度；进一步推进旅游消费减贫，积极帮助贫困群众拓宽收入来源。切实提高旅游产业减贫的效益和可持续性，立足特色，打造品牌，培育市场，不断完善产业扶贫利益联结机制，才能有效防止贫困户脱贫后返贫现象，使旅游产业真正成为群众的"摇钱树""定心丸"。

二是包容性旅游减贫战略始终把培育内生动力作为巩固脱贫的保障。发展包容性旅游减贫有助于强化扶贫与扶智、扶志相结合，充分发挥党组织密切联系群众的优势，最大限度把群众宣传起来、组织起来、凝聚起来，充分发挥群众在扶贫开发、乡村振兴中的主体作用，着力帮助群众提升脱贫致富能力。只有持续提升相对贫困户发展生产、务工经商的基本技能，提高其自我发展的本领能力，才能保证广大群众有能力持续巩固脱贫成果，防止返贫现象的出现。

三是包容性旅游减贫战略能够有效统筹衔接脱贫攻坚和乡村振兴，夯实脱贫防贫坚实基础。发展包容性旅游减贫能够帮助贫困地区和贫困群众提高可持续发展能力，切实增强贫困群众获得感。发展包容性旅游减贫能够取得明显的经济效益、社会效益和生态效益，是取得群众赢、政府赢、企业赢、产业赢的有效途径，也是连接脱贫攻坚与乡村振兴的战略枢纽。包容性旅游减贫战略的实施无疑对于实现乡村振兴的最终目标，即不断提高村民在产业发展中的参与度和受益面，彻底解决农村产业和农民就业问题，确保当地群众长期稳定增收、安居乐业起到重要的推动作用，对前瞻全面小康后减贫工作的重心转移和乡村振兴发展道路意义重大，也为再次陷入贫困问题的解决提供了思路。

二、推动旅游目的地永续发展

包容性旅游减贫是一项对旅游目的地发展有推动意义的事情。在发展的过程中以客流为载体形成服务流和物料流、带动资金流和人才流、拉动信息流和商务流、创造文化流和科技流。流动的规模越大、流动的频率越高，越能体现出旅游发展的意义和对各地发展的推动作用。旅游具备的两大功能使之能够成为助力可持续减贫实现的重要法宝。

一方面，包容性旅游具有转化作用。多年以来旅游的发展形成了四个转化的效应：旅游可以把无效的资源转化成有效的资源、可以把有效的资源转化成高价值的附属产品、可以把旅游产品转化成市场的有效需求、可以把需求转化为社会各方面的经营效益。因此，很多资源可能在其他产业中毫无作用，但在旅游中可以是很重要的资源。

另一方面，包容性旅游具有促进交流的作用。旅游的发展实现了四个层次的交流：第一是实现了国际的交流，这种交流就改变了国际的财富分配比重。外国人来旅游会增加外汇收入，现在一年旅游外汇收入的变化就是一个国际财富分配比例的变化。第二是自然资源就分配到各个行业，实现了产业之间的交流、形成了产业之间的渗透和联动、突出旅游产业综合性特点。"行游住食购娱"六个要素，延伸下来涉及社会经济体系的100多个行业，这样旅游就可以将各个行业联系起来。第三是促进城乡之间的交流，城乡之间的交流实质上是完成了又一次的国民收入的再分配。在这个过程中扶贫的主要功能说简单一点就是把城里人的钱"掏"到农民的口袋里，所以要研究怎么把工作做到位。实际上"掏"的是两笔钱：第一笔钱是掏投资商的钱，第二笔钱是掏旅游者的钱。第四是实现了地区之间的交流，这也是各地财政收入的一个再分配，是货币与资源的再交换。这四个交流使得旅游的发展在各个层面上进行，而且是跨区域的进行、跨行业的进行。

三、营造更好的人居发展环境

改善农村人居环境，建设美丽宜居乡村，是包容性旅游助力贫困地区实施乡村振兴战略的一项重要任务。而改变农村人居环境现状，不仅要有政府的大力支持，更要有群众的共同参与，这样才能真正补齐农村人居环境短板，加快改善提升村容村貌。而以旅游为抓手的包容性旅游减贫战略无疑为各方社会力量共同参与构建社会和谐，维护经济稳定，营造环境优美的人居发展环境提供了契机。

一方面，实施包容性旅游减贫有助于构建政府、企业、游客、居民的协同发展态势。随着我国旅游产业的蓬勃发展，旅游景区与周边居民关系的问题日益凸显，并已严重影响我国旅游景区的健康有序发展和社会和谐。但没有社区居民的积极参与就不可能给游客提供优质的旅游产品和良好的旅游服务；没有游客的旅游体验和消费就不可能为旅游减贫提供收益来源；没有旅游企业现代化的经营管理制度与理念就不可能为旅游减贫发展提供良好的旅游氛围；没有政府合理规范的顶层制度设计就会导致旅游地减贫制度的缺失。基于上述问题，包容性旅游减贫的发展为解决景区利益矛盾提供了一个行之有效的途径。

第一，对于政府而言，政府作为公共权力机关、公共利益的集中代表者，是公共旅游资源的最大整合和调配者，有效、正确的政府政策和制度对于解决乡村旅游发展中的旅游利益相关者之间复杂的利益关系、利益诉求问题，起着重要的调节、引领作用，对于构建和谐的市场环境有着重要的意义。

第二，对于企业而言，在现代企业社会营销的观念中要实现企业的良性循环发展，就需要实现投资方、经营者、员工、社会、政府等多方共赢。虽然涉旅企业以旅游市场经济活动为主要营业收入，但是从企业长远发展来看，其社会性结构功能，也不能被忽视。所以，要实现景区与周边居民间的和谐关系，一定要有景区的良性循环发展作保证。

第三，对于游客而言，没有游客的参与，旅游就失去了生命，因为游客才是旅游市场经济运行的关键主体。游客主要的利益诉求是旅游体验的愉悦感和满足感，只有提高游客满意度，才能带动景区的消费，促进居民增收，实现游客和居民的"双赢"。

第四，对于居民而言，特别是贫困地区发展乡村旅游，居民是乡村旅游的主人，没有社区居民对乡村旅游活动的参与，乡村旅游就成了死水。在旅游减贫的过程中，居民在参与乡村旅游活动时更关注的是经济利益，满足了经济的心理期望，发展乡村旅游的积极性就会得到明显提高，对资源和环境的保护欲望也会增强，进而实现生态、社会、文化、经济的和谐发展。

另一方面，实施包容性旅游减贫有助于实现区域经济、社会和环境同步发展。创造安全的政治环境、稳定的社会环境、公正的法治环境、优质的服务环境是满足人民日益增长的美好生活需要的必然要求，包括：

第一，政府引领在参与减贫工作的过程中精准施策，突出重点，加快补齐基础设施短板，保护好绿水青山和田园风光，留住独特的乡土味道和乡村风貌，对乡风文明建设的意义重大。

第二，企业、游客、居民在参与减贫工作的过程中遵循共建共享、生态文明的理念，养成良好卫生习惯，对全面提升农村人居环境质量，加强乡村治理，促进乡村振兴营造更好的人居发展环境的作用也不可忽视。

只有在包容性旅游减贫战略的指导下，各方力量共同参与，农村基础设施建设得到全面提升，宜居环境得到了改善，民生事业得到了保障，公共服务得到了提升，卫生环境得到了全面治理，农村人居发展环境才能不断呈现出良好的发展态势。

第三节 2020年后旅游减贫工作的政策趋势

一、保持减贫政策总体稳定

巩固脱贫成果和防止返贫，脱贫不脱政策。2020年中央一号文件中指出要保持脱贫攻坚政策总体稳定，坚持贫困县摘帽不摘责任、不摘政策、不摘帮扶、不摘监管。强化脱贫攻坚责任落实，继续执行对贫困县的主要扶持政策，进一步加大东西部扶贫协作、对口支援、定点扶贫、社会扶贫力度，稳定扶贫工作队伍，强化基层帮扶力量[①]。

一是要保持减贫政策的总体稳定。对于已经脱贫的贫困人口，要在一定时期内保持政策的稳定性、连续性，做到脱贫不脱政策，以增强其自我发展能力。同时，加强对不稳定脱贫户、边缘户的动态监测，将返贫人口和新发生贫困人口及时纳入帮扶，根据实际情况统筹安排专项扶贫资金，支持非贫困县、非贫困村贫困人口脱贫。尤其是已经摘帽的贫困县要切实采取有效措施，认真落实"四个不摘"，即摘帽不摘责任、摘帽不摘政策、摘帽不摘帮扶、摘帽不摘监管。从更长远看，还应研究制定减少相对贫困和支持相对贫困地区的有关政策。

二是要保持旅游政策的总体稳定。旅游业由于其综合性、带动性的特点，对于实现包容性减贫具有非常重要的作用，因此旅游政策稳定与减贫政策稳定的地位同等重要。在具有一定旅游资源条件、区位优势和市场基础的贫困地区，通过开发乡村旅游带动整个地区经济发展，是一个复杂的系统，有效的监督可以确保政策实施的效率及政策实施方向的正确性。因此，加强对各地乡村旅游发展的督查考核，通过大数据手段，加强对全省乡村旅游发展的分析和监管，总结经验，建立乡村旅游发展考评机制，对发展成效突出的给予表彰，对工作不力的进行追责问责。政府要有效地对新旧扶贫政策的转移接续进行前瞻性考察，保持政策制定和实施的稳定性，全面巩固脱贫成果，

---

① 中共中央 国务院关于抓好"三农"领域重点工作确保如期实现全面小康的意见. [EB/OL]. 新华网：http://www.xinhuanet.com/politics/zywj/2020-02/05/c_1125535347.htm. [2020-02-05]. 引用日期 [2020-02-07].

防止返贫和新发生贫困。

三是要保持农业政策总体稳定。要以习近平新时代中国特色社会主义思想为指导，以实施乡村振兴战略为总抓手，围绕"巩固、增强、提升、畅通"深化农业供给侧结构性改革，做好"三农"工作，发展壮大乡村产业，拓宽农民增收渠道。政府支持培育农业产业化龙头企业和联合体，推进现代农业产业园、农村产业融合发展示范园、农业产业强镇建设，致力于健全农村一二三产业融合发展利益联结机制，让农民更多分享产业增值收益。

二、加强构建长效减贫机制

2020年后中国的减贫战略面临着更加复杂的国际形势，以及一些不确定的经济社会矛盾。因此，要巩固脱贫攻坚成果，有效防止返贫，需要及早谋划脱贫攻坚目标任务。2020年完成后的战略思路，立足当前、着眼长远，调整优化现有的产业扶贫、易地扶贫搬迁、教育扶贫、健康扶贫、住房保障扶贫、兜底保障扶贫等相关持续性减贫政策，推动政策、责任、帮扶、监管统筹接续，夯实防止返贫的基础，构建长效脱贫机制。2019年中央一号文件指出："做好脱贫攻坚与乡村振兴的衔接，对摘帽后的贫困县要通过实施乡村振兴战略巩固发展成果，继续推动经济社会发展和群众生活改善。"这也为推动乡村振兴与解决相对贫困的有机衔接，构建可持续稳定脱贫机制指明了方向。

一是探索建立旅游产业减贫长效机制，政策引导、环境营造、资本联结和杠杆作用不可或缺。政府要支持引导地方龙头企业、经济合作组织、致富带头人等新型经营组织带动贫困户发展旅游业，为当地居民提供充分的生产性就业岗位，建立贫困群众稳定增收渠道，形成可持续旅游减贫的长效机制。

二是构建解决相对贫困的长效机制离不开中国城乡劳动力市场、财税体制和社会保障等一系列制度改革的支持。随着绝对贫困的消除，扶贫工作的投入力度、工作强度和社会各界的关注程度可能会下降，易造成减贫工作的断档和懈怠等情况，同样有必要从经济、政治、社会、文化、生态等各方面全面思考建立解决相对贫困的长效体系来规范脱贫工作的内容、范围和程序，使减贫成为常规性工作。因此，包容性旅游长效减贫机制的构建也离不开一系列制度改革的支持。

三是构建解决相对贫困的长效机制要依靠社会力量的共同参与。在政府主导下，相对贫困治理的整体性机制的建立离不开市场力量的积极参与和社会资源的有效利用。充分利用市场的作用，发展多样化的产业结构，鼓励劳动密集型等相关产业向相对贫困地区和相对贫困人口倾斜，增加和拓宽相对贫困个体参与市场的机会和空间。政府要广泛动员社会力量参与相对贫困的治理，有效整合社会扶贫资源，建立城乡相对贫困家庭社会服务体系，形成政府力量和社会力量的有机结合。包容性旅游长效减贫机制，需要多元社会力量参与，共建共治共享实现旅游事业的永续发展。

三、重视旅游减贫区域协同

合理的资源整合与有效的市场开发之间的良性互动是区域旅游合作绩效的有力保障。尽管各个地区都有合作共赢发展的愿望，但长期以来，许多合作的形式多于内容、务虚多于务实，没有实际形成资源协同开发、资源共享。各地区各自为政、重复建设、资源同质化开发使片区内旅游资源开发不尽合理的问题仍然存在。因此，发展包容性旅游减贫以拓展旅游产品线的长度、深度、关联度，不仅为旅游者提供丰富多彩、选择性强的有效产品组合，也能实现旅游减贫区域的政策协同发展。

一是旅游减贫是以旅游产业为桥梁的复杂经济系统，促进各生产要素形成相互交织产业链条。旅游产业可以理解为一条横线，中点是平台，往上有投资、供应链、金融，往下有目的地、运营、旅游产品，所有的业务都是围绕这个主线在展开。旅游的上游供应商既有能输出成熟打包产品的旅行社，也有机票、酒店、票券、餐饮、交通等单资源方，旅游下游的分公司则都是地方龙头旅游企业，因此旅游作为桥梁可以全力连通旅游业上下游，实现上下游的互联互通以及资源的共建、共治、共享，众志成城，共同打造国内旅游市场新格局及政策新态势。

二是旅游减贫是以旅游活动为纽带的区域合作系统，促进各有关部门形成紧密联系的有机整体。以乡村旅游为例，乡村旅游在全国不断扩大资源采集范围，选取核心供应商，以区域运营中心为平台，整合自身旅游资源的同时，打造多种产业运营模式，致力于形成多维度、全产业链的旅游行业布局和产业运营闭环。旅游地产、旅游供应链、旅游金融各部门之间紧密联系、相辅相成，旅游活动除了促进旅游产业链上下游各部门共同合作之外，对于联结政府部门、银行、保险公司、地产公司等也起到不可忽视的作用。加强区域发展战略、规划、政策的制定、实施和优化调整，努力探索促进景区及周围县域协同发展的新路径、新方式是包容性旅游减贫战略的任务之一。

三是旅游减贫是以社会参与为动力的协同管理系统，促进各社会力量形成休戚与共的命运共同体。2019年11月8日，国家发展和改革委联合国务院扶贫办等发出了《动员全社会力量共同参与消费扶贫的倡议》，进一步凝聚起全社会力量共同参与减贫形成强大合力，助力贫困群众稳定脱贫和贫困地区长远发展。政府着力构建人人皆愿为、人人皆可为、人人皆能为社会减贫大格局，社会各方力量均是可持续减贫的生力军，在包容性旅游减贫战略中，政府、企业、游客、居民以及其他社会组织都发挥着无可替代的作用。同时，作为中华民族大家庭中的一员，每位公民都应大力传承发扬扶贫济困的传统美德，为帮助贫困群众稳定脱贫奉献一片真情，在减贫事业中实现自己的社会价值，共同打造一个和谐的旅游减贫协同管理系统，一起共享国家改革发展成果。

四、纳入乡村振兴战略统筹

自党的十九大正式提出实施乡村振兴战略以来，党中央、国务院不断加大对"三农"工作的支持力度，乡村旅游迎来了崭新的发展机遇。"农业"+"旅游"推动农村一二三产业融合发展，日渐成为乡村振兴的重要抓手，成为百姓脱贫增收的重要渠道。旅游减贫作为一种经济发展载体，在促进美丽乡村建设、助力乡村振兴繁荣、补齐乡村发展短板等方面发挥着不可替代的作用。到2020年，乡村振兴取得重要进展，制度框架和政策体系基本形成，包容性旅游减贫无疑能够纳入乡村振兴战略统筹，促进农村一二三产业融合发展，支持和鼓励农民就业创业，拓宽增收渠道，对建设"产业兴旺、生态宜居、乡风文明、治理有效、生活富裕"的社会主义新农村产生重要影响。

一是旅游减贫产业政策实施有保障。产业政策从内容上来看，包括目标选择政策和实施保障政策。其中，目标选择政策又可以分为产业结构政策、产业组织政策、产业技术政策和产业布局政策；实施保障政策包括经济、行政、法律等方面的手段和制度。政府要在尊重市场机制的前提下，通过颁布政策、法律等形式合理调节产业，促进减贫产业增长，推动减贫地区的经济发展，打造"产业兴旺""生活富裕"的新农村。

二是旅游减贫社保政策衔接有效率。2017年9月17日，国务院办公厅转发了民政部等《关于做好农村最低生活保障制度与扶贫开发政策有效衔接的指导意见》，对做好农村最低生活保障制度和扶贫开发政策有效衔接工作进行了详细部署。2020年后，绝对贫困消除，但社会保障问题仍然需要严肃对待，在加强政策衔接的同时做好社保对象衔接和标准衔接，按照地方实际情况建立科学的动态调整机制，并提供配套政策支持，打造"治理有效"的新农村。

三是旅游减贫生态文化政策有成效。政府通过实施重大生态工程建设、加大生态补偿力度、大力发展生态旅游产业、创新生态扶贫方式等措施，将生态保护与旅游减贫有机结合，加大对贫困地区、贫困人口的支持力度，以达到推动贫困地区旅游减贫与生态保护相协调、脱贫致富与可持续发展相促进的包容性旅游减贫模式，最终实现旅游减贫与生态文明建设"双赢"。同时，以社会主义核心价值观为引领，发挥文化在旅游减贫工作中"扶志""扶智"作用，推动贫困地区旅游减贫文化政策的落地，全面提升贫困地区文化建设水平，确保贫困地区成为"生态宜居""乡风文明"的新农村。

第四章 包容性旅游减贫的研究假设与概念模型

第一节 基于政府服务能力的研究假设与概念模型

一、研究假设

（一）旅游统筹能力

旅游统筹能力是指政府在包容性旅游减贫战略的"事前布局—事中指挥—事后保障"整个环节中，在资源管理、政策制定、规划引导、管理服务等方面发挥的组织引领能力和执政服务能力。该指标拟由旅游产业布局、旅游资源优化、旅游投资引导和旅游减贫政策四个指标进行衡量。

一是旅游产业布局是指政府在进行包容性旅游减贫战略的整体规划时，为实现旅游产业的可持续发展和与多产业的融合发展、获得旅游业的长远利益所进行的总体规划，旅游产业布局情况是旅游统筹能力的重要体现。

二是旅游资源优化是指在对地区的自然资源、文化资源、社会资源等相关可以开发成为旅游吸引物的资源系统进行综合考量的基础上，政府可利用这些资源进行整合与有效优化，以打造成体系的旅游吸引物系统，促进实现旅游资源的价值最优化和效用最大化。

三是旅游投资引导是指企业或社会个体在对旅游业进行项目投资或入股时，政府在其中起到的引导作用，政府需要对旅游投资进行正确引导以促进地区旅游减贫事业和承担投资风险主体得到快速发展。

四是旅游减贫政策是指在包容性旅游减贫战略的实施中，政府在政策方面的支持情况，即延续当今拥有政策体系的情况。在国家"脱贫不脱政策"的指导下，新的旅游减贫政策的有效制定、颁布与实施，关系着包容性旅游减贫战略能否正确、有序开展，也是体现政府统筹能力的重要指标之一。

政府旅游统筹能力的提升有助于政府服务能力的提升。因此，本书提出如下假设：

H11：旅游统筹能力对包容性旅游减贫的政府服务能力有正向影响。

（二）益贫环境打造

益贫环境打造是指政府需要通过政策制定、文件颁布和基础设施建设，高屋建瓴地打造有助于实现包容性旅游减贫所需要的外部环境，是政府服务能力在提供健康有序的旅游减贫环境方面的体现。该指标拟由信息化管理、便捷化交通、惠民化服务和规范化发展四个指标进行衡量。

一是信息化管理是指在实施包容性旅游减贫的地区，政府依托智慧手段与智能工具对减贫过程进行信息化管理并促进地区居民的有效参与。信息化管理情况对包容性旅游减贫的实施效果有着重要的影响，也是现代政府服务能力提高效率的重要途径之一。

二是便捷化交通是指旅游地区的交通运输网络情况，政府需要根据不同地区的地势和地理区位，综合考虑旅游业和地区建设的需求，对交通运输网络进行科学规划，实现交通运输的高效与便利。提高交通运输的通勤能力，不仅服务于旅游发展，而且对地区经济的激活带动也有着积极的推动作用。

三是惠民化服务是指旅游基础设施和公共设施的建设和使用情况，政府需要在设施建设中充分考虑游客和居民的实际需求，在便民服务设施的建设和使用中真正做到建设为民、服务于民。这是将旅游目的地人居环境提升一个水平的体现之一，也是旅游发展成果共建共治共享的一个直接反映。

四是规范化发展是指包容性旅游减贫的实施效果能否达到规范化和标准化，旅游业行业规范和服务标准的合理制定、各参与主体对规范和标准的正确履行是规范化发展的目标与要求。规范化发展是包容性旅游减贫政府服务参与的制度体系，可以保障减贫系统的有效运行。

政府益贫环境打造能力越高，越有助于政府实施包容性旅游减贫政策。因此，本书提出如下假设：

H12：益贫环境打造对包容性旅游减贫的政府服务能力有正向影响。

（三）旅游市场维控

旅游市场维控是指政府对旅游市场秩序的正常运转和健康发展的维护情

况。旅游目的地政府通过法律法规、监控网络、信用体系等方式对不同参与主体进行约束。该指标拟由联动执法能力、服务价格监控和信用体系建设三个指标进行衡量。

一是联动执法能力是指通过政府颁布实施相关政策后引导各相关部门实现联动执法，打破部门壁垒，各部门共同为减少地区贫困而行动的协同服务能力。政府的联动执法能力关系到执法效率和效果，也关系到能否为包容性旅游减贫战略的实施提供良好的法律环境。

二是服务价格监控是指对旅游行业所涵盖的各商品与服务的价格能否实现有效监控的能力，以防止市场恶性竞争，破坏包容性旅游减贫创新生态环境。政府应根据市场现实情况和地区实际需求建设服务价格监控网络，依托科技手段和网络建设与完善服务价格监控体系，以保障游客和居民的权益。

三是信用体系建设是指建设以涉旅企业、游客和涉旅居民为核心的信用体系，信用体系的建立能够有效保障企业、游客和居民在包容性旅游减贫战略中积极履行职责和义务，维护各方社会声誉，预防失信行为发展，是提高旅游市场维控能力的重要措施之一。

稳定旅游市场有助于政府有效实施包容性旅游减贫政策。因此，本书提出如下假设：

H13：旅游市场维控对包容性旅游减贫的政府服务能力有正向影响。

（四）益贫氛围建设

益贫氛围建设是指政府推动建设和谐的包容性旅游减贫氛围和各参与主体间良好的互助氛围，为包容性旅游减贫战略的实施提供和谐健康的土壤，采取相应措施以促进构建包容性旅游益贫良好氛围的实现。该指标拟由和谐文化营造、包容思维引导和安全保障宣传三个指标进行衡量。

一是和谐文化营造是指政府需要积极落实社会主义核心价值观，营造良好的和谐文化氛围以促进旅游业的健康发展。通过营造游客和居民间和谐的文化氛围，促进文化交流与融合，保护和传承传统文化，同时发展现代文化，实现民族文化的繁荣发展。

二是包容思维引导是指政府作为组织者和引导者，通过政策宣传、组织培训、行为示范等方式向旅游目的地居民进行宣传与引导，通过有效宣传包容性旅游减贫政策实现居民传统观念的转变，注入包容性旅游减贫的新观念，让当地居民能够产生对旅游事业发展的认同感。

三是安全保障宣传是指培养旅游目的地相关参与主体的安全意识。政府通过宣传安全政策，让相关参与主体明白安全生产的重要性，以及安全事故的法律责任，提高参与主体的安全意识和安全事故防控能力，实现包容性旅游减贫的长期健康发展。

建设和谐的益贫氛围有助于包容性旅游减贫战略目标的实现。因此，本书提出如下假设：

H14：益贫氛围建设对包容性旅游减贫的政府服务能力有正向影响。

（五）环境保护能力

环境保护能力是指政府通过政策制定、制度执行和组织引导等措施保护旅游目的地社会与自然环境的能力，也包括对不同主体的行为进行管控的能力，从而为包容性旅游减贫战略实施提供高质量的外部环境。该指标拟由环保制度执行、环保设施水平和环保行为监督三个指标进行衡量。

一是环保制度执行是指政府在对旅游地区实际情况综合考量的基础上制定相应的环境保护政策和制度。政府通过政策制定和制度实行的保障措施促进环保制度的严格执行，以实现地区的社会与生态环境的协同发展。

二是环保设施水平是指针对环境保护所进行的基础设施建设情况。环保设施需要为实现生活污染物的正确处理提供渠道，以促进环境保护制度的落地实施，保护旅游目的地环境不被破坏，为包容性旅游减贫提供高质量的自然生态环境。

三是环保行为监督是指通过制定环境保护处罚制度和游客行为监督系统，对破坏环境和违反相关制度规定的行为予以处罚，实现对涉旅企业、居民、游客环保行为的有效监管。

对环境进行高度保护是实现包容性旅游减贫的基础性问题，也是政府服务的重要体现。因此，本书提出如下假设：

H15：环境保护能力对包容性旅游减贫的政府服务能力有正向影响。

二、概念模型

根据以上分析和研究假设，构建基于政府参与能力的包容性旅游减贫的具体概念模型如图4-1所示。

第四章 包容性旅游减贫的研究假设与概念模型 | 77

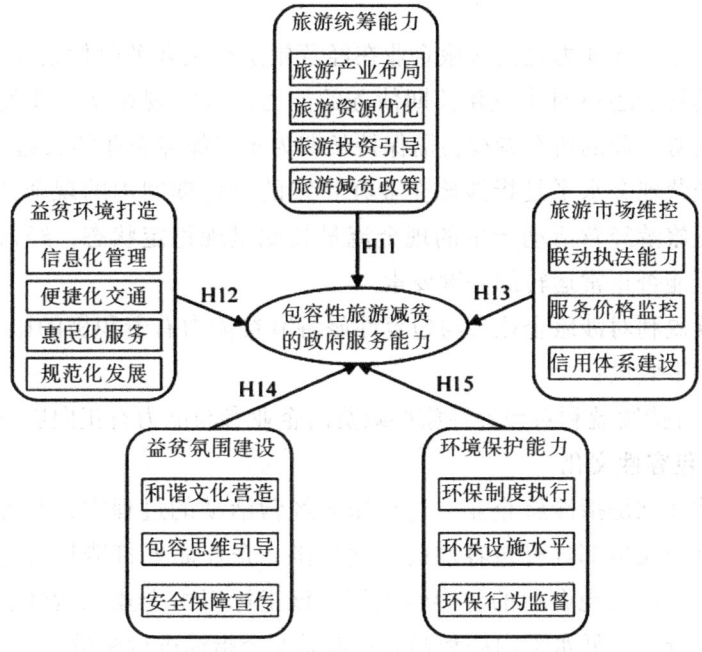

图 4-1 基于政府服务能力的包容性旅游减贫的概念模型

第二节 基于企业参与能力的研究假设与概念模型

一、研究假设

(一) 可持续盈利

可持续盈利是指涉旅企业实现在旅游市场中获取稳定利润的可持续发展的能力。涉旅企业在旅游业的经营活动中要确保能够实现短期的盈利目标，同时其资产情况和现金流动情况也要保持长期稳定向好，保障企业的可持续发展，才有能力提供生产性就业岗位，为居民提供就业机会。这是保证包容性旅游减贫作用发挥的关键环节。该指标拟由旅游盈利能力、债务偿还能力和经营现金水平三个指标进行衡量。

一是旅游盈利能力是指涉旅企业通过旅游活动实现盈利的能力，包括对旅游业务的经营能力和发展能力，是旅游企业在旅游经营活动中盈利水平的具体体现。

二是债务偿还能力是指涉旅企业在经营旅游相关业务时偿还债务的能力，企业需要具备偿还短期债务和长期债务的能力，以实现在旅游业发展中的良性循环，旅游企业的所有者权益需保持长期为正以保障企业的长远发展。

三是经营现金水平是指涉旅企业在特定的会计期间内的现金情况，企业要保证依托旅游经营活动产生的现金流量长期呈现稳定状态，经营现金水平是旅游企业能否正常运转的关键要素。

可持续盈利对涉旅企业参与包容性旅游减贫能力有着积极的影响。因此，本书提出如下假设：

H21：可持续盈利对包容性旅游减贫的企业参与能力有正向影响。

（二）包容性文化

包容性文化是指涉旅企业在进行旅游经营活动的过程中，对外部社会成员和内部企业成员都具有包容性的文化氛围。企业需要打造具有包容性的和谐企业文化，以实现企业的包容性发展。该指标拟由企业家胸怀、人本化管理、合理化分工、低水平内耗和畅通式沟通五个指标进行衡量。

一是企业家胸怀是指涉旅企业的创始人或领导层在面对社会责任、公司发展和员工需要时的态度，企业的领导层所营造的内部管理的包容性制度，而不是个人随意的主观决策。企业家胸怀事关企业的整体发展和长期生存情况。

二是人本化管理是指涉旅企业制定人性化的管理制度，重视企业员工的工资性收入、人权及其他基本权益，在企业发展过程中制定科学的管理体系，将员工看作最重要的资源进行管理。

三是合理化分工是指涉旅企业根据岗位设置的需求情况和员工的技术能力情况进行合理的岗位分配，同时要高度重视员工的权利和责任的对等情况，保证员工担负责任的同时有同等的权利，保障企业分工的合理性。

四是低水平内耗是指在涉旅企业进行经营活动时，要通过制定科学规范的内部问题处理制度，将处理企业内部矛盾情况的内耗损失降至最低，提高企业的包容性发展程度。

五是畅通式沟通是指降低涉旅企业经营活动产生的沟通成本，在能够完成涉旅企业预期目标的前提下，通过建立高效的沟通渠道提高沟通的畅通性。

企业的包容性文化建设有助于涉旅企业参与能力的提升。因此，本书提出如下假设：

H22：包容性文化对包容性旅游减贫的企业参与能力有正向影响。

（三）益贫式发展

益贫式发展是指涉旅企业通过岗位设置、技能培训、制度优惠等措施为贫困户员工提供良好的就业氛围和公平的工作机会，依托旅游市场实现有益于贫困户的长远发展和可持续减贫。该指标拟由生产性岗位设置、贫困户优先支持、益贫式技能培训和均等化内部机会四个指标进行衡量。

一是生产性岗位设置是指涉旅企业为员工提供的低技能要求的工作岗位。该类型的工作岗位只需要通过简单的技能培训即可上岗，能够为贫困户提供更多的工作岗位和新型的择业机会。

二是贫困户优先支持是指涉旅企业从就业方面优先对贫困户给予帮扶，从技能培训、就业取向、岗位提供等方面向贫困户提供优惠措施，依据岗位设置情况支持贫困户优先就业。

三是益贫式技能培训是指涉旅旅游企业针对贫困户进行的专门培训，通过对贫困户开展专题培训，帮助贫困户获得就业能力和技能，有助于贫困户更好地实现就业。

四是均等化内部机会是指涉旅企业在进行管理时，在管理制度和管理规范化的执行中，能够公平对待贫困户员工，给予贫困户员工均等化的工作机会，没有政策差别对待，不扣特殊群体帽子，保障贫困户员工的基本权益不受侵害。

企业的益贫式发展情况对涉旅企业参与能力有积极的影响。因此，本书提出如下假设：

H23：益贫式发展对包容性旅游减贫的企业参与能力有正向影响。

（四）社区性责任

社区性责任是指涉旅企业在进行旅游活动时，通过负责任的经营行为承担起社区性责任，为企业的良性竞争、社区居民的脱贫致富和社会的健康发展做贡献，打造健康的经营环境和良好的益贫氛围，提升企业品牌影响能力和永续经营能力。社区性责任与社会责任本质上是一致的，但是社区性责任从企业承担责任对象而言更为聚焦和具体，这里主要指企业所在的当地旅游社区。该指标拟由诚信经营、环境友好、慈善行为和公平竞争四个指标进行衡量。

一是诚信经营是指涉旅企业在包容性旅游减贫的参与过程中的所有行为都坚决做到诚实守信，企业可以通过建立诚信经营系统，通过外部监督和内部监控并行的方式实现企业的诚信经营，同时提高企业自身形象。

二是环境友好是指涉旅企业在进行旅游经营活动或其他业务时提高社会责任感，进行环境友好型经营，对社会环境、生态环境和旅游社区无危害行为。

三是慈善行为是指涉旅企业能够主动为弱势群体提供帮扶，包括物质、资金或就业岗位等方面，企业的负责任经营和有担当性的行为是企业具备社区性责任的重要体现。

四是公平竞争是指涉旅企业应该积极参与到旅游业良性竞争中，避免出现恶性竞争和恶意竞争性行为，打造公平竞争的营商环境。

社区性责任能够体现出涉旅企业在包容性减贫战略中的责任与担当。因此，本书提出如下假设：

H24：社区性责任对包容性旅游减贫的企业参与能力有正向影响。

（五）内生式推动

内生式推动是指涉旅企业通过内部的规范或改革提高企业参与减贫的内生动力。涉旅企业通过全体员工的集体参与，提高企业参与减贫的力度，有助于推动旅游企业更好地参与包容性旅游减贫。该指标拟由内部制度规范、明确行动方案和员工集体意识三个指标进行衡量。

一是内部制度规范是指旅游企业有针对性地制定包容性旅游减贫战略相关制度和规范，企业通过相关制度规范的制定与实施支持地方旅游减贫事业，提高内部制度的规范性有助于提高企业减贫工作的秩序和效率。

二是明确行动方案是指涉旅企业在具体参与减贫工作中，有明确具体的行动方案，有助于包容性旅游减贫战略的实施地区按时、按质、按量完成减贫任务，从企业内部推动减贫战略的实施。

三是员工集体意识是指涉旅企业内部员工的责任意识。企业可以通过制度规范或宣传培训的方式提高企业员工的减贫参与意识和社会责任感，促进员工有意识地支持当地的旅游减贫工作。

内生动力有助于涉旅企业更高效地参与包容性旅游减贫。因此，本书提出如下假设：

H25：内生式推动对包容性旅游减贫的企业参与能力有正向影响。

二、概念模型

根据以上分析和研究假设，构建基于企业参与能力的包容性旅游减贫的具体概念模型如图4-2所示。

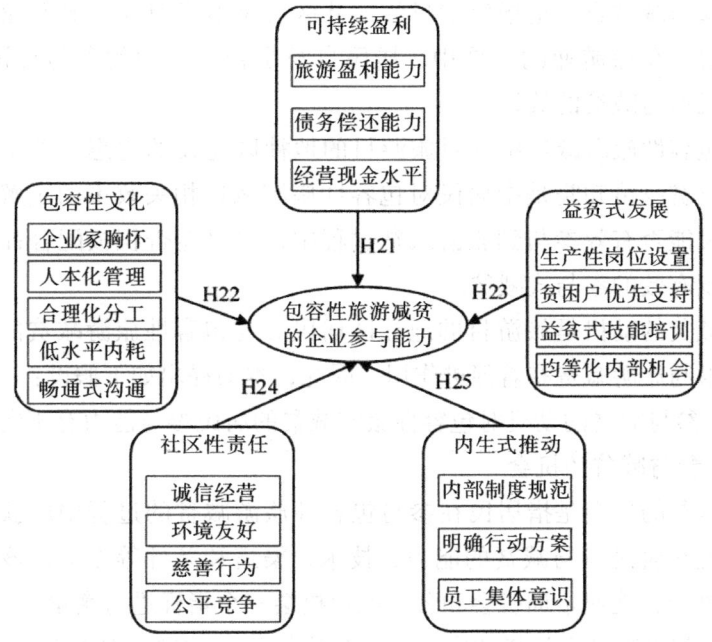

图 4-2　基于企业参与能力的包容性旅游减贫的概念模型

第三节　基于居民参与能力的研究假设与概念模型

一、研究假设

（一）参与减贫的动机

参与减贫的动机是指旅游目的地社区居民参与包容性旅游减贫活动的目的，以及在参与旅游减贫过程中的基本诉求，包括对经济收入、技术技能、教育培训、资产流转等方面的追求，以了解包容性旅游减贫事业建设对其的吸引性。该指标拟由自身发展需求、参与减贫意愿和益贫政策知晓三个指标进行衡量。

一是自身发展需求是指旅游目的地社区居民自身对发展的需要，包括在涉旅经验活动中对经济收入、工作机会、知识技能、资产流转、投资入股、自主经营等的基本诉求。该指标是居民参与包容性旅游减贫的主要动机之一。

二是参与减贫意愿是指旅游目的地社区居民本身对参与旅游业发展实现减贫的意愿。在旅游业的发展中，居民自身是否有主动的参与意识或意愿，关系着居民参与减贫的效果。

三是包容性旅游减贫中针对旅游目的地社区建设的优惠政策是地区发展的关键。益贫政策知晓是指居民对包容性旅游减贫相关政策的了解程度，它关系到居民能否有效参与到旅游减贫过程中，居民能否积极配合社区的宣传工作，实现有效的参与式减贫。

参与减贫的动机是旅游目的地社区居民参与包容性旅游减贫的目标，对居民积极参与旅游减贫有着促进作用。因此，本书提出如下假设：

H31：参与减贫的动机对包容性旅游减贫的居民参与能力有正向影响。

（二）参与减贫的机会

参与减贫的机会是指居民在参与包容性旅游减贫的过程中所获得的机会情况，体现在居民参与减贫的能力、技术、渠道和条件等方面。该指标拟由参与决策机会、就业培训机会和公平就业机会三个指标进行衡量。

一是参与决策机会是指政府在制定包容性旅游减贫战略及其相关政策时，打造参与决策平台为旅游目的地社区居民提供的参与决策的机会，其目的是让更多的居民参与到旅游决策中，提高居民的参与感和主人翁意识。

二是就业培训机会是指在包容性旅游减贫相关政策和规划落地实施的过程中，为旅游目的地社区居民提供就业培训的相关课程，以提高劳动者或就业人员的职业技能、适应职业变化和全新工作岗位的能力。

三是公平就业机会是指在包容性旅游减贫事业发展过程中，旅游目的地居民选择涉旅就业机会的公平性问题，包括就业培训的公平性、就业岗位提供和就业宣传的公平性以及就业渠道的公平性。

公平的参与减贫机会是旅游目的地社区居民有效参与包容性旅游减贫的前提。因此，本书提出如下假设：

H32：参与减贫的机会对包容性旅游减贫的居民参与能力有正向影响。

（三）参与减贫的条件

参与减贫的条件是指参与包容性旅游减贫的旅游目的地社区居民所拥有的各方面的资源或条件，包括物质条件或技能条件。参与减贫的条件是居民参与能力的重要体现，能够从根本上为居民有效参与包容性旅游减贫提供保障。该指标拟由知识技能条件、资本资源条件和社会关系条件三个指标进行衡量。

一是知识技能条件是指从事旅游行业相关的专业知识和基本技能，如景区的景点介绍、相关文化介绍、基本服务、礼仪礼节等，是旅游目的地社区居民在当地就业必备的资格条件，知识技能条件是居民参与包容性旅游减贫的基础条件。

二是资本资源条件是指参与包容性旅游减贫的社区居民所拥有的基本资源和物资，包括房屋、土地、资金、技术技能等，资本资源条件是居民能够更好地参与到包容性旅游减贫中的保障条件。

三是社会关系条件是指社区居民所拥有的社会关系网络，包括家庭关系、社会关系、政商关系、邻里关系、行业关系等。

参与减贫的条件越好，越有助于旅游目的地居民更好地参与到包容性旅游减贫事业之中。因此，本书提出如下假设：

H33：参与减贫的条件对包容性旅游减贫的居民参与能力有正向影响。

（四）参与减贫的行为

参与减贫的行为是指通过从事涉旅经营活动，实现旅游目的地社区居民参与到包容性旅游减贫事业之中的行为方式。通过发挥涉旅生产经营活动的积极效应和正面影响，促进社区居民积极参与旅游减贫，丰富旅游减贫的行为方式。该指标拟由劳动就业脱贫、自主创业脱贫和公益慈善益贫三个指标进行衡量。

一是劳动就业脱贫是指旅游目的地社区居民通过与景区或旅游企业合作，依托旅游业的长期发展，通过积极的劳动从事旅游景区服务的相关工作，实现就业和增收，促进居民通过"造血式"脱贫的方式实现可持续减贫，也是预防脱贫户返贫的重要手段之一。

二是自主创业脱贫是指以旅游市场的发展为契机，在旅游开发中与政府、涉旅企业合作，或者找准市场盈利点，自主创业参与到旅游经营活动之中，通过创业的形式实现脱贫，并带动更多贫困人口实现就业和脱贫。

三是公益慈善益贫是指通过公益慈善活动对缺乏劳动能力的贫困人口进行帮扶，包括对因年龄、伤残、疾病或者家庭劳动力严重不足导致的贫困户进行帮扶。这是对于一些特殊弱势群体的社区居民内部的一种互帮互助形式。

参与减贫的积极行为有助于旅游目的地社区居民更灵活、高效地参与旅游发展，发挥旅游减贫效应，实现包容性旅游减贫。因此，本书提出如下假设：

H34：参与减贫的行为对包容性旅游减贫的居民参与能力有正向影响。

二、概念模型

根据以上分析和研究假设，构建基于居民参与能力的包容性旅游减贫的具体概念模型如图 4-3 所示。

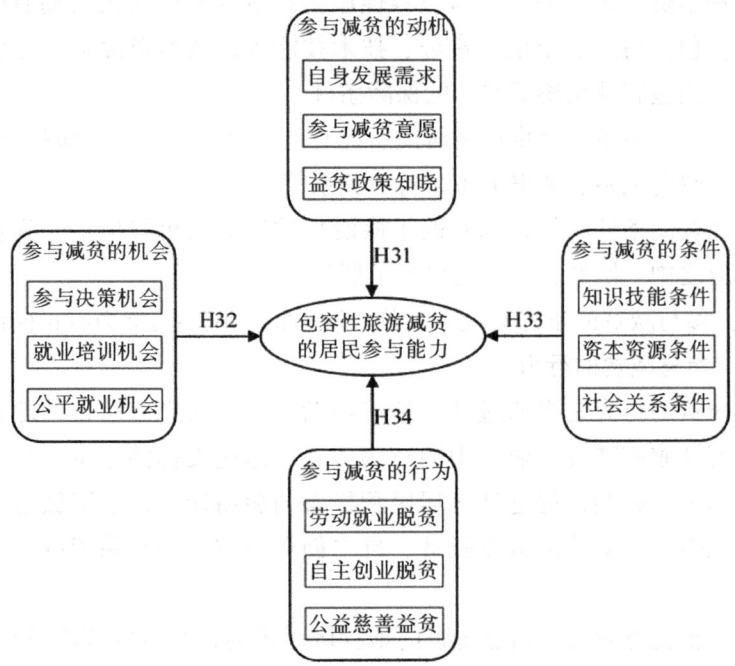

图 4-3 基于居民参与能力的包容性旅游减贫的概念模型

第四节 基于游客参与能力的研究假设与概念模型

一、研究假设

（一）游客体验感受

游客又称为旅游者、观光客、旅行者，是各种从事旅游活动人群的总称。游客体验感受是指游客在旅游参与过程中对旅游目的地吸引物带来愉悦感的感知情况。游客通过体验和参与旅游减贫的各个环节，以旅游消费为主要形式，在所从事的旅游活动中获得的心理满足。游客体验感受包含食、住、行、游、购、娱各个方面。该指标拟由景区建设、服务水平、餐饮文化、住宿条件、交通工具、观光体验、价格公道和娱乐活动八个指标进行衡量。

一是景区建设是指旅游景区的整体建设水平。景区作为旅游目的地重要吸引物之一，是游客体验的集中场所。游客对景区建设的整体感受情况关系着游客是否有好的体验感，对游客参与旅游减贫的积极性有着重要的影响。

二是服务水平是指旅游景区在交通、住宿、餐饮、娱乐、购物、游览六个方面的总体服务情况，游客对旅游期间总体服务的满意程度能够直观反映其对于服务水平的感受，也直接影响到游客的消费意愿。

三是餐饮文化是指旅游景区的特色饮食文化和餐饮服务设施的建设情况，景区的餐饮文化能否满足游客的期望，是游客体验感受的一个重要参考方面，将影响顾客满意度和旅游减贫的参与程度。

四是住宿条件是指旅游景区的住宿基本条件是否规范，能否达到游客的满意标准以及是否符合游客的需求，是游客体验感受情况的一个重要参考指标。

五是交通工具是指旅游景区的可进入性和旅游景区内公共交通的便捷程度能否达到游客的满意标准，景区内交通标示和交通安全保障情况是否规范。

六是观光体验是指游客在游览观光过程中的体验感受，游客体验感和参与度能否达到预期是衡量观光体验的重要标准。

七是价格公道是指景区内所有旅游商品的定价是否符合市场规律，游客对于在景区消费市场的价格公正与否的感受，直接影响到旅游目的地在游客心目中的形象。

八是娱乐活动是指游客在整个的旅游过程中对于参与娱乐活动的感受，一系列好的娱乐活动可以有效提升游客的消费意愿，对景区盈利水平的提升有积极的促进作用。

游客在旅游过程中的体验感受是游客满意度的重要标准，体验感受越好越有助于推动游客积极参与包容性旅游减贫。因此，本书提出如下假设：

H41：游客体验感受对包容性旅游减贫的游客参与能力有正向影响。

（二）游客消费能力

游客消费能力是指参与旅游活动的游客经济支出水平情况。游客消费能力是影响包容性旅游减贫实施效果的关键一环，也是激活旅游减贫功能的关键因素。游客的积极参与是盘活旅游减贫事业的基础，游客消费是企业盈利、地区经济发展的重要经济来源。因此，游客消费能力是包容性旅游减贫游客参与能力的重要体现。该指标拟由消费意愿和消费水平两个指标进行衡量。

一是消费意愿是指游客在旅游活动的参与过程中是否自愿进行旅游消费，消费意愿是游客参与减贫必不可少的条件。游客消费意愿与景区服务水平有着直接的关系。

二是消费水平是指游客实际的消费能力大小以及实际的消费情况。游客消费水平的高低直接关系到旅游减贫预期目标能否实现，是影响游客参与包容性旅游减贫能力的重要因素。

游客的消费能力越高，越有助于提高游客参与包容性旅游减贫的能力，推动旅游发挥正向效应。因此，本书提出如下假设：

H42：游客消费能力对包容性旅游减贫的游客参与能力有正向影响。

（三）游客参与程度

游客参与程度是指游客通过网络平台、现场活动等形式参与包容性旅游减贫，游客参与程度关系着游客参与包容性旅游减贫的能力。该指标拟由参与景区建设献策、参与景区社会公益和参与景区扶贫活动三个指标进行衡量。

一是参与景区建设献策是指游客在参与旅游过程中，通过各平台为旅游景区的建设和旅游减贫方式献策的参与意愿，游客可以通过游客参与平台为参与旅游减贫和旅游建设献言献策。

二是参与景区社会公益是指游客通过公益慈善活动参与旅游景区建设的意愿，参与社会公益扶贫减贫活动是游客参与包容性旅游减贫的重要途径之一。

三是参与景区扶贫活动是指参与旅游景区企业或政府组织的旅游减贫活动的意愿，游客通过积极参与景区扶贫减贫相关活动促进包容性旅游减贫目标的实现。

游客参与包容性旅游减贫的程度越高，越有助于发挥游客的参与能力。因此，本书提出如下假设：

H43：游客参与程度对包容性旅游减贫的游客参与能力有正向影响。

（四）负责任旅游

负责任旅游是指游客在参与旅游活动的过程中，为旅游地社会环境、生态环境、文化环境和法律环境带来积极影响，避免破坏环境和文化等行为的出现，是一种有利于旅游可持续发展和绿色发展的旅游方式。该指标拟由旅游地社会环境、旅游地生态环境、旅游地文化环境和旅游地法律环境四个指标进行衡量。

一是旅游地社会环境是指旅游地区的社会组织、社会关系、社会网络和社会规范等外部环境，游客的旅游行为对旅游地区造成的社会影响是衡量游客责任感的指标之一。

二是旅游地生态环境是指旅游景区所在地的生态保护情况，游客需要为旅游地区生态环境带来积极影响，避免出现破坏环境的不良行为。

三是旅游地文化环境是指旅游地区的文化保护和传承情况，游客进行负责任旅游即尊重旅游地传统文化，促进文化交流与融合。

四是旅游地法律环境是指旅游地区的法律制度和法律规范的相关情况，游客在旅游过程中要遵守旅游地区的法律制度和规范，以保障旅游活动和其他社会活动的正常进行。

游客在旅游活动的参与中对环境的友好负责态度有助于保护旅游目的地的外部环境，对旅游减贫发挥积极影响。因此，本书提出如下假设：

H44：负责任旅游对包容性旅游减贫的游客参与能力有正向影响。

二、概念模型

根据以上分析和研究假设，构建基于游客参与能力的包容性旅游减贫的具体概念模型如图4-4所示。

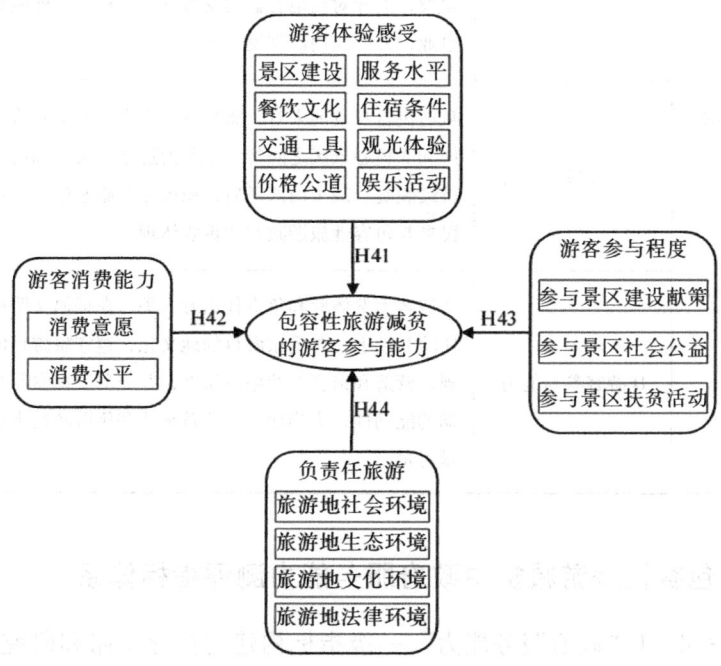

图4-4 基于游客参与能力的包容性旅游减贫的概念模型

第五节 包容性旅游减贫指标体系的设计

根据前文研究假设与概念模型的阐释,包容性旅游减贫指标体系构建的总体思路和框架,如表4-1所示。

表4-1 包容性旅游减贫的测评总体思路和框架

总体目标	测评维度	测评指标设计总体思路
包容性旅游减贫的测评维度	A 政府服务能力	从政府的职能思考,政府怎么通过公共服务能力的提升,在旅游社区构建一种共建共享的利益平衡机制,突出以服务为主、管理为辅的旅游发展益贫方式的道路,不断完善利益均衡的共建共享机制与体制,营造良好的多方参与环境
	B 企业参与能力	从企业可持续生存与发展思考,为什么要参与益贫工作。在保证企业在旅游市场盈利能力同时,重视自身的包容性文化建设,倡导对当地有益的发展方式,从内到外做好当地减贫事业,并形成内部制度和方案
	C 居民参与能力	从居民自身发展来看,旅游发展带来的社会矛盾问题导致景区和非核心景区之间贫富差距的逐渐扩大,如何实现自身可持续脱贫、减少内部矛盾,积极参与旅游就业和创业,是居民参与包容性旅游减贫的重要体现
	D 游客参与能力	从游客消费体验和负责任旅游入手,在提倡文明旅行和消费体验基础上,尊重旅游目的地文化,遵守旅游目的地相关法规,营造和谐良好的旅游氛围,并充分发挥参与当地发展互动的能动性,为当地社会公益事业和旅游减贫事业的发展贡献力量

一、包容性旅游减贫中政府服务能力测评指标体系

根据表4-1"政府服务能力"一级指标构建的指导思路和研究假设指标的阐释,包容性旅游减贫的政府服务能力测评指标体系,如表4-2所示。

表 4 - 2　　包容性旅游减贫中政府服务能力测评指标体系

测评目标	指标编码	一级指标	指标编码	二级指标	指标含义
包容性旅游减贫的政府服务能力测评 A	A1	旅游统筹能力	A11	旅游产业布局	政府对旅游产业发展的总体规划布局
			A12	旅游资源优化	政府对旅游资源的整合与有效优化
			A13	旅游投资引导	政府在引导旅游投资方面的力度
			A14	旅游减贫政策	政府在贫困人口减贫方面的政策支持力度
	A2	益贫环境打造	A21	信息化管理	贫困户有效参与信息化管理的能力
			A22	便捷化交通	当地交通运输网络建设效果及规划
			A23	惠民化服务	旅游便民服务设施建设成果
			A24	规范化发展	旅游服务质量标准化程度
	A3	旅游市场维控	A31	联动执法能力	各相关部门联动执法的效果
			A32	服务价格监控	旅游服务价格的监控能力
			A33	信用体系建设	以旅游企业、游客为核心的信用体系建立
	A4	益贫氛围建设	A41	和谐文化营造	营造游客及当地居民的和谐文化氛围
			A42	包容思维引导	对当地居民好客观念、减贫思想的宣传与引导
			A43	安全保障宣传	培养当地居民安全保卫意识
	A5	环境保护能力	A51	环保制度执行	环保制度的落地情况及执行成效
			A52	环保设施水平	污染处理设施的完善
			A53	环保行为监督	提倡游客文明旅游并予以一定监管

二、包容性旅游减贫中企业参与能力测评指标体系

根据表 4 - 1 "企业参与能力"一级指标构建的指导思路和研究假设指标的阐释，包容性旅游减贫的企业参与能力测评指标体系，如表 4 - 3 所示。

三、包容性旅游减贫中居民参与能力测评指标体系

根据表 4 - 1 "居民参与能力"一级指标构建的指导思路和研究假设指标的阐释，包容性旅游减贫的居民参与能力测评指标体系，如表 4 - 4 所示。

四、包容性旅游减贫中游客参与能力测评指标体系

根据表 4 - 1 "游客参与能力"一级指标构建的指导思路和研究假设指标的阐释，包容性旅游减贫的游客参与能力测评指标体系，如表 4 - 5 所示。

表4-3　　包容性旅游减贫中企业参与能力测评指标体系

测评目标	指标编码	一级指标	指标编码	二级指标	指标含义
包容性旅游减贫的企业参与能力测评B	B1	可持续盈利	B11	旅游盈利能力	企业在当地旅游发展中主要盈利业务与收入点
			B12	债务偿还能力	企业用其资产偿还长期债务与短期债务的能力
			B13	经营现金水平	企业在一定会计期内经营活动产生的现金流量
	B2	包容性文化	B21	企业家胸怀	企业创始人或领导层对社会非平衡发展的态度
			B22	人本化管理	企业把员工看作组织最为重要的资源进行管理
			B23	合理化分工	企业根据发展对内部岗位进行权责对等分工
			B24	低水平内耗	企业产生内部矛盾时能够减少损耗的解决方式
			B25	畅通式沟通	企业为了完成既定目标而打造的高效沟通渠道
	B3	益贫式发展	B31	生产性岗位设置	企业根据贫困户劳动能力情况设置的就业岗位
			B32	贫困户优先支持	企业依据岗位情况支持贫困户就业的优惠措施
			B33	益贫式技能培训	企业针对贫困户从事岗位工作开展的专题培训
			B34	均等化内部机会	企业在对贫困户员工内部管理时给予公平对待
	B4	社区性责任	B41	诚信经营	企业在从事旅游生产经营活动时能够诚实守信
			B42	环境友好	企业对所在社区自然和社会环境没有危害行为
			B43	慈善行为	企业为社区弱势群体进行物质或资金方面帮助
			B44	公平竞争	企业在旅游市场经营活动中没有恶意竞争行为
	B5	内生式推动	B51	内部制度规范	企业有配套制度规定参与和支持当地减贫工作
			B52	明确行动方案	企业有具体行动方案参与到相关益贫工作之中
			B53	员工集体意识	企业员工有集体意识和社会责任支持当地减贫

表4-4　　包容性旅游减贫中居民参与能力测评指标体系

测评目标	指标编码	一级指标	指标编码	二级指标	指标含义
包容性旅游减贫的居民参与能力测评C	C1	参与减贫的动机	C11	自身发展需求	自身对经济利益、相关知识技能发展的诉求
			C12	参与减贫意愿	社区居民是否有意识或意愿参与旅游减贫
			C13	益贫政策知晓	社区居民对于旅游发展中针对社区建设的相关政策的了解程度
	C2	参与减贫的机会	C21	参与决策机会	政府在制定相关旅游发展计划和政策时,能够提供参与平台,让旅游目的地居民有更多参与决策的机会

续表

测评目标	指标编码	一级指标	指标编码	二级指标	指标含义
包容性旅游减贫的居民参与能力测评 C	C2	参与减贫的机会	C22	就业培训机会	政府或企业提供的劳动技能培训课程，以提高劳动者职业技能和适应职业变化的能力
			C23	公平就业机会	旅游发展过程中为当地居民所提供的就业岗位多少以及获得就业岗位途径的公平性
	C3	参与减贫的条件	C31	知识技能条件	旅游从业相关知识及基本技能，如景区的景点介绍、相关文化、基本服务、礼仪等
			C32	资本资源条件	社区居民所拥有的基本资源和物质
			C33	社会关系条件	社区居民的社会关系，包括家庭关系、亲戚朋友等
	C4	参与减贫的行为	C41	劳动就业脱贫	与景区、企业合作的方法，将社区居民安置到景区从事旅游相关服务工作
			C42	自主创业脱贫	社区居民在旅游开发中独立或与政府、景区企业合作参与旅游经营管理决策或者项目
			C43	公益慈善益贫	通过参与公益慈善活动对因年龄、伤残、疾病或者家庭劳动力严重不足导致的贫困户进行帮扶

表 4-5　包容性旅游减贫中游客参与能力测评指标体系

测评目标	指标编码	一级指标	指标编码	二级指标	指标含义
包容性旅游减贫的游客参与能力测评 D	D1	游客体验感受	D11	景区建设	游客在旅游景区的整体感受
			D12	服务水平	游客在旅游期间对于总体服务的满意程度
			D13	餐饮文化	旅游景区的餐饮是否符合游客需求
			D14	住宿条件	旅游景区的住宿条件是否达到了游客的满意标准
			D15	交通工具	旅游景区的可进入性和景区内交通工具便捷程度
			D16	观光体验	游客在景区的游览观光体验感受
			D17	价格公道	游客对于在景区所进行消费的市场价格公正与否的感受
			D18	娱乐活动	游客的对景区的娱乐活动是否满意
	D2	游客消费能力	D21	消费意愿	游客的消费意愿是否强烈
			D22	消费水平	游客的消费水平高低

续表

测评目标	指标编码	一级指标	指标编码	二级指标	指标含义
包容性旅游减贫的游客参与能力测评 D	D3	游客参与程度	D31	参与景区建设献策	游客通过各平台为景区的建设献策的参与程度
			D32	参与景区社会公益	游客通过公益活动参与景区建设的程度
			D33	参与景区扶贫活动	游客通过扶贫活动参与景区建设的程度
	D4	负责任旅游	D41	旅游地社会环境	游客的旅游行为对景区所在地的社会环境造成的影响
			D42	旅游地生态环境	游客的旅游行为对景区所在地的生态环境造成的影响
			D43	旅游地文化环境	游客的旅游行为对景区所在地的文化环境造成的影响
			D44	旅游地法律环境	游客的旅游行为对景区所在地的法律环境造成的影响

　　本章从政府服务、企业参与、居民参与、游客参与四个角度对包容性旅游减贫战略进行了研究假设和概念模型的构建。通过对政府服务能力的旅游统筹能力、益贫环境打造、旅游市场维控、益贫氛围建设和环境保护能力五个一级指标进行分析，得出基于政府服务能力的包容性旅游减贫的研究假设。通过对企业参与能力的可持续盈利、包容性文化、益贫式发展、社区性责任和内生式推动五个一级指标进行分析得出基于企业参与能力的研究假设。通过对居民参与能力的参与减贫的动机、参与减贫的机会、参与减贫的条件和参与减贫的行为四个一级指标进行分析得出基于居民参与能力的研究假设。通过对游客参与能力的游客体验感受、游客消费能力、游客参与程度和负责任旅游四个一级指标进行分析得出基于游客参与能力的研究假设。在研究假设的基础上分别基于政府服务能力、企业参与能力、居民参与能力、游客参与能力构建出概念模型。这些测量包容性旅游减贫的基本要素及概念关系，共同构成了包容性旅游减贫的创新生态系统，并形成一个相互影响、相互制约的平衡关系。本章的研究假设、概念模型和指标体系的设计，为微观测量各个主体相关人群对包容性旅游减贫的感知情况，夯实了科学研究的逻辑基础。

第五章 包容性旅游减贫的调查研究

第一节 包容性旅游减贫中政府服务能力的调查

一、数据资料来源

根据设计的测评指标体系,对包容性旅游减贫政府服务能力的情况进行了问卷调查,调查地点如表 5-1 所示,调查问卷见本书附录 1——《包容性旅游减贫政府服务能力的调查问卷》。2019 年 7 月至 11 月,本书调查组通过电话、邮寄、邮件、调查人员深入一线相关政府机构多种方式进行抽样调查,共发放问卷 500 份,收回问卷 350 份,经过数据质量分析以及数据清洗,得到有效问卷数据记录 340 份。问卷共涉及 28 个原始变量,包含基本信息组、服务因素组。其中,基于政府服务能力的包容性旅游减贫的综合评估模型主要选用了服务因素组的数据。

表 5-1　　包容性旅游减贫政府服务能力的调查地点汇总

省级地区	市州级地区	县区级地区	镇、村（街道、社区）地名
云南省	红河哈尼族彝族自治州	蒙自市	鸣鹫镇、所坝村、小坝心村、大石板村
			草坝镇、前进村、富民村、马街村
		红河县	甲寅乡、乐育乡、宝华乡
		元阳县	牛角寨镇、小新街乡、逢春岭乡、大坪乡、阿者科村
		建水县	曲江镇
		个旧市	蔓耗镇、乍甸镇

续表

省级地区	市州级地区	县区级地区	镇、村（街道、社区）地名
贵州省	黔东南苗族侗族自治州	黎平县	肇兴侗寨、纪堂村、堂安村、厦格村
		从江县	高增乡、占里侗寨
		黄平县	旧州镇、白水寨
		台江县	南宫乡、交下村、交宫村、交密村
		镇远县	蕉溪乡木溪村
贵州省	黔东南苗族侗族自治州	凯里市	下司乡清江村、下司古镇、下司乡德新村、鸭塘乡三江村、舟溪乡大中村
		丹寨县	万达乡
	黔南布依族苗族自治州	惠水县	好花红镇好花红村
		平塘县	克度镇
	贵阳市	花溪区	青岩镇、石板镇、孟关乡、马铃乡、高坡乡、黔陶乡谷洒村
	贵安新区		湖潮乡、党武乡、马场镇、车田村
	安顺市	西秀区	旧州镇
	毕节市	百里杜鹃管理区	黄泥乡龙塘村
		大方县	凤山乡银川村、核桃乡木寨社区
		赫章县	兴发乡中营村
		威宁县	海边街道银龙社区、草海镇民族社区
		黔西县	大关镇丘林村
	铜仁市	石阡县	龙井乡晏明村、坪山乡张家湾村
重庆市		南岸区	弹子石街道、弹子石河街、弹子石正街、弹子石新街、涂山镇、石溪路社区、新兴村、莲花村、鸡冠石镇、岩口社区、石门社区、黄桷垭社区
		北碚区	天生街道、天生桥社区、碚峡路社区、龙溪路社区、朝阳街道、大明社区、解放路社区、金刀峡镇、小塘村、田湾村、七星洞村
四川省	成都市	武侯区	武侯祠大街
		都江堰市	青城山、友爱镇梅花村
广西壮族自治区	桂林市	秀峰区	甲山村、唐家、东莲
		象山区	二塘乡泮塘村

续表

省级地区	市州级地区	县区级地区	镇、村（街道、社区）地名
福建省	泉州市	丰泽区	清源街道
		晋江市	金井镇岩峰村
	厦门市	集美区	集美中洲岛
		思明区	鼓浪屿岛
河北省	邯郸市	永平县	广府镇

二、综合评估得分

（一）问卷数据信度及效度检验

一是信度检验结果。信度检验是指问卷的信度，也就是问卷的可靠性，指采用同样的方法对同一对象重复测量时所得结果的一致性程度，即反映实际情况的程度。信度指标多以相关系数表示，大致可分为三类：稳定系数（跨时间的一致性）、等值系数（跨形式的一致性）和内在一致性系数（跨项目的一致性）。信度分析的方法主要有四种：重测信度法、复本信度法、折半信度法和 Cronbach α 信度系数。

本书采用 Cronbach α 信度系数，也是目前最常用的信度系数。计算方法如下：

$$\alpha = [k/(k-1)] \times [1 - (\sum S_i^2)/ST^2] \tag{5-1}$$

其中，k 为量表中题项的总数，S_i^2 为第 i 题得分的题内方差，ST^2 为全部题项总得分的方差。从公式中可以看出，Cronbach α 信度系数评价的是量表中各题项得分间的一致性，属于内在一致性系数。

总量表的 Cronbach α 信度系数在 0.8 以上为最好的，在 0.7—0.8 为可以接受；分量表的 Cronbach α 信度系数在 0.7 以上为最好的，在 0.6—0.7 为可以接受。Cronbach α 信度系数如果在 0.6 以下就要考虑重新编问卷。

根据问卷数据信度分析结果显示（见表 5-2），调研数据在旅游统筹能力、益贫环境打造、旅游市场维控、益贫氛围建设、环境保护能力五个维度的 Cronbach α 信度系数均大于 0.8，表明数据一致性良好，可以进行下一步的分析。

表 5-2　包容性旅游减贫中政府服务能力的问卷数据信度分析结果

测评维度	Cronbach α 信度系数	基于标准化项目的 Cronbach α 信度系数	项目个数（个）
旅游统筹能力	0.877	0.879	4
益贫环境打造	0.903	0.903	4
旅游市场维控	0.895	0.898	3
益贫氛围建设	0.867	0.869	3
环境保护能力	0.878	0.882	3

二是效度检验结果。效度是测量的有效性程度，即测量工具确能测出其所要测量特质的程度，或者简单地说是指一个测验的准确性、有用性。效度是科学的测量工具所必须具备的最重要的条件。在社会测量中，对作为测量工具的问卷或量表的效度要求较高。鉴别效度须明确测量的目的与范围，考虑所要测量的内容并分析其性质与特征，检查测量的内容是否与测量的目的相符，进而判断测量结果是否能够反映所要测量特质。

本书选用 KMO 值与 Bartlett 球形检验作为效度的检验工具，根据表5-3的结果可知，调研数据在旅游统筹能力、益贫环境打造、旅游市场维控、益贫氛围建设、环境保护能力五个维度的 KMO 值均大于 0.6，显著性均小于0.05，可以认为数据通过效度检验，适用于后续分析过程。

表 5-3　包容性旅游减贫中政府服务能力的问卷数据效度分析结果

测评维度	KMO	Bartlett 球形检验卡方值	df	显著性
旅游统筹能力	0.702	813.958	6	0.00
益贫环境打造	0.734	941.030	6	0.00
旅游市场维控	0.670	703.897	3	0.00
益贫氛围建设	0.660	569.306	3	0.00
环境保护能力	0.624	666.322	3	0.00

（二）包容性旅游减贫政府服务能力的综合评估模型

一是各分值频数分布。通过对基于政府服务能力的包容性旅游减贫量表题目频数分布情况进行分析可知，340 份有效问卷中，5 个一级指标，17 个二级指标对应的 1—7 分均有样本分布。由于数据通过信度检验和效度检验，该数据集可以用于综合评价模型的构建，如表 5-4 所示。

表 5-4　包容性旅游减贫中政府服务能力的量表题目频数分布

一级指标	二级指标	各分数频数（人）						
		1分	2分	3分	4分	5分	6分	7分
旅游统筹能力	旅游产业布局	6	12	25	56	81	90	70
	旅游资源优化	7	12	15	36	111	123	36
	旅游投资引导	5	13	21	46	113	98	44
	旅游减贫政策	7	10	23	65	82	100	53
益贫环境打造	信息化管理	7	13	15	64	107	89	45
	便捷化交通	4	11	20	25	95	119	66
	惠民化服务	9	8	13	35	80	125	70
	规范化发展	10	11	20	48	113	95	43
旅游市场维控	联动执法能力	8	16	34	87	100	66	29
	服务价格监控	4	12	23	39	106	109	47
	信用体系建设	8	15	20	32	76	118	71
益贫氛围建设	和谐文化营造	7	14	33	98	90	68	30
	包容思维引导	1	13	26	34	116	105	45
	安全保障宣传	6	9	18	42	86	117	62
环境保护能力	环保制度执行	6	17	37	78	126	51	25
	环保设施水平	5	8	23	45	90	132	37
	环保行为监督	10	8	18	36	93	97	78

二是综合评价模型构建。综合评价法指的是运用多个指标对多个参评单位进行评价的方法。一般包括计算均值、确定权重、计算综合得分等环节。其中，赋权方法又可以分为主观赋权法与客观赋权法。赋权方法的选择对于综合评价结果有着重要的影响。本部分选用了客观赋权法中的变异系数法。

①因素评分计算。根据各二级指标所代表的因素以及问卷数据中各因素的评分，可以选用加权平均数来代表各个因素的原始评分情况，加权平均数计算过程如公式 5-2 所示，因素评分结果如表 5-5 所示。

$$\bar{x} = \frac{\sum_{i=1}^{n} x_i \times f_i}{\sum_{i=1}^{n} f_i} \tag{5-2}$$

其中，x_i 表示分数；f_i 表示选择各二级指标各分数的频数值。

表 5-5　　包容性旅游减贫中政府服务能力的因素评分汇总

一级指标	二级指标	因素评分（分）
旅游统筹能力	旅游产业布局	5.19
	旅游资源优化	5.19
	旅游投资引导	5.11
	旅游减贫政策	5.11
益贫环境打造	信息化管理	5.05
	便捷化交通	5.40
	惠民化服务	5.42
	规范化发展	5.06
旅游市场维控	联动执法能力	4.67
	服务价格监控	5.19
	信用体系建设	5.33
益贫氛围建设	和谐文化营造	4.69
	包容思维引导	5.19
	安全保障宣传	5.33
环境保护能力	环保制度执行	4.63
	环保设施水平	5.21
	环保行为监督	5.34

②确定权重。权重是指某因素在整体评价中的相对重要程度。权重越高，则说明该因素越重要。权重的确定一般主要分为两类：一是主观赋权法；二是客观赋权法。由于客观赋权法属于定量研究，是根据历史数据研究指标间的相互关系，因此本部分选用客观赋权法中的变异系数法。

变异系数是刻画离中趋势的重要指标之一，反映了数据间的差异与波动，在数值上等于标准差除以均值，如公式 5-3 所示。

$$V = \frac{\sigma}{\bar{x}} \tag{5-3}$$

变异系数法确定权重一般遵循以下六个步骤：

第一，计算各因素得分（如表 5-5 所示）。

第二，计算各因素频率：

$$P_i = \frac{f_i}{\sum_{i=1}^{n} f_i} \tag{5-4}$$

第三,计算离差平方和:

$$(x_i - \bar{x})^2 \tag{5-5}$$

第四,计算标准差:

$$\sigma = \sqrt{\sum_{i=1}^{n}(x_i - \bar{x})^2 \times P_i} \tag{5-6}$$

第五,计算变异系数 V 与变异系数之和:

$$\sum_{i=1}^{n} V_i \tag{5-7}$$

第六,计算权重:

$$\varpi_i = \frac{V_i}{\sum_{i=1}^{n} V_i} \tag{5-8}$$

根据各组权重结果表 5-6 可知,旅游统筹能力因素中旅游产业布局占比最高,益贫环境打造中规范化发展要素占比最高,旅游市场维控中联动执法能力影响最大,益贫氛围建设中和谐文化营造最为重要,环境保护能力中环保制度执行最为重要。

表 5-6　　包容性旅游减贫中政府服务能力的因素权重汇总

一级指标	二级指标	权重(%)	本组排名
旅游统筹能力	旅游产业布局	26.35	1
	旅游资源优化	23.48	4
	旅游投资引导	24.37	3
	旅游减贫政策	25.80	2
益贫环境打造	信息化管理	25.70	2
	便捷化交通	23.54	4
	惠民化服务	24.44	3
	规范化发展	26.32	1
旅游市场维控	联动执法能力	35.65	1
	服务价格监控	30.71	3
	信用体系建设	33.64	2
益贫氛围建设	和谐文化营造	36.77	1
	包容思维引导	30.99	3
	安全保障宣传	32.24	2

续表

一级指标	二级指标	权重（%）	本组排名
环境保护能力	环保制度执行	35.37	1
	环保设施水平	30.74	3
	环保行为监督	33.89	2

③综合评价得分。根据原始评分均值与各因素权重可以得到政府服务能力的五个一级指标的最终评价得分矩阵，如表5-7所示。

表5-7　　包容性旅游减贫中政府服务能力的综合评价得分

一级指标	二级指标	均值（1—7分）	权重（%）	加权平均数（分）	综合评价得分（分）
旅游统筹能力	旅游产业布局	5.19	26.35	1.37	5.16
	旅游资源优化	5.19	23.48	1.22	
	旅游投资引导	5.11	24.37	1.25	
	旅游减贫政策	5.11	25.80	1.32	
益贫环境打造	信息化管理	5.05	25.70	1.30	5.23
	便捷化交通	5.40	23.54	1.27	
	惠民化服务	5.42	24.44	1.33	
	规范化发展	5.06	26.32	1.33	
旅游市场维控	联动执法能力	4.67	35.65	1.67	5.06
	服务价格监控	5.19	30.71	1.60	
	信用体系建设	5.33	33.64	1.79	
益贫氛围建设	和谐文化营造	4.69	36.77	1.72	5.05
	包容思维引导	5.19	30.99	1.61	
	安全保障宣传	5.33	32.24	1.72	
环境保护能力	环保制度执行	4.63	35.37	1.64	5.05
	环保设施水平	5.21	30.74	1.60	
	环保行为监督	5.34	33.89	1.81	

从调查数据的统计分析结果来看，首先，益贫环境打造综合评分最高，证明政府服务能力的体现聚焦在环境建设方面，一个好的服务环境，对政府服务有着积极的影响。其次，旅游统筹能力评分排名第二，突出了政府在包容性旅游减贫中统筹全局、协调资源的重要性，通过政策引导机制，布局旅游产业，吸引旅游投资，全面盘活包容性旅游减贫的创新生态系统格局。再

次,其余三个评分指标总体差别不大并趋近,且评分水平总体较高,说明了调查中政府工作人员对这三个方面建设的认可度较高。总体来看,政府服务能力参与评分在 5.11 分的较高水平,这与政府长期坚持反贫困工作取得的成绩有关。在精准扶贫脱贫"五个一批"工作全面开展下,夯实了旅游目的地的基础条件和发展环境,获得调查者的一致认可。

三、研究假设验证

(一) 验证性探究方法

基于以上研究结果可以发现,各二级指标对于一级指标的影响程度有差异,为进一步探究各一级指标对于包容性旅游减贫的政府服务能力的影响情况,需要根据问卷数据,对于一级指标的得分进行计算。

以旅游统筹能力为例,该一级指标下共包含旅游产业布局、旅游资源优化、旅游投资引导、旅游减贫政策四个二级指标。由表 5-7 可知,四个二级指标对应的权重分别为 0.2635、0.2348、0.2437、0.2580,以此为权重可计算出每一个样本对应的旅游统筹能力得分,基本计算公式为:

旅游统筹能力得分 = 旅游产业布局 ×0.2635 + 旅游资源优化 ×0.2348 + 旅游投资引导 ×0.2437 + 旅游减贫政策 ×0.2580

由此可以抽象提取,依据加权平均法得到的各一级指标得分的核算公式为:

$$A_i = \sum_{j=1}^{n} \omega_{ij} x_{ij} \tag{5-9}$$

其中,$i=1, 2, \cdots, 5$;$j=1, 2, \cdots, n$;A_i 为各一级指标得分;x_{ij} 为各二级指标得分;ω_{ij} 为各二级指标的权重。

依次类推,可以分别得到所有样本在旅游统筹能力、益贫环境打造、旅游市场维控、益贫氛围建设、环境保护能力五个维度的得分。接下来,通过对五个维度的得分与包容性旅游减贫的政府服务能力总得分进行相关分析,从而探究得到五个维度对于包容性旅游减贫的政府服务能力的影响情况。

由于五个维度的得分与包容性旅游减贫的政府服务能力总得分均为数值型变量,因此选择了皮尔逊 (Pearson) 相关系数进行两两比较。Pearson 相关系数定义为两个变量之间的协方差和标准差的商,取值范围为 [-1, 1],用于衡量两个变量之间的线性相关关系,一般认为相关系数的绝对值越大,两变量之间的线性相关越强。其中,当 $0 \leq |r| < 0.3$ 时,认为两个变量之间具

有低度的线性相关关系；当 $0.3 \leqslant |r| < 0.8$ 时，认为两个变量之间具有中度的线性相关关系；当 $0.8 \leqslant |r| \leqslant 1$ 时，认为两个变量之间具有高度的线性相关关系。Pearson 相关系数的计算公式为：

$$r = \frac{\sum_{i=1}^{n}(x_i - \bar{x})(y_i - \bar{y})}{\sqrt{\sum_{i=1}^{n}(x_i - \bar{x})^2} \sqrt{\sum_{i=1}^{n}(y_i - \bar{y})^2}} \tag{5-10}$$

（二）验证结果分析

一是假设 H11：旅游统筹能力对包容性旅游减贫的政府服务能力有正向影响。依据表 5-8 的相关分析结果可知，旅游统筹能力与政府服务能力的 Pearson 相关在 0.01 的显著性水平上通过了检验，具有一定统计意义，Pearson 相关系数值为 0.510 > 0.3，可以认为旅游统筹能力对包容性旅游减贫的政府服务能力有正向的影响。因此，可以有效验证第四章中的模型假设 H11 的正确性。

表 5-8　旅游统筹能力与包容性旅游减贫的政府服务能力相关分析结果

指标		政府服务能力	旅游统筹能力
政府服务能力	Pearson 相关	1	0.510**
	显著性（双尾）		0.000
	N	340	340
旅游统筹能力	Pearson 相关	0.510**	1
	显著性（双尾）	0.000	
	N	340	340

注：** 代表相关性在 0.01 层面上显著（双尾）。

二是假设 H12：益贫环境打造对包容性旅游减贫的政府服务能力有正向影响。依据表 5-9 的相关分析结果可知，益贫环境打造与政府服务能力的 Pearson 相关在 0.01 的显著性水平上通过了检验，具有一定统计意义，Pearson 相关系数值为 0.515 > 0.3，可以认为益贫环境打造对包容性旅游减贫的政府服务能力有正向的影响。因此，可以有效验证第四章中的模型假设 H12 的正确性。

三是假设 H13：旅游市场维控对包容性旅游减贫的政府服务能力有正向影响。依据表 5-10 的相关分析结果可知，旅游市场维控与政府服务能力的

Pearson 相关在 0.01 的显著性水平上通过了检验,具有一定统计意义,Pearson 相关系数值为 0.486 > 0.3,可以认为旅游市场维控对包容性旅游减贫的政府服务能力有正向的影响。因此,可以有效验证第四章中的模型假设 H13 的正确性。

表 5 - 9　益贫环境打造与包容性旅游减贫的政府服务能力相关分析结果

指标		政府服务能力	益贫环境打造
政府服务能力	Pearson 相关	1	0.515**
	显著性（双尾）		0.000
	N	340	340
益贫环境打造	Pearson 相关	0.515**	1
	显著性（双尾）	0.000	
	N	340	340

注：** 代表相关性在 0.01 层面上显著（双尾）。

表 5 - 10　旅游市场维控与包容性旅游减贫的政府服务能力相关分析结果

指标		政府服务能力	旅游市场维控
政府服务能力	Pearson 相关	1	0.486**
	显著性（双尾）		0.000
	N	340	340
旅游市场维控	Pearson 相关	0.486**	1
	显著性（双尾）	0.000	
	N	340	340

注：** 代表相关性在 0.01 层面上显著（双尾）。

四是假设 H14：益贫氛围建设对包容性旅游减贫的政府服务能力有正向影响。依据表 5 - 11 的相关分析结果可知,益贫氛围建设与政府服务能力的 Pearson 相关在 0.01 的显著性水平上通过了检验,具有一定统计意义,Pearson 相关系数值为 0.482 > 0.3,可以认为益贫氛围建设对包容性旅游减贫的政府服务能力有正向的影响。因此,可以有效验证第四章中的模型假设 H14 的正确性。

五是假设 H15：环境保护能力对包容性旅游减贫的政府服务能力有正向影响。依据表 5 - 12 的相关分析结果可知,环境保护能力与政府服务能力的 Pearson 相关在 0.01 的显著性水平上通过了检验,具有一定统计意义,Pearson

相关系数值为 0.511 > 0.3，可以认为环境保护能力对包容性旅游减贫的政府服务能力有正向的影响。因此，可以有效验证第四章中的模型假设 H15 的正确性。

表 5-11　益贫氛围建设与包容性旅游减贫的政府服务能力相关分析结果

	指标	政府服务能力	益贫氛围建设
政府服务能力	Pearson 相关	1	0.482**
	显著性（双尾）		0.000
	N	340	340
益贫氛围建设	Pearson 相关	0.482**	1
	显著性（双尾）	0.000	
	N	340	340

注：** 代表相关性在 0.01 层面上显著（双尾）。

表 5-12　环境保护能力与包容性旅游减贫的政府服务能力相关分析结果

	指标	政府服务能力	环境保护能力
政府服务能力	Pearson 相关	1	0.511**
	显著性（双尾）		0.000
	N	340	340
环境保护能力	Pearson 相关	0.511**	1
	显著性（双尾）	0.000	
	N	340	340

注：** 代表相关性在 0.01 层面上显著（双尾）。

综上所述，旅游统筹能力、益贫环境打造、旅游市场维控、益贫氛围建设、环境保护能力对包容性旅游减贫的政府服务能力都有着正向的影响关系。这说明调查对象一致认可政府在包容性旅游减贫中的重要作用，也证明政府在包容性旅游减贫战略的"事前布局—事中指挥—事后保障"整个环节中有着不可替代的功能。而这种能力往往通过一系列综合管理、治理和服务来得以体现，包括旅游产业布局、旅游资源优化、旅游投资引导、旅游减贫政策、信息化管理、便捷化交通、惠民化服务、规范化发展、联动执法能力、服务价格监控、信用体系建设、和谐文化营造、包容思维引导、安全保障宣传、环保制度执行、环保设施水平、环保行为监督等各个方面。

四、结论与启示

(一) 研究结论

第一,包容性旅游减贫政府服务的最终目的是构建旅游地共建共治共享的社会治理格局,缩小贫富差距。以减少相对贫困为目标导向,统筹做好共建共治共享规划;发挥包容性旅游减贫政府服务的积极作用,建立减少相对贫困的长效机制;实现以旅游经济为基础的可持续减贫,加快减贫进程,保障包容性旅游减贫目标得以实现。

第二,政府作为包容性旅游减贫主体之一,要通过制定政策,为企业、居民、游客提供良好的政府服务,平衡企业、居民、游客之间的利益联结关系。通过政府服务激发包容性旅游减贫的内生动力,实现共建共治共享的目标,包括:激发企业参与积极性,保障企业基本权益不受损;激发居民参与积极性,为居民提供良好的政策环境和参与旅游减贫条件;激发游客参与积极性,为游客提供良好的旅游消费环境和旅游体验条件。

第三,政府在包容性旅游减贫中担任领导者和服务者的角色,这与我国政府的本质属性密切相关。我国政府作为人民的代表,立党为公,执政为民,一切为了人民根本利益而开展的各项公共管理、社会治理、行政服务等工作,目的是围绕国家复兴,民族富强。包容性旅游减贫中政府的优质服务不仅体现在对全局的正确统筹、益贫的环境营造、政策的科学系统,还关键体现在对企业良好营商环境的打造,以及居民获得发展的权利的保护和游客优质体验的维护等。即从顶层设计到底层执行,我国政府一体化的包容性旅游减贫优质服务体制机制,在实践中逐步展现出了制度的优越性。

(二) 管理启示

一是目标导向,统筹做好共建共治共享规划。首先,包容性旅游减贫的规划是实现减贫的基础,关系到包容性旅游减贫中政府主导地位能否得到充分的体现。其次,政府要进行科学决策,以缩小旅游地贫富差距的目标为导向,发挥政府服务的宏观调控作用,统筹协调企业、居民、游客实现包容性旅游经济共建。再次,政府要引导各方主体在包容性旅游中的负责任行为,加强对旅游业可持续发展过程的监测和预警,保护旅游资源和环境基础,实现包容性旅游的绿色发展,形成多方共同治理的格局。最后,政府要激励企业、居民、游客主动参与,促进包容性旅游减贫的战略公平,实现旅游发展成果四方利益主体共享。

二是分析条件，因地制宜思考资源发展基础。首先，了解旅游目的地的资源现状，政府要通过协调地区资源，加强资源保护，有效发挥旅游地特色资源的优势作用。其次，政府部门要明确地区发展包容性旅游减贫的资源条件和政策条件，依托欠发达地区的旅游资源、人文资源、文化资源等，因地制宜地进行包容性旅游减贫规划，正确把握政府在包容性旅游减贫中的服务力度，有效发挥政府服务的积极作用。最后，根据旅游地相关资源的质量状况，分析旅游地的地域优势、资源优势、文化优势和人文优势，思考旅游地发展的资源基础。

三是组织保障，完善法律法规支撑制度系统。首先，在包容性旅游减贫战略实施中，政府提供组织保障，发挥宏观调控作用，给企业一定的自主空间，给居民、游客等群体更多的话语权，创造和谐的包容性旅游减贫环境，实现减贫效益最大化。其次，政府应加强政策支持、强化顶层设计，制定合理的规则制度，将政策落地实施执行到位，坚持包容性旅游减贫中旅游产业的主导地位，提升包容性旅游减贫的内生能力。最后，通过加强旅游行业管理、明确旅游市场管理主体，规范旅游市场进入、旅游市场交易、旅游市场退出秩序等措施促进旅游目的地包容性旅游减贫的迅速成长。

四是解放思想，宣传教育赢得居民理解支持。首先，受传统思想束缚的居民无法跟上时代快速发展的步伐，制约了地区的旅游经济发展和居民的有效参与程度。其次，解放落后的思想和传统思维习惯，引导居民转变观念、创新价值理念，能够保证包容性旅游减贫政府服务在旅游地的正常开展，也有助于加大文化保护力度、传承民族文化。最后，政府要加强对包容性旅游减贫战略的宣传教育，提高居民对包容性旅游减贫的认知，强化居民的主人翁意识，赢得居民的理解与支持；完善教育培训体系，提升居民的文化水平和思想意识，高效发挥政府服务的人才管理作用。

五是营造氛围，打造旅游发展优质服务环境。首先，政府要科学制定并严格执行包容性旅游减贫政策，打造优良的企业营商环境，引导企业实现良性发展，提高责任意识，促进旅游业与其上下级产业的融合发展，为包容性旅游减贫提供高水平的社会环境。其次，应加强信息化建设，为居民提供良好的就业环境；加强基础设施建设，为居民提供优越的生活环境；促进产业发展，为居民提供优质的发展环境。最后，政府应完善相关旅游保障体系，为游客打造舒适的游客体验环境和健康的旅游消费环境，引导游客形成包容性旅游减贫意识，在包容性旅游减贫过程中主动参与、负责任地进行消费活动。

第二节　包容性旅游减贫中企业参与能力的调查

一、数据资料来源

根据设计的测评指标体系，对包容性旅游减贫企业参与能力的情况进行了问卷调查，调查地点如表5-13所示，调查问卷见本书附录2——《包容性旅游减贫企业参与能力的调查问卷》。2019年7月至11月，本书调查组通过电话、邮寄、邮件、调查人员给涉旅企业职工发放调查问卷等多种方式进行抽样调查，共发放问卷800份，经过数据质量分析以及数据清洗，有效问卷数据记录576份，共涉及42个原始变量，包含基本信息组、服务因素组、企业分类组。其中，包容性旅游减贫企业参与能力的综合评估模型主要选用了服务因素组的数据，包容性旅游减贫企业参与能力的企业分类研究主要选用了基本信息组和企业分类组。

表5-13　包容性旅游减贫中企业参与能力的调查地点汇总

省级地区	市州级地区	县区级地区	镇、村（街道、社区）地名
云南省	红河哈尼族彝族自治州	蒙自市	鸣鹫镇、所坝村、小坝心村、大石板村
			草坝镇、前进村、富民村、马街村
		红河县	甲寅乡、乐育乡、宝华乡
		元阳县	牛角寨镇、小新街乡、逢春岭乡、大坪乡、阿者科村
		建水县	曲江镇
		个旧市	蔓耗镇、乍甸镇
贵州省	黔东南苗族侗族自治州	黎平县	肇兴侗寨、纪堂村、堂安村、厦格村
		从江县	高增乡、占里侗寨
		黄平县	旧州镇、白水寨
		台江县	南宫乡、交下村、交宫村、交密村
		镇远县	蕉溪乡木溪村
		凯里市	下司乡清江村、下司古镇、下司乡德新村、鸭塘乡三江村、舟溪乡大中村
		丹寨县	万达乡

续表

省级地区	市州级地区	县区级地区	镇、村（街道、社区）地名
贵州省	黔南布依族苗族自治州	惠水县	好花红镇好花红村
		平塘县	克度镇
	贵阳市	花溪区	青岩镇、石板镇、孟关乡、马铃乡、高坡乡、黔陶乡谷洒村
		贵安新区	湖潮乡、党武乡、马场镇、车田村
	安顺市	西秀区	旧州镇
	毕节市	百里杜鹃管理区	黄泥乡龙塘村
		大方县	凤山乡银川村、核桃乡木寨社区
		赫章县	兴发乡中营村
		威宁县	海边街道银龙社区、草海镇民族社区
		黔西县	大关镇丘林村
	铜仁市	石阡县	龙井乡晏明村、坪山乡张家湾村
重庆市		南岸区	弹子石街道、弹子石河街、弹子石正街、弹子石新街、涂山镇、石溪路社区、新兴村、莲花村、鸡冠石镇、岩口社区、石门社区、黄桷垭社区
		北碚区	天生街道、天生桥社区、碚峡路社区、龙溪路社区、朝阳街道、大明社区、解放路社区、金刀峡镇、小塘村、田湾村、七星洞村
四川省	成都市	武侯区	武侯祠大街
		都江堰市	青城山、友爱镇梅花村
广西壮族自治区	桂林市	秀峰区	甲山村、唐家、东莲
		象山区	二塘乡泮塘村
福建省	泉州市	丰泽区	清源街道
	厦门市	晋江市	金井镇岩峰村
		集美区	集美中洲岛
		思明区	鼓浪屿岛
河北省	邯郸市	永平县	广府镇

二、综合评估得分

（一）问卷数据信度及效度检验

一是信度检验结果。前文已经阐释过信度检验的基本原理，根据问卷调

查数据得出包容性旅游减贫企业参与能力的问卷数据信度分析结果,如表5-14所示。

表 5-14   包容性旅游减贫中企业参与能力的问卷数据信度分析结果

测评维度	Cronbach α 信度系数	基于标准化项目的 Cronbach α 信度系数	项目个数(个)
可持续盈利	0.752	0.757	3
包容性文化	0.831	0.831	5
益贫式发展	0.771	0.772	4
社区性责任	0.433	0.414	4
内生式推动	0.734	0.738	3

根据问卷数据信度分析结果显示,调研数据在可持续盈利、包容性文化、益贫式发展、内生式推动四个维度的 Cronbach α 信度系数均大于0.7,表明数据一致性良好,可以进行下一步的分析。但社区性责任一项的 Cronbach α 信度系数小于0.7,需要寻找存在的问题与原因,在下文分析中进一步阐释。

二是效度检验结果。前文已经阐释过效度检验的基本原理,根据 KMO 值与 Bartlett 球形检验卡方值,由表5-15的结果可知,调研数据在可持续盈利、包容性文化、益贫式发展、社区性责任、内生式推动五个维度的显著性均小于0.05,可以认为数据通过效度检验,适用于后续分析过程。

表 5-15   包容性旅游减贫中企业参与能力的问卷数据效度分析结果

测评维度	KMO	Bartlett 球形检验卡方值	df	显著性
可持续盈利	0.656	451.170	3	0.00
包容性文化	0.732	1138.881	10	0.00
益贫式发展	0.732	655.045	6	0.00
社区性责任	0.493	529.464	6	0.00
内生式推动	0.598	451.544	3	0.00

(二)包容性旅游减贫企业参与能力的综合评估模型

一是各分值频数分布。通过对基于企业参与能力的包容性旅游减贫量表题目频数分布情况进行分析可知(见表5-16),576份有效问卷中,5个一级指标、19个二级指标对应的1—7分均有样本分布。由于数据通过信度检验和效度检验,该数据集可以用于综合评价模型的构建。

表 5-16　包容性旅游减贫中企业参与能力的量表题目频数分布

一级指标	二级指标	各分数频数（人）						
		1 分	2 分	3 分	4 分	5 分	6 分	7 分
可持续盈利	旅游盈利能力	5	5	40	98	194	166	68
	债务偿还能力	4	6	17	100	217	202	30
	经营现金水平	5	6	28	95	235	162	45
包容性文化	企业家胸怀	4	4	27	99	232	175	35
	人本化管理	1	5	19	66	181	214	90
	合理化分工	2	3	20	60	161	223	107
	低水平内耗	3	5	19	97	192	206	54
	畅通式沟通	4	8	30	109	244	134	47
益贫式发展	生产性岗位设置	7	23	57	155	218	91	25
	贫困户优先支持	9	11	17	55	164	256	64
	益贫式技能培训	10	9	17	116	248	127	49
	均等化内部机会	7	11	50	123	192	146	47
社区性责任	诚信经营	4	7	45	66	176	208	70
	环境友好	162	226	51	49	56	23	9
	慈善行为	9	30	66	146	203	78	44
	公平竞争	254	152	67	58	25	15	5
内生式推动	内部制度规范	8	12	100	164	177	89	26
	明确行动方案	7	15	46	156	219	116	17
	员工集体意识	5	20	72	143	204	101	31

二是综合评价模型构建。本部分选用了客观赋权法中的变异系数法。

①因素评分计算。前文已经阐释了因素评分计算原理，评分汇总结果如表 5-17 所示。

表 5-17　包容性旅游减贫中企业参与能力的因素评分汇总

一级指标	二级指标	均值（分）
可持续盈利	旅游盈利能力	5.15
	债务偿还能力	5.16
	经营现金水平	5.11

续表

一级指标	二级指标	均值（分）
包容性文化	企业家胸怀	5.11
	人本化管理	5.47
	合理化分工	5.56
	低水平内耗	5.26
	畅通式沟通	5.03
益贫式发展	生产性岗位设置	4.61
	贫困户优先支持	5.39
	益贫式技能培训	5.01
	均等化内部机会	4.92
社区性责任	诚信经营	5.27
	环境友好	2.51
	慈善行为	4.59
	公平竞争	2.15
内生式推动	内部制度规范	4.49
	明确行动方案	4.70
	员工集体意识	4.65

②确定权重。前文已经阐释了权重确定的计算原理，权重确定结果汇总如表5-18所示。

表5-18　包容性旅游减贫中企业参与能力的因素权重汇总

一级指标	二级指标	权重（%）	本组排名
可持续盈利	旅游盈利能力	35.99	1
	债务偿还能力	30.78	3
	经营现金水平	33.23	2
包容性文化	企业家胸怀	20.03	2
	人本化管理	19.24	5
	合理化分工	19.27	4
	低水平内耗	19.97	3
	畅通式沟通	21.49	1

续表

一级指标	二级指标	权重（%）	本组排名
益贫式发展	生产性岗位设置	27.01	1
	贫困户优先支持	22.86	4
	益贫式技能培训	23.93	3
	均等化内部机会	26.20	2
社区性责任	诚信经营	12.77	4
	环境友好	34.54	2
	慈善行为	16.04	3
	公平竞争	36.65	1
内生式推动	内部制度规范	35.11	1
	明确行动方案	30.96	3
	员工集体意识	33.93	2

根据各组权重结果可知，可持续盈利因素中旅游盈利能力占比最高，包容性文化中畅通式沟通要素占比最高，益贫式发展中生产性岗位设置影响最大，社区性责任中公平竞争最为重要，而内生式推动中内部制度规范最为重要。

③综合评价得分。根据原始评分均值与各因素权重可以得到五个一级指标的最终评价得分矩阵，如表5-19所示。

表5-19　包容性旅游减贫中企业参与能力的综合评价得分

一级指标	二级指标	均值（1—7分）	权重（%）	加权平均数（分）	综合评价得分（分）
可持续盈利	旅游盈利能力	5.15	35.99	1.86	5.15
	债务偿还能力	5.16	30.78	1.59	
	经营现金水平	5.11	33.23	1.70	
包容性文化	企业家胸怀	5.11	20.03	1.02	5.27
	人本化管理	5.47	19.24	1.05	
	合理化分工	5.56	19.27	1.07	
	低水平内耗	5.26	19.97	1.05	
	畅通式沟通	5.03	21.49	1.08	
益贫式发展	生产性岗位设置	4.61	27.01	1.24	4.96
	贫困户优先支持	5.39	22.86	1.23	
	益贫式技能培训	5.01	23.93	1.20	
	均等化内部机会	4.92	26.20	1.29	

续表

一级指标	二级指标	均值 （1—7分）	权重 （%）	加权平均数 （分）	综合评价得分 （分）
社区性责任	诚信经营	5.27	12.77	0.67	3.07
	环境友好	2.51	34.54	0.87	
	慈善行为	4.59	16.04	0.74	
	公平竞争	2.15	36.65	0.79	
内生式推动	内部制度规范	4.49	35.11	1.58	4.62
	明确行动方案	4.70	30.96	1.46	
	员工集体意识	4.65	33.93	1.58	

从表5-19可以看出，涉旅企业关于包容性旅游减贫企业参与能力的总体评分为4.61分，评分较高。其中，包容性文化成为减贫参与的最高评分指标，说明涉旅企业职工对企业的包容性制度建设较为关注，这也是企业参与减贫事业内生动力结构优化的关键要素。可持续盈利能力评分位居第二，说明企业本质属性还是要以可持续盈利为目标，这也是企业得以生存的根本保证。指标评分相对较低的是社区性责任，说明企业的社会责任在被调查者认识中相对重要程度不高，是企业的一种选择而不是义务。调查者意见一致性无法达成的原因，还有可能是企业对社区的责任体现，更是一种社会性体现，而非聚焦在社区这一更为狭小的概念范围。例如，某企业在做社会公益宣传时候，可能会是广泛性的，并非针对某一个社区做好慈善等工作，这导致社区居民对企业社区性责任的感知不够明显。益贫式发展和内生式推动总体评分结果偏好，说明企业要做好包容性旅游减贫，提升参与减贫事业建设，还是应该从企业内部管理制度入手，制定好的益贫扶贫发展政策，促进企业可持续发展。

三、研究假设验证

（一）验证性探究方法

基于以上研究结果可以发现，企业参与能力的各二级指标对于一级指标的影响程度有差异，为进一步探究各一级指标对于包容性旅游减贫的企业参与能力的影响情况，需要根据问卷数据，对于一级指标的得分进行计算。

以可持续盈利为例，该一级指标下共包含旅游盈利能力、债务偿还能力、经营现金水平三个二级指标。由表5-18可知，三个二级指标对应的权重分别为0.3599、0.3078和0.3323，以此为权重可计算出每一个样本对应的可持续盈利得分，基本计算公式为：

可持续盈利得分 = 旅游盈利能力 × 0.3599 + 债务偿还能力 × 0.3078 + 经营现金水平 × 0.3323

由此可以抽象提取，依据加权平均法得到的各一级指标得分的核算公式为：

$$B_i = \sum_{j=1}^{n} \omega_{ij} x_{ij} \qquad (5-11)$$

其中，$i = 1, 2, \cdots, 5$；$j = 1, 2, \cdots, n$；B_i为各一级指标得分；x_{ij}为各二级指标得分；ω_{ij}为各二级指标的权重。

依次类推，可以分别得到所有样本在可持续盈利、包容性文化、益贫式发展、社区性责任、内生式推动五个维度的得分。接下来，通过对五个维度的得分与包容性旅游减贫的企业参与能力总得分进行相关分析，从而探究得到五个维度对于包容性旅游减贫的企业参与能力的影响情况。根据前文解释的Pearson相关系数定义和取值范围为[-1, 1]，用于衡量两个变量之间的线性相关关系，一般认为相关系数的绝对值越大，两变量之间的线性相关越强。其中，当$0 \leq |r| < 0.3$时，认为两个变量之间具有低度的线性相关关系；当$0.3 \leq |r| < 0.8$时，认为两个变量之间具有中度的线性相关关系；当$0.8 \leq |r| \leq 1$时，认为两个变量之间具有高度的线性相关关系。Pearson相关系数的计算公式为：

$$r = \frac{\sum_{i=1}^{n}(x_i - \bar{x})(y_i - \bar{y})}{\sqrt{\sum_{i=1}^{n}(x_i - \bar{x})^2} \sqrt{\sum_{i=1}^{n}(y_i - \bar{y})^2}} \qquad (5-12)$$

（二）验证结果分析

一是假设H21：可持续盈利对包容性旅游减贫的企业参与能力有正向影响。依据表5-20的相关分析结果可知，可持续盈利与企业参与能力的Pearson相关在0.01的显著性水平上通过了检验，具有一定统计意义，Pearson相关系数值为0.288 > 0，可以认为可持续盈利对包容性旅游减贫的企业参与能力有正向影响。因此，可以有效验证第四章中的模型假设H21的正确性。

表 5-20　可持续盈利与包容性旅游减贫的企业参与能力相关分析结果

指标		企业参与能力	可持续盈利
企业参与能力	Pearson 相关	1	0.288**
	显著性（双尾）		0.000
	N	576	576
可持续盈利	Pearson 相关	0.288**	1
	显著性（双尾）	0.000	
	N	576	576

注：** 代表相关性在 0.01 层面上显著（双尾）。

二是假设 H22：包容性文化对包容性旅游减贫的企业参与能力有正向影响。依据表 5-21 的相关分析结果可知，包容性文化与企业参与能力的 Pearson 相关在 0.01 的显著性水平上通过了检验，具有一定统计意义，Pearson 相关系数值为 0.314 > 0.3，可以认为包容性文化对包容性旅游减贫的企业参与能力有正向影响。因此，可以有效验证第四章中的模型假设 H22 的正确性。

表 5-21　包容性文化与包容性旅游减贫的企业参与能力相关分析结果

指标		企业参与能力	包容性文化
企业参与能力	Pearson 相关	1	0.314**
	显著性（双尾）		0.000
	N	576	576
包容性文化	Pearson 相关	0.314**	1
	显著性（双尾）	0.000	
	N	576	576

注：** 代表相关性在 0.01 层面上显著（双尾）。

三是假设 H23：益贫式发展对包容性旅游减贫的企业参与能力有正向影响。依据表 5-22 的相关分析结果可知，益贫式发展与企业参与能力的 Pearson 相关在 0.01 的显著性水平上通过了检验，具有一定统计意义，Pearson 相关系数值为 0.346 > 0，可以认为益贫式发展对包容性旅游减贫的企业参与能力有正向影响。因此，可以有效验证第四章中的模型假设 H23 的正确性。

四是假设 H24：社区性责任对包容性旅游减贫的企业参与能力有正向影响。依据表 5-23 的相关分析结果可知，社区性责任与企业参与能力的 Pearson 相关在 0.01 的显著性水平上通过了检验，具有一定统计意义，Pearson 相

关系数值为 -0.083 < 0，可以认为社区性责任对包容性旅游减贫的企业参与能力有负向影响，与第四章中的模型假设 H25 不一致，显示出社区性责任与包容性旅游减贫的企业参与能力呈现负相关。

表 5-22 益贫式发展与包容性旅游减贫的企业参与能力相关分析结果

指标		企业参与能力	益贫式发展
企业参与能力	Pearson 相关	1	0.346**
	显著性（双尾）		0.000
	N	576	576
益贫式发展	Pearson 相关	0.346**	1
	显著性（双尾）	0.000	
	N	576	576

注：** 代表相关性在 0.01 层面上显著（双尾）。

表 5-23 社区性责任与包容性旅游减贫的企业参与能力相关分析结果

指标		企业参与能力	社区性责任
企业参与能力	Pearson 相关	1	-0.083*
	显著性（双尾）		0.047
	N	576	576
社区性责任	Pearson 相关	-0.083*	1
	显著性（双尾）	0.047	
	N	576	576

注：** 代表相关性在 0.01 层面上显著（双尾）。

五是假设 H25：内生式推动对包容性旅游减贫的企业参与能力有正向影响。依据表 5-24 的相关分析结果可知，内生式推动与企业参与能力的 Pearson 相关在 0.01 的显著性水平上通过了检验，具有一定统计意义，Pearson 相关系数值为 0.373 > 0.3，可以认为内生式推动对包容性旅游减贫的企业参与能力有正向影响。因此，可以有效验证第四章中的模型假设 H25 的正确性。

表 5-24 内生式推动与包容性旅游减贫的企业参与能力相关分析结果

指标		企业参与能力	内生式推动
企业参与能力	Pearson 相关	1	0.373**
	显著性（双尾）		0.000
	N	576	576

续表

指标		企业参与能力	内生式推动
内生式推动	Pearson 相关	0.373**	1
	显著性（双尾）	0.000	
	N	576	576

注：** 代表相关性在 0.01 层面上显著（双尾）。

综上所述，除社区性责任以外，可持续盈利、包容性文化、益贫式发展、内生式推动都对包容性旅游减贫企业参与能力有正影响。涉旅企业通过加强旅游盈利能力、债务偿还能力、经营现金水平三个可持续盈利能力，打造企业家胸怀、人本化管理、合理化分工、低水平内耗、畅通式沟通的包容性文化，走好生产性岗位设置、贫困户优先支持、益贫式技能培训、均等化内部机会的益贫式发展，做好内部制度规范、明确行动方案、员工集体意识的内生式推动，对提升企业参与包容性旅游减贫的能力有积极的作用。但是，诚信经营、环境友好、慈善行为、公平竞争四个社区性责任与企业参与包容性旅游减贫的能力呈现负相关关系，可能存在调查对象对企业社会责任体现方式的不同理解，或者对企业在社区经营范围活动的认识有不同偏差，导致结果与预设假设不一致，需要进一步通过质性分析来深入思考该问题，及企业社区性责任与企业参与包容性旅游减贫之间的结构关系。

四、结论与启示

（一）研究结论

企业参与包容性旅游减贫的目的在于获得经济价值和社会价值，其参与的方式主要是通过在具有旅游资源禀赋的地区投入资金、创造生产性就业岗位增加当地居民就业机会、改善民生等帮扶措施，修炼企业包容性文化内功，制定相关益贫发展制度与方案，重视社会责任提升企业形象，助力旅游发展成果与当地居民共享，实现自身可持续发展，形成一种企业参与的包容性旅游减贫的发展机制，且受主体因素、客体因素、外部环境和参与策略四个方面的影响。因此，做好企业参与包容性旅游减贫事业，一定程度上可以通过旅游助力减少相对贫困。

（二）管理启示

一是涉旅企业参与包容性旅游减贫的目的在于获得经济价值和社会价值。一方面，企业是以营利为目的的经济主体，无论是对帮扶地区的选择，还是对帮扶策略的设计，企业都是出于营利的考虑，期望获得更高的经济价值。另一方面，企业期望通过参与包容性旅游减贫承担社会责任，获得社会认可，实现社会价值。

二是增强涉旅企业的持续盈利能力。企业持续参与包容性旅游减贫的能力关键在于合理开发旅游目的地资源，抓住市场发展机遇，具体方式可以通过在具有旅游资源禀赋的地区投入资金、发展产业、提高环境、改善民生等帮扶措施，为地区旅游业的发展创造条件，从而为发展包容性旅游减贫奠定基础，实现旅游经济的可持续增长。

三是客观认识存在的阻碍因素，因地制宜寻找、思考解决办法。涉旅企业参与包容性旅游减贫会面临一些阻碍因素，包括企业自身能力不足，缺乏社会责任意识；地区旅游资源匮乏，旅游基础设施差；当地居民发展意识不强，政府部门消极懈怠；社会监督体制不足，缺乏利益保障机制；企业参与方式不当，忽略发展的可持续性等。因此，要实现企业在包容性旅游中的有效参与，必须加强企业对阻碍因素的克服能力，与旅游目的地政府一起，改善地区旅游发展条件，提高当地居民发展意识，助力完善相关政策体系，创新企业参与方式，从而实现包容性旅游减贫的可持续发展。

四是重视涉旅企业参与包容性旅游减贫的机制建设。企业参与包容性旅游减贫的理论机制包括外部动力机制、利益共享机制和可持续发展机制三个部分。首先，国家政策的号召、地方政策的支持和社会组织的引导为企业参与包容性旅游减贫提供了动力。其次，在企业参与包容性旅游减贫中，企业与旅游发展地区是利益共同体。最后，企业的帮扶策略决定了企业能否持续参与包容性旅游减贫，促进旅游目的地旅游经济的可持续发展。

五是充分发挥涉旅企业在包容性旅游减贫中共建共治共享的重要作用。企业参与包容性旅游减贫能够帮助政府解决地区相对贫困问题，缩小地区贫富差距。旅游业是相对贫困地区发展的机遇，包容性旅游更是倡导实现旅游目的地社会公平和可持续发展的一种发展理念。企业相对于政府在减贫工作中能够更好地发挥其经济优势，企业的参与体现了包容性旅游减贫中的"机会均等"与"生产性就业"的旅游增长方式以及"发展成果由人民共享"的理念，对于增强减贫效果的长效性具有重要意义，对实现全面小康后，人民群众参与社会共建共治共享也有重要的现实价值。

第三节　包容性旅游减贫中居民参与能力的调查

一、数据资料来源

根据设计的测评指标体系，对包容性旅游减贫居民参与能力的情况进行了问卷调查，调查地点如表 5-25 所示，调查问卷见本书附录 3——《包容性旅游减贫居民参与能力的调查问卷》。2019 年 7 月至 11 月，本书调查组通过电话、邮寄、邮件、调查人员给旅游目的地社区居民发放调查问卷等多种方式进行抽样调查，共发放问卷 900 份，经过数据质量分析以及数据清洗，有效问卷数据记录 845 份，共涉及 34 个原始变量，包含基本信息组、服务因素组、居民分类组。其中，包容性旅游减贫中居民参与能力的综合评估模型主要选用了服务因素组的数据，包容性旅游减贫的居民分类研究主要选用了基本信息组和居民分类组。

表 5-25　　包容性旅游减贫中居民参与能力的调查地点汇总

省级地区	市州级地区	县区级地区	镇、村（街道、社区）地名
云南省	红河哈尼族彝族自治州	蒙自市	鸣鹫镇、所坝村、小坝心村、大石板村
			草坝镇、前进村、富民村、马街村
		红河县	甲寅乡、乐育乡、宝华乡
		元阳县	牛角寨镇、小新街乡、逢春岭乡、大坪乡、阿者科村
		建水县	曲江镇
		个旧市	蔓耗镇、乍甸镇
贵州省	黔东南苗族侗族自治州	黎平县	肇兴侗寨、纪堂村、堂安村、厦格村
		从江县	高增乡、占里侗寨
		黄平县	旧州镇、白水寨
		台江县	南宫乡、交下村、交宫村、交密村
		镇远县	蕉溪乡木溪村
		凯里市	下司乡清江村、下司古镇、下司乡德新村、鸭塘乡三江村、舟溪乡大中村
		丹寨县	万达乡

续表

省级地区	市州级地区	县区级地区	镇、村（街道、社区）地名
贵州省	黔南布依族苗族自治州	惠水县	好花红镇好花红村
		平塘县	克度镇
	贵阳市	花溪区	青岩镇、石板镇、孟关乡、马铃乡、高坡乡、黔陶乡谷洒村
	贵安新区		湖潮乡、党武乡、马场镇、车田村
	安顺市	西秀区	旧州镇
	毕节市	百里杜鹃管理区	黄泥乡龙塘村
		大方县	凤山乡银川村、核桃乡木寨社区
		赫章县	兴发乡中营村
		威宁县	海边街道银龙社区、草海镇民族社区
		黔西县	大关镇丘林村
	铜仁市	石阡县	龙井乡晏明村、坪山乡张家湾村
重庆市		南岸区	弹子石街道、弹子石河街、弹子石正街、弹子石新街、涂山镇、石溪路社区、新兴村、莲花村、鸡冠石镇、岩口社区、石门社区、黄桷垭社区
重庆市		北碚区	天生街道、天生桥社区、碚峡路社区、龙溪路社区、朝阳街道、大明社区、解放路社区、金刀峡镇、小塘村、田湾村、七星洞村
四川省	成都市	武侯区	武侯祠大街
		都江堰市	青城山、友爱镇梅花村
广西壮族自治区	桂林市	秀峰区	甲山村、唐家、东莲
		象山区	二塘乡泮塘村
福建省	泉州市	丰泽区	清源街道
	厦门市	晋江市	金井镇岩峰村
		集美区	集美中洲岛
		思明区	鼓浪屿岛
河北省	邯郸市	永平县	广府镇

二、综合评估得分

（一）问卷数据信度及效度检验

一是信度检验结果。前文已经阐释过信度检验的基本原理，根据问卷调

查数据得出包容性旅游减贫居民参与能力的问卷数据信度分析结果，如表5-26所示。

表5-26　包容性旅游减贫中居民参与能力的问卷数据信度分析结果

测评维度	Cronbach α 信度系数	基于标准化项目的 Cronbach α 信度系数	项目个数（个）
参与减贫的动机	0.848	0.851	3
参与减贫的机会	0.894	0.897	3
参与减贫的条件	0.902	0.903	3
参与减贫的行为	0.882	0.882	3

根据问卷数据信度分析结果显示，调研数据在参与减贫的动机、参与减贫的机会、参与减贫的条件、参与减贫的行为四个维度的 Cronbach α 信度系数均大于0.8，表明数据一致性良好，可以进行下一步的分析。

二是效度检验结果。前文已经阐释过效度检验的基本原理，选用 KMO 值与 Bartlett 球形检验作为效度的检验工具，根据表5-27的结果可知，调研数据在参与减贫的动机、参与减贫的机会、参与减贫的条件、参与减贫的行为四个维度的显著性均小于0.05，可以认为数据通过效度检验，适用于后续分析过程。

表5-27　包容性旅游减贫中居民参与能力的问卷数据效度分析结果

测评维度	KMO	Bartlett 球形检验卡方值	df	显著性
参与减贫的动机	0.682	1202.855	3	0.00
参与减贫的机会	0.700	1655.084	3	0.00
参与减贫的条件	0.713	1722.916	3	0.00
参与减贫的行为	0.737	1384.471	3	0.00

（二）包容性旅游减贫居民参与能力的综合评估模型

一是各分值频数分布。通过对包容性旅游减贫居民参与能力的量表题目频数分布情况进行分析可知（见表5-28），845份有效问卷中，4个一级指标、12个二级指标对应的1—7分均有样本分布。由于数据通过信度检验和效度检验，该数据集可以用于综合评价模型的构建。

表 5-28　包容性旅游减贫中居民参与能力的量表题目频数分布

一级指标	二级指标	各分数频数（人）						
		1 分	2 分	3 分	4 分	5 分	6 分	7 分
参与减贫的动机	自身发展需求	25	87	147	180	222	116	68
	参与减贫意愿	33	83	106	179	230	171	43
	益贫政策知晓	64	100	127	145	209	154	46
参与减贫的机会	参与决策机会	80	122	177	193	163	72	38
	就业培训机会	50	100	136	186	226	115	32
	公平就业机会	71	88	124	160	201	128	73
参与减贫的条件	知识技能条件	70	157	187	169	159	71	32
	资本资源条件	109	150	116	158	174	111	27
	社会关系条件	113	154	120	134	156	110	58
参与减贫的行为	劳动就业脱贫	73	123	116	148	194	142	49
	自主创业脱贫	146	157	116	144	169	89	24
	公益慈善益贫	112	154	163	128	180	71	37

二是综合评价模型构建。本部分选用了客观赋权法中的变异系数法。

①因素评分计算。前文已经阐释了因素评分计算原理，评分汇总结果如表 5-29 所示。

表 5-29　包容性旅游减贫中居民参与能力的因素评分汇总

一级指标	二级指标	均值（分）
参与减贫的动机	自身发展需求	4.310
	参与减贫意愿	4.391
	益贫政策知晓	4.161
参与减贫的机会	参与决策机会	3.716
	就业培训机会	4.078
	公平就业机会	4.193
参与减贫的条件	知识技能条件	3.628
	资本资源条件	3.685
	社会关系条件	3.743
参与减贫的行为	劳动就业脱贫	4.052
	自主创业脱贫	3.469
	公益慈善益贫	3.557

②确定权重。前文已经阐释了权重确定的计算原理,权重确定结果汇总情况,如表 5-30 所示。

表 5-30　包容性旅游减贫中居民参与能力的因素权重汇总

一级指标	二级指标	权重(%)	本组排名
参与减贫的动机	自身发展需求	32.18	2
	参与减贫意愿	31.34	3
	益贫政策知晓	36.48	1
参与减贫的机会	参与决策机会	35.30	1
	就业培训机会	30.96	3
	公平就业机会	33.74	2
参与减贫的条件	知识技能条件	31.13	3
	资本资源条件	33.59	2
	社会关系条件	35.28	1
参与减贫的行为	劳动就业脱贫	30.13	3
	自主创业脱贫	35.87	1
	公益慈善益贫	33.99	2

根据各组权重结果可知,参与减贫的动机因素中益贫政策知晓占比最高,参与减贫的机会中参与决策机会要素占比最高,参与减贫的条件中社会关系条件影响最大,参与减贫的行为中自主创业脱贫最为重要。

③综合评价得分。根据原始评分均值与各因素权重可以得到五个一级指标的最终评价得分矩阵,如表 5-31 所示。

表 5-31　包容性旅游减贫中居民参与能力的综合评价得分

一级指标	二级指标	均值(1—7分)	权重(%)	加权平均数(分)	综合评价得分(分)
参与减贫的动机	自身发展需求	4.31	32.18	1.39	4.29
	参与减贫意愿	4.39	31.34	1.38	
	益贫政策知晓	4.16	36.48	1.52	
参与减贫的机会	参与决策机会	3.72	35.30	1.31	3.99
	就业培训机会	4.08	30.96	1.26	
	公平就业机会	4.19	33.74	1.42	

续表

一级指标	二级指标	均值（1—7分）	权重（%）	加权平均数（分）	综合评价得分（分）
参与减贫的条件	知识技能条件	3.63	31.13	1.13	3.69
	资本资源条件	3.69	33.59	1.24	
	社会关系条件	3.74	35.28	1.32	
参与减贫的行为	劳动就业脱贫	4.05	30.13	1.22	3.67
	自主创业脱贫	3.47	35.87	1.24	
	公益慈善益贫	3.56	33.99	1.21	

由表 5-31 可以看出，综合得分由高到低分别是参与减贫的动机、参与减贫的机会、参与减贫的条件、参与减贫的行为。这与实际情况符合，参与减贫动机是居民参与包容性旅游减贫"内生式"动力的关键。在该项指标中，自身发展需求加权平均分数最高，说明被调查居民普遍认为自身需求是第一关键的因素。接着，有需求，还要有意愿、机会、条件，最终才能够变成行为，劳动就业、自主创业、公益慈善等，实现自身脱贫或帮助其他人群脱贫等。

三、研究假设验证

（一）验证性探究方法

基于以上研究结果可以发现，各二级指标对于一级指标的影响程度有差异，为进一步探究各一级指标对于包容性旅游减贫居民参与能力的影响情况，需要根据问卷数据，对于一级指标的得分进行计算。

以参与减贫的动机为例，该一级指标下共包含自身发展需求、参与减贫意愿、益贫政策知晓三个二级指标。由表 5-30 可知，三个二级指标对应的权重分别为 0.3218、0.3134、0.3648，以此为权重可计算出每一个样本对应的参与减贫的动机得分，基本计算公式为：

参与减贫的动机得分 = 自身发展需求 × 0.3218 + 参与减贫意愿 × 0.3134 + 益贫政策知晓 × 0.3648

由此可以抽象提取，依据加权平均法得到的各一级指标得分的核算公式为：

$$C_i = \sum_{j=1}^{n} \omega_{ij} x_{ij} \tag{5-13}$$

其中，$i = 1, 2, \cdots, 5$；$j = 1, 2, \cdots, n$；C_i 为各一级指标得分；x_{ij} 为各

二级指标得分；ω_{ij} 为各二级指标的权重。

依次类推，可以分别得到所有样本在参与减贫的动机、参与减贫的机会、参与减贫的条件、参与减贫的行为四个维度的得分。接下来，通过对四个维度的得分与包容性旅游减贫的居民参与能力总得分进行相关分析，从而探究得到四个维度对于包容性旅游减贫的居民参与能力的影响情况。

由于四个维度的得分与包容性旅游减贫的居民参与能力总得分均为数值型变量，因此选择了 Pearson 相关系数进行两两比较。Pearson 相关系数定义为两个变量之间的协方差和标准差的商，取值范围为 [-1, 1]，用于衡量两个变量之间的线性相关关系，一般认为相关系数的绝对值越大，两变量之间的线性相关越强。其中，当 $0 \leq |r| < 0.3$ 时，认为两个变量之间具有低度的线性相关关系；当 $0.3 \leq |r| < 0.8$ 时，认为两个变量之间具有中度的线性相关关系；当 $0.8 \leq |r| \leq 1$ 时，认为两个变量之间具有高度的线性相关关系。Pearson 相关系数的计算公式为：

$$r = \frac{\sum_{i=1}^{n}(x_i - \bar{x})(y_i - \bar{y})}{\sqrt{\sum_{i=1}^{n}(x_i - \bar{x})^2}\sqrt{\sum_{i=1}^{n}(y_i - \bar{y})^2}} \tag{5-14}$$

（二）验证结果分析

一是假设 H31：参与减贫的动机对包容性旅游减贫的居民参与能力有正向影响。依据表 5-32 的相关分析结果可知，参与减贫的动机与居民参与能力的 Pearson 相关在 0.01 的显著性水平上通过了检验，具有一定统计意义，Pearson 相关系数值为 0.336 > 0.3，可以认为参与减贫的动机对包容性旅游减贫的居民参与能力有正向影响。因此，可以有效验证第四章中的模型假设 H31 的正确性。

表 5-32　参与减贫的动机与包容性旅游减贫的居民参与能力相关分析结果

指标		居民参与能力	参与减贫的动机
居民参与能力	Pearson 相关	1	0.336**
	显著性（双尾）		0.000
	N	845	845
参与减贫的动机	Pearson 相关	0.336**	1
	显著性（双尾）	0.000	
	N	845	845

注：** 代表相关性在 0.01 层面上显著（双尾）。

二是假设 H32：参与减贫的机会对包容性旅游减贫的居民参与能力有正向影响。依据表 5-33 的相关分析结果可知，参与减贫的机会与居民参与能力的 Pearson 相关在 0.01 的显著性水平上通过了检验，具有一定统计意义，Pearson 相关系数值为 0.362＞0.3，可以认为参与减贫的机会对包容性旅游减贫的居民参与能力有正向影响。因此，可以有效验证第四章中的模型假设 H32 的正确性。

表 5-33　参与减贫的机会与包容性旅游减贫的居民参与能力相关分析结果

指标		居民参与能力	参与减贫的机会
居民参与能力	Pearson 相关	1	0.362**
	显著性（双尾）		0.000
	N	845	845
参与减贫的机会	Pearson 相关	0.362**	1
	显著性（双尾）	0.000	
	N	845	845

注：** 代表相关性在 0.01 层面上显著（双尾）。

三是假设 H33：参与减贫的条件对包容性旅游减贫的居民参与能力有正向影响。依据表 5-34 的相关分析结果可知，参与减贫的条件与居民参与能力的 Pearson 相关在 0.01 的显著性水平上通过了检验，具有一定统计意义，Pearson 相关系数值为 0.418＞0.3，可以认为参与减贫的条件对包容性旅游减贫的居民参与能力有正向影响。因此，可以有效验证第四章中的模型假设 H33 的正确性。

表 5-34　参与减贫的条件与包容性旅游减贫的居民参与能力相关分析结果

指标		居民参与能力	参与减贫的条件
居民参与能力	Pearson 相关	1	0.418**
	显著性（双尾）		0.000
	N	845	845
参与减贫的条件	Pearson 相关	0.418**	1
	显著性（双尾）	0.000	
	N	845	845

注：** 代表相关性在 0.01 层面上显著（双尾）。

四是假设 H34：参与减贫的行为对包容性旅游减贫的居民参与能力有正

向影响。依据表 5-35 的相关分析结果可知,参与减贫的行为与居民参与能力的 Pearson 相关在 0.01 的显著性水平上通过了检验,具有一定统计意义,Pearson 相关系数值为 0.460>0.3,可以认为参与减贫的行为对包容性旅游减贫的居民参与能力有正向影响。因此,可以有效验证第四章中的模型假设 H34 的正确性。

表 5-35　参与减贫的行为与包容性旅游减贫的居民参与能力相关分析结果

	指标	居民参与能力	参与减贫的行为
居民参与能力	Pearson 相关	1	0.460**
	显著性（双尾）		0.000
	N	845	845
参与减贫的行为	Pearson 相关	0.460**	1
	显著性（双尾）	0.000	
	N	845	845

注：** 代表相关性在 0.01 层面上显著（双尾）。

综上所述,参与减贫的动机、参与减贫的机会、参与减贫的条件、参与减贫的行为与包容性旅游减贫的居民参与能力均呈现正相关影响,研究假设条件成立。要提升居民参与能力,可以从自身发展需求、参与减贫意愿、益贫政策知晓、参与决策机会、就业培训机会、公平就业机会、知识技能条件、资本资源条件、社会关系条件、劳动就业脱贫、自主创业脱贫、公益慈善益贫方面,制定政策鼓励引导居民积极参与,通过"愿意到行动"实现"内生式"脱贫。

四、结论与启示

（一）研究结论

居民在基于自身获得经济价值和相对贫困地区资源条件的吸引下,在社会政策环境的积极影响下,选择参与包容性减贫工作。通过在当地入股参与旅游开发、参与旅游经营、参与旅游服务等实现自身可持续发展,形成一种居民参与的包容性旅游减贫的发展机制,提高了相对贫困地区的经济发展水平和生活水平,从而为相对贫困地区发展包容性旅游奠定了良好的基础。在居民的参与过程中,居民自身具备的旅游"造血"能力和发展需要是参与包容性旅游减贫的动力机制；国家和地方政策的引导以及企业的参与是居民参与包容性旅游减贫的保障机制；实现包容性旅游减贫是居民参与减贫的根本落脚点。

（二）管理启示

一是政府应建立健全居民参与机制。居民参与旅游发展最根本的目的就是获得经济效益。而在参与包容性旅游减贫的过程中，由于参与机制不完善，他们无法参与到旅游发展的过程中，更难以从旅游的发展过程中获益。因此，只有健全居民的参与机制，才能保障居民参与的延续性，使居民更加积极、主动、真正地参与到旅游的发展中。除此之外，在居民参与旅游开发的过程中，存在多方参与主体利益分配不均的情况，例如，大部分利益掌握在旅游地开发商、景观管理部门以及少数居民手中。因此，政府应建立合理的利益分配机制，使通过旅游发展获得的收益公平、公正、公开、合理地分配到参与旅游开发的每个居民手中。

二是重视引导居民参与旅游的开发过程。居民参与旅游开发的前提是具备参与旅游开发的意识以及能力。因此，当地政府在制定一些相关景区规划时要注重景区居民的参与性。例如，通过开办相关的旅游教育培训，提高居民参与旅游开发的意识；开展旅游技能培训，鼓励居民参与旅游开发，包括当地农产品销售、开办农家乐、民宿等方面。因此，积极引导居民参与到旅游开发，使居民在主观意识和外部环境两方面都真正能够参与到旅游的开发过程中，并从中获得经济收益，促进当地经济的发展。

三是居民参与包容性旅游减贫需要企业的参与和政府的扶持。旅游企业的参与能够带动旅游目的地的发展，为当地居民提供相应的就业机会。当地政府结合当地实际，调整旅游发展管理结构，与旅游企业建立合作关系，共同制定旅游政策。在制定旅游政策时，应该让居民参与其中，听取居民的意见和看法，让居民可以真正感受到参与旅游发展带来的经济效益及社会效益。

四是政府加大扶持力度。当地的旅游发展条件是居民参与旅游发展的关键因素，完善旅游目的地相关基础配套设施建设、公共设施、居住环境，使当地居民深切感受到旅游发展带来的好处。积极引导居民参与到旅游目的地的开发建设之中，对于增强减贫效果的可持续性具有重要意义。

五是鼓励居民参与到旅游的共建、共享中。当地居民在政府政策的鼓励下，通过参与旅游经营、提供高质量旅游产品，从中获得利益。另外，在旅游目的地的管理上，当地居民通过参与到旅游景区管理以及环境的保护，使得其自身的主人翁意识得到加强，自我价值得到实现，从而更加积极、主动地参与旅游的发展中，有利于当地旅游的可持续发展，更好地为居民参与包容性旅游减贫注入活力。

第四节　包容性旅游减贫中游客参与能力的调查

一、数据资料来源

根据设计的测评指标体系，对包容性旅游减贫游客参与能力的情况进行了问卷调查，调查地点如表5-36所示，调查问卷见本书附录4——《包容性旅游减贫游客参与能力的调查问卷》。2019年7月至11月，本书调查组通过电话、邮寄、邮件、调查人员给游客放调查问卷等多种方式进行抽样调查，共发放问卷1 000份，经过数据质量分析以及数据清洗，有效问卷数据记录893份，共涉及38个原始变量，包含基本信息组、服务因素组。其中，包容性旅游减贫的综合评估模型主要选用了服务因素组的数据。

表5-36　　包容性旅游减贫中游客参与能力的调查地点汇总

省级地区	市州级地区	县区级地区	镇、村（街道、社区）
云南省	红河哈尼族彝族自治州	蒙自市	鸣鹫镇、所坝村、小坝心村、大石板村
			草坝镇、前进村、富民村、马街村
		红河县	甲寅乡、乐育乡、宝华乡
		元阳县	牛角寨镇、小新街乡、逢春岭乡、大坪乡、阿者科村
		建水县	曲江镇
		个旧市	蔓耗镇、乍甸镇
贵州省	黔东南苗族侗族自治州	黎平县	肇兴侗寨、纪堂村、堂安村、厦格村
		从江县	高增乡、占里侗寨
		黄平县	旧州镇、白水寨
		台江县	南宫乡、交下村、交宫村、交密村
		镇远县	蕉溪乡木溪村
		凯里市	下司乡清江村、下司古镇、下司乡德新村、鸭塘乡三江村、舟溪乡大中村
		丹寨县	万达乡

续表

省级地区	市州级地区	县区级地区	镇、村（街道、社区）
贵州省	黔南布依族苗族自治州	惠水县	好花红镇好花红村
		平塘县	克度镇
	贵阳市	花溪区	青岩镇、石板镇、孟关乡、马铃乡、高坡乡、黔陶乡谷洒村
	贵安新区		湖潮乡、党武乡、马场镇、车田村
	安顺市	西秀区	旧州镇
	毕节市	百里杜鹃管理区	黄泥乡龙塘村
		大方县	凤山乡银川村、核桃乡木寨社区
		赫章县	兴发乡中营村
		威宁县	海边街道银龙社区、草海镇民族社区
		黔西县	大关镇丘林村
	铜仁市	石阡县	龙井乡晏明村、坪山乡张家湾村
重庆市		南岸区	弹子石街道、弹子石河街、弹子石正街、弹子石新街、涂山镇、石溪路社区、新兴村、莲花村、鸡冠石镇、岩口社区、石门社区、黄桷垭社区
重庆市		北碚区	天生街道、天生桥社区、碚峡路社区、龙溪路社区、朝阳街道、大明社区、解放路社区、金刀峡镇、小塘村、田湾村、七星洞村
四川省	成都市	武侯区	武侯祠大街
		都江堰市	青城山、友爱镇梅花村
广西壮族自治区	桂林市	秀峰区	甲山村、唐家、东莲
		象山区	二塘乡泮塘村
福建省	泉州市	丰泽区	清源街道
	厦门市	晋江市	金井镇岩峰村
		集美区	集美中洲岛
		思明区	鼓浪屿岛
河北省	邯郸市	永平县	广府镇

二、综合评估得分

（一）问卷数据信度及效度检验

一是信度检验结果。前文已经阐释过信度检验的基本原理，根据问卷调

查数据得出包容性旅游减贫游客参与能力的问卷数据信度分析结果,如表5-37所示。

表5-37　包容性旅游减贫中游客参与能力的问卷数据信度分析结果

测评维度	Cronbach α 信度系数	基于标准化项目的 Cronbach α 信度系数	项目个数 (个)
游客体验感受	0.885	0.886	8
游客消费能力	0.740	0.741	2
游客参与程度	0.775	0.773	3
负责任旅游	0.813	0.815	4

根据问卷数据信度分析结果显示,调研数据在游客体验感受、负责任旅游两个维度的 Cronbach α 信度系数均大于0.8,表明数据一致性良好,在游客消费能力与游客参与程度两维度的 Cronbach α 信度系数均大于0.7,数据一致性可以接受,因此该数据可以用于下一步的分析。

二是效度检验结果。前文已经阐释过效度检验的基本原理,选用 KMO 值与 Bartlett 球形检验作为效度的检验工具,根据表5-38的结果可知,调研数据在游客体验感受、游客消费能力、游客参与程度和负责任旅游四个维度的 Bartlett 球形检验显著性均小于0.05,可以认为数据通过效度检验,适用于后续分析过程。

表5-38　包容性旅游减贫中游客参与能力的问卷数据效度分析结果

测评维度	KMO	Bartlett 球形检验卡方值	df	显著性
游客体验感受	0.824	3649.259	28	0.00
游客消费能力	0.500	379.456	1	0.00
游客参与程度	0.651	822.830	3	0.00
负责任旅游	0.704	1323.817	6	0.00

(二) 包容性旅游减贫游客参与能力的综合评估模型

一是各分值频数分布。通过对包容性旅游游客参与能力的减贫量表题目频数分布情况进行分析可知,893份有效问卷中,4个一级指标、17个二级指标对应的1—7分均有样本分布,如表5-39所示。由于数据通过信度检验和效度检验,该数据集可以用于综合评价模型的构建。

表5-39　包容性旅游减贫中游客参与能力的量表题目频数分布

一级指标	二级指标	各分数频数（人）						
		1分	2分	3分	4分	5分	6分	7分
游客体验感受	景区建设	10	25	93	160	319	227	59
	服务水平	11	13	53	199	328	251	38
	餐饮文化	14	12	70	164	310	251	72
	住宿条件	14	19	69	180	298	242	71
	交通工具	11	16	76	175	312	218	85
	观光体验	17	25	74	176	307	236	58
	价格公道	18	25	94	185	294	203	74
	娱乐活动	20	27	111	206	296	160	73
游客消费能力	消费意愿	38	114	136	238	208	101	58
	消费水平	87	64	126	161	247	159	49
游客参与程度	参与景区建设献策	34	68	167	227	224	133	40
	参与景区社会公益	27	36	87	173	277	188	105
	参与景区扶贫活动	13	20	33	109	351	304	63
负责任旅游	旅游地社会环境	19	37	111	240	230	204	52
	旅游地生态环境	16	22	76	198	336	157	88
	旅游地文化环境	11	28	82	210	246	223	93
	旅游地法律环境	13	25	126	225	242	141	121

二是综合评价模型构建。本部分选用了客观赋权法中的变异系数法。

①因素评分计算。前文已经阐释了因素评分计算原理，评分汇总结果如表5-40所示。

表5-40　包容性旅游减贫中游客参与能力的因素评分汇总

一级指标	二级指标	均值（分）
游客体验感受	景区建设	4.870
	服务水平	4.932
	餐饮文化	4.999
	住宿条件	4.947
	交通工具	4.965
	观光体验	4.871
	价格公道	4.811
	娱乐活动	4.683

续表

一级指标	二级指标	均值（分）
游客消费能力	消费意愿	4.119
	消费水平	4.221
游客参与程度	参与景区建设献策	4.230
	参与景区社会公益	4.815
	参与景区扶贫活动	5.160
负责任旅游	旅游地社会环境	4.618
	旅游地生态环境	4.835
	旅游地文化环境	4.896
	旅游地法律环境	4.753

②确定权重。前文已经阐释了权重确定的计算原理，权重确定结果汇总情况，如表5-41所示。

表5-41　　包容性旅游减贫游客参与能力的因素权重汇总

一级指标	二级指标	权重（%）	本组排名
游客体验感受	景区建设	12.46	4
	服务水平	11.06	8
	餐饮文化	11.92	7
	住宿条件	12.31	5
	交通工具	12.19	6
	观光体验	12.72	3
	价格公道	13.41	2
	娱乐活动	13.93	1
游客消费能力	消费意愿	48.44	2
	消费水平	51.56	1
游客参与程度	参与景区建设献策	39.31	1
	参与景区社会公益	34.91	2
	参与景区扶贫活动	25.79	3
负责任旅游	旅游地社会环境	26.02	2
	旅游地生态环境	23.56	4
	旅游地文化环境	24.14	3
	旅游地法律环境	26.28	1

根据各组权重结果可知，娱乐活动对于游客体验感受的影响最大，游客消费能力中消费水平因素占比最高，游客参与程度中参与景区建设献策因素最重要，负责任旅游维度中旅游地法律环境因素的占比最高。

③综合评价得分。根据原始评分均值与各因素权重可以得到五个一级指标的最终评价得分矩阵，如表5-42所示。

表5-42　包容性旅游减贫中游客参与能力的综合评价得分

一级指标	二级指标	均值 （1—7分）	权重 （%）	加权平均数 （分）	综合评价得分 （分）
游客体验感受	景区建设	4.87	12.46	0.61	4.90
	服务水平	4.93	11.06	0.55	
	餐饮文化	5.00	11.92	0.60	
	住宿条件	4.95	12.31	0.61	
	交通工具	4.97	12.19	0.61	
	观光体验	4.87	12.72	0.62	
	价格公道	4.81	13.41	0.65	
	娱乐活动	4.68	13.93	0.65	
游客消费能力	消费意愿	4.12	48.44	2.00	4.18
	消费水平	4.22	51.56	2.18	
游客参与程度	参与景区建设献策	4.23	39.31	1.66	4.67
	参与景区社会公益	4.82	34.91	1.68	
	参与景区扶贫活动	5.16	25.79	1.33	
负责任旅游	旅游地社会环境	4.62	26.02	1.20	4.77
	旅游地生态环境	4.84	23.56	1.14	
	旅游地文化环境	4.90	24.14	1.18	
	旅游地法律环境	4.75	26.28	1.25	

由表5-42可以看出，综合评分由高到低分别是游客体验感受、负责任旅游、游客参与程度、游客消费能力。游客体验感受是决定游客是否愿意参与旅游目的地建设、体现负责任行动和激发消费动机的关键。

三、研究假设验证

（一）验证性探究方法

基于以上研究结果可以发现，各二级指标对于一级指标的影响程度有差异,为进一步探究各一级指标对于包容性旅游减贫游客参与能力的影响情况,需要根据问卷数据,对于一级指标的得分进行计算。

以游客体验感受为例,该一级指标下共包含景区建设、服务水平、餐饮文化、住宿条件、交通工具、观光体验、价格公道、娱乐活动八个二级指标。由表5-42可知,八个二级指标对应的权重分别为0.1246、0.1106、0.1192、0.1231、0.1219、0.1272、0.1341、0.1393,以此为权重可计算出每一个样本对应的参与减贫的动机得分,基本计算公式为:

游客体验感受得分 = 景区建设×0.1246 + 服务水平×0.1106 + 餐饮文化×0.1192 + 住宿条件×0.1231 + 交通工具×0.1219 + 观光体验×0.1272 + 价格公道×0.1341 + 娱乐活动×0.1393

由此可以抽象提取,依据加权平均法得到的各一级指标得分的核算公式为:

$$D_i = \sum_{j=1}^{n} \omega_{ij} x_{ij} \qquad (5-15)$$

其中,$i = 1, 2, \cdots, 5$;$j = 1, 2, \cdots, n$;D_i 为各一级指标得分;x_{ij} 为各二级指标得分;ω_{ij} 为各二级指标的权重。

依次类推,可以分别得到所有样本在游客体验感受、游客消费能力、游客参与程度、负责任旅游四个维度的得分。接下来,通过对四个维度的得分与包容性旅游减贫的游客参与能力总得分进行相关分析,从而探究得到四个维度对于包容性旅游减贫的游客参与能力的影响情况。

由于四个维度的得分与包容性旅游减贫的游客参与能力总得分均为数值型变量,因此选择了Pearson相关系数进行两两比较。Pearson相关系数定义为两个变量之间的协方差和标准差的商,取值范围为[-1, 1],用于衡量两个变量之间的线性相关关系,一般认为相关系数的绝对值越大,两变量之间的线性相关越强。其中,当$0 \leq |r| < 0.3$时,认为两个变量之间具有低度的线性相关关系;当$0.3 \leq |r| < 0.8$时,认为两个变量之间具有中度的线性相关关系;当$0.8 \leq |r| \leq 1$时,认为两个变量之间具有高度的线性相关关系。Pearson相关系数的计算公式为:

$$r = \frac{\sum_{i=1}^{n}(x_i - \bar{x})(y_i - \bar{y})}{\sqrt{\sum_{i=1}^{n}(x_i - \bar{x})^2} \sqrt{\sum_{i=1}^{n}(y_i - \bar{y})^2}} \qquad (5-16)$$

（二）验证结果分析

一是假设 H41：游客体验感受对包容性旅游减贫的游客参与能力有正向影响。依据表 5-43 的相关分析结果可知，游客体验感受与游客参与能力的 Pearson 相关在 0.01 的显著性水平上通过了检验，具有一定统计意义，Pearson 相关系数值为 0.227>0，可以认为游客体验感受对包容性旅游减贫的游客参与能力有正向影响。因此，可以有效验证第四章中的模型假设 H41 的正确性。

表 5-43　游客体验感受与包容性旅游减贫的游客参与能力相关分析结果

指标		游客参与能力	游客体验感受
游客参与能力	Pearson 相关	1	0.227**
	显著性（双尾）		0.000
	N	893	893
游客体验感受	Pearson 相关	0.227**	1
	显著性（双尾）	0.000	
	N	893	893

注：** 代表相关性在 0.01 层面上显著（双尾）。

二是假设 H42：游客消费能力对包容性旅游减贫的游客参与能力有正向影响。依据表 5-44 的相关分析结果可知，游客消费能力与游客参与能力的 Pearson 相关在 0.01 的显著性水平上通过了检验，具有一定统计意义，Pearson 相关系数值为 0.149>0，可以认为游客消费能力对包容性旅游减贫的游客参与能力有正向影响。因此，可以有效验证第四章中的模型假设 H42 的正确性。

表 5-44　游客消费能力与包容性旅游减贫的游客参与能力相关分析结果

指标		游客参与能力	游客消费能力
游客参与能力	Pearson 相关	1	0.149**
	显著性（双尾）		0.000
	N	893	893
游客消费能力	Pearson 相关	0.149**	1
	显著性（双尾）	0.000	
	N	893	893

注：** 代表相关性在 0.01 层面上显著（双尾）。

三是假设 H43：游客参与程度对包容性旅游减贫的游客参与能力有正向影响。依据表 5-45 的相关分析结果可知，游客参与程度与游客参与能力的

Pearson 相关在 0.01 的显著性水平上通过了检验，具有一定统计意义，Pearson 相关系数值为 0.177 > 0，可以认为游客参与程度对包容性旅游减贫的游客参与能力有正向影响。因此，可以有效验证第四章中的模型假设 H43 的正确性。

表 5-45　游客参与程度与包容性旅游减贫的游客参与能力相关分析结果

指标		游客参与能力	游客参与程度
游客参与能力	Pearson 相关	1	0.177**
	显著性（双尾）		0.000
	N	893	893
游客参与程度	Pearson 相关	0.177**	1
	显著性（双尾）	0.000	
	N	893	893

注：**代表相关性在 0.01 层面上显著（双尾）。

四是假设 H44：负责任旅游对包容性旅游减贫的游客参与能力有正向影响。依据表 5-46 的相关分析结果可知，负责任旅游与游客参与能力的 Pearson 相关在 0.01 的显著性水平上通过了检验，具有一定统计意义，Pearson 相关系数值为 0.217 > 0，可以认为负责任旅游对包容性旅游减贫的游客参与能力有正向影响。因此，可以有效验证第四章中的模型假设 H44 的正确性。

表 5-46　负责任旅游与包容性旅游减贫的游客参与能力相关分析结果

指标		游客参与能力	负责任旅游
游客参与能力	Pearson 相关	1	0.217**
	显著性（双尾）		0.000
	N	893	893
负责任旅游	Pearson 相关	0.217**	1
	显著性（双尾）	0.000	
	N	893	893

注：**代表相关性在 0.01 层面上显著（双尾）。

综上所述，游客体验感受、游客消费能力、游客参与程度、负责任旅游对于游客参与包容性旅游减贫过程均有着正向的影响。要做好游客参与包容性旅游减贫，可以根据指标体系的启示，从景区建设、服务水平、餐饮文化、住宿条件、交通工具、观光体验、价格公道、娱乐活动、消费意愿、消费水平、参与景区建设献策、参与景区社会公益、参与景区扶贫活动、旅游地社会环境、旅游地生态环境、旅游地文化环境、旅游地法律环境方面，做好旅游优质服务，统筹创新激励游客的政策体系，把重点放在打造游客旅游的体验和环境建设上，为进一步刺激游客消费，提升旅游目的地经济活力夯实基础。

四、结论与启示

（一）研究结论

游客对旅游服务需求是多样化的，游客自身也呈现出多元化的体验感受。激发旅游消费的关键要素是旅游服务水平，其决定着游客是否积极参与旅游目的地减贫事业。游客的体验阶段是游客进行消费的主要时期，这个阶段游客直接进行食、住、行、游、购、娱消费的过程。通过游客参与层次模型阐释发现，即浅层参与、中层参与、深层参与，游客中层参与过程中是通过六个因素提高游客的精神体验来促进游客消费。游客参与包容性旅游减贫最关键的影响因素是游客的体验与感知，即游客在居住过程中对生活质量的感知以及各种精神上的体验。这个因素影响着游客深层次的感知，并非只是物质上的满意而是精神上的享受。

（二）管理启示

一是政府加大扶持力度。周边条件是游客选择参与的关键因素，政府应重视周边条件的建设。通过分析发现游客对空气质量等环境因素的关注较多，政府要加大对环境的保护力度。除此之外，政府应该通过相关政策对旅游吸引物周边设施进行完善，如交通设施、医疗卫生设施、公共厕所、公共休闲区等。

二是提升涉旅经营主体的优质服务能力。以农家乐为例，农家乐的优质服务供给能力直接影响了游客居住的舒适感体验，以及游客对农家乐深层次的精神体验。游客参与不仅是简单的了解过程和体验过程，还有更深层次的感知过程。这就意味着农家乐的发展不仅需要在精神层面上使游客满足，也需要在心理层面上使游客具有"宾至如归"的感知。这样才能使得游客积极参与到农家乐中，实现通过农家乐进行包容性减贫的目标。因此，涉旅经营主体要善于反思自己的不足，依照游客的反馈进行完善，在优质服务上苦下功夫。

三是重视关注游客参与旅游体验的系统过程，助力游客体验的精准服务。基于扎根理论分析游客参与农家乐消费的过程模型图，发现了浅层参与、中层参与、深层参与三种游客参与方式。这三种参与方式不是物理上的区分，而是逻辑上的划分，随着游客参与的过程不断向更深层次推进，游客的参与阶段不同，参与方式也不同。因此，要深刻理解游客在这三个过程中的消费动机与行为，做好对游客精准服务的策划，提升游客在旅游目的地的消费能力。

四是游客参与包容性旅游减贫需要旅游目的地景区与政府的扶持。在游客的体验过程中，不仅要提升物质服务能力，同时还要满足游客精神方面的需要，要发挥当地特色的优势，使游客体验到当地的风土人情。积极引导游客参与到旅游目的地建设发展之中，献言献策，激发游客的主人翁意识和社会责任感，保障游客智慧供给的利益。

五是重视引导游客在行为上参与旅游目的地的共建共享。首先，游客参与不仅可以促进农家乐经营的发展，还带动了当地景区的客流，从而拉动了当地的经济，达到减少相对贫困的目的。其次，游客参与提高了对当地基础设施的要求，当地政府根据游客的需求并结合当地居民的需求对本地进行旅游开发，从而提高当地的经济效益。再次，游客参与使得当地的文旅互融发展迅速，当地的文化融于各种旅游项目中，使得当地文化得到传承。最后，游客通过各种有益于旅游目的地的活动参与，营造繁荣的社会与经济氛围，助力旅游目的地更好地建设人居环境，提升整体生活质量和水平。

第六章 国外包容性旅游减贫的典型案例分析

第一节 政府服务能力：日本包容性旅游减贫的实践与启示

一、日本旅游减贫的发展现状

（一）日本旅游发展历程

目前，日本在"观光立国"战略支持下，旅游业已成为推动其经济发展的重要贡献力量，随着旅游业发展的波及效应逐渐扩大，在推动区域经济发展方面具有不可替代的作用，日本政府也更加深刻地意识到"观光立国"战略的重要性。日本旅游产业发展的起步阶段，为增加外汇储备，明治维新至1963年前的很长一段时期，面对国内经济形势极其严峻的现状，日本政府制定了《旅游业法》《娱乐场所法》《国际旅游振兴会法》《国际观光饭店整备法》《旅行中介业法》等多项法律法规来促进日本的入境旅游发展。入境旅游人数从1950年2万人次提高到1955年的10万人次，1960年超过了20万人次，10年间增长10倍。

从1970年大阪世界博览会举办开始，为平衡贸易收支，日本国民出境旅游的积极性备受鼓舞。1971年，日本出境旅游人数首次超过入境旅游人数。20世纪80年代日本经济出现泡沫，日元大幅度增值，刺激了日本国民的消费，海外旅游市场规模逐渐扩大，也使得日本的"海外旅游倍增计划"目标提前两年实现。随着国际旅游发展的不平衡，日本开始重视入境游及国内游的发展，由于"海外旅游倍增计划"的推行加上日本经济泡沫危机，导致出境游和入境游之间发展严重失衡,直到 2003 年日本政府提出"观光立国"战略,入境游进入快速发展阶段。

2003 年,日本政府为了扭转经济疲软,大力倡导发展旅游业,同年 4 月,由国土交通省主导的外国入境旅游促进活动"访日活动"(Visit Japan Campaign)开始实施。而后,在 7 月举行的日本内阁旅游关系会议第二次会议上,政府制定出台了"观光立国"战略,提出到 2010 年要接待外国游客 1 000 万人次的战略目标,从此拉开了大力发展旅游业振兴日本经济的序幕。"观光立国"的战略目标扭转了日本持续的出境旅游模式,开始转向入境旅游及国内观光旅游,并使旅游产业发展成为日本新的出口产业,在促进增加外汇储备收入的同时,也大大拉动了国民经济的全面发展。随着旅游业发展的深入,入境旅游得以迅速发展,带动日本经济发展的同时,改善日本的国际形象,加强了城乡之间的交流,增强城乡的社会联系和国民发展信心,为经济提供了动力,降低了贫困的发生。日本政府于 2017 年制订出台了第三个"旅游观光产业推进基本计划",设定了旅游战略新目标,到 2020 年,入境外国游客量突破 4 000 万人次/年、在日消费额超过 8 万亿日元①。

近年来,日本政府不断加大对外宣传力度以树立良好的国家形象。日本相关部门不仅通过组织举办各种展览会、制作旅游宣传片等方式向海外推介本国旅游业,观光厅更是专门将一些著名旅游城市作为"全球会议战略都市"(如东京、京都、大阪等),并根据外国游客的消费特点,派遣专业人士到国外交流、推行城市间合作,争取更多国际会议的举办权。2017 年,日本提出了"活跃地方机场政策",将国内的 15 座机场作为主要接待外国游客的枢纽站,并下调了国际航线价格;在海运方面,日本政府制定了要在 2020 年实现通过乘船入境旅客数突破 500 万人次的新目标,并在现有基础设施上采取了设立海上旅行据点的措施,不断完善海路旅游接待环境。除此之外,日本政府还针对外国游客实行宽松的签证政策,据统计 2017 年度日本对中国游客发放签证超过了 450 万人次,占对所有国家签证数量的 77%。在一系列旅游发展促进措施的影响下,日本旅游业进入快速发展期,2015 年日本国际旅游收支变为顺差,访日外国入境游客数再次超过出国旅游人数,2016 年访日外国游客约 2 404 万人次,2017 年访日外国游客人数有 2 869 万人次,2018 年访日

---

① [日]国土交通省观光厅. 观光白皮书(平成 30 年版)[R]. 东京:昭和信息过程出版社,2018:10-20.

外国人数有 3 119.19 万人次，与上年同比增长 8.7%，2019 年访日外国人数达到 3 188.21 万人次，与上年同比增长 2.2%。

（二）日本贫困发展现状

日本是一个典型山多地少的岛国。自第二次世界大战后，日本经济严重受创，其依托自身的条件，加速现代化和工业化进程，经济得以迅速恢复并成为世界第三大经济体。在 20 世纪 90 年代后期，日本经济泡沫拉大了区域贫富差距，伴随经济进入滞胀阶段，贫富分化扩大，出现新阶段的贫困现象，为此日本政府积极修订保障措施，贫困状况得到一定缓解，但贫困问题仍然十分严峻。进入 21 世纪后，日本贫富差距的日益扩大已演变为社会广泛关注的焦点问题。2007 年日本仍有 2 000 万人处于贫困中，约 6 个人中就有 1 个贫困人口，相对贫困率约为 16.67%。日本贫富差距的扩大不仅使部分国民的衣食住行和医疗等基本生存条件受到威胁，更是给非正式雇佣者、低收入者、贫困者家庭带来了生存风险，呈现出贫困代际传递的特征。据日本《日本 SPA》周刊 2014 年刊文指出："日本 GDP 排名 OECD 中第三，日本相对贫困率达到 16.1%，单亲家庭贫困率高达 54.6%，为世界第一；2015 年日本贫困率为 15.6%，同 OECD 其他 33 个国家相比，紧随土耳其、美国、墨西哥三国之后，排第四位。"

日本传统社会固有的家庭模式导致日本女性参与社会发展机会小，以至男女性别收入差距依然较大。日本政府于 2006 年修改《男女雇佣机会均等法》以法律形式促进男女雇佣与待遇均等的实现，同时国家支持企业采取积极措施提供均等就业机会，消除性别再就业选择障碍和收入差距，促进男女雇佣均等政策实施。2006 年日本女性就业人数为 2 654 万人，到 2015 年增加到 2 754 万人，女性就业率从 2006 年的 46.6% 上升至 2015 年的 48.0%，提升了 1.2 个百分点，女性完全失业率由 2006 年的 3.9% 下降至 2015 年的 3.1%，下降了 0.8 个百分点。并且，根据年龄段划分标准，女性劳动力中 55 岁以上的中老年女性就业形势有明显好转，失业率从 2009 年的 3.4% 下降至 2015 年的 2.3%，老年女性中相对贫困者较多，就业形势好转有利于增加收入，促进其摆脱贫困。通过促进男女雇佣均等相关政策实施，提升了女性的经济地位。

根据日本贫困现状的调查研究，有的学者认为，日本青年阶层的低收入及贫困问题越来越明显，原因是青年阶层出现了失业与正规雇佣转向非正规雇佣关系的现象，极大地加重了年轻人的贫困化，处于不稳定雇佣状态下的青年就业收入和待遇存在较大差异①。丁英顺（2017）认为日本老年贫困的主要原因是家庭规模缩小，代际关系转移；老年人疾病多发，医疗护理费用负担增加等，并提出日本政府应积极完善相关保障制度，鼓励老年人就业和再就业，提高非正式员工待遇②。平立群认为日本雇佣制度从终身雇佣制向多元化雇佣方式转变，导致失去正式雇佣机会的劳动者，尤其是青年的贫困愈加严重，进而导致青年人承担的制度转型成本加重，以及青年群体内部阶层差距的扩大③。

日本贫困现状有三个特征：第一，相对贫困人口占比较高，单身妇女贫困率较高。20 世纪 90 年后，越来越多的统计数据表明女性的贫困风险不断增加，单亲母子家庭及单身女性的生活非常困难，单亲母子家庭相对贫困率上升，使得贫困代际相传现象愈加明显，贫困家庭子女接受较好教育的机会很少，年轻人群的相对贫困率不断攀升。第二，自然与历史因素影响大，农村贫困现象表现突出。日本山地、丘陵占比大，农村区域的贫困现状较为严重，经济发展受到自然环境和历史环境的影响较大。一方面，日本国土面积狭小，山地和丘陵占据国土面积的大部分，丘陵地带和山地区域自然资源匮乏，不利于农业及工业生产，交通建设成本高昂，农业发展受到极大的阻碍，经济发展落后致使当地居民生活水平低和贫困率高。另一方面，第二次世界大战后日本经济受创，城市人口大量减少，农村人口大规模向城市迁移，全国农户数量锐减，农村地区人口稀少，导致耕地荒废现象激增。1955—1971 年农业人口从 1 600 万人减少到 760 万人，农业就业人口占比从 40% 下降到 13.9%；1985—1999 年农业就业人口占比从 8.3% 下降到 5.29%④；2000—2010 年农业就业人口占比从 5.2% 下降到 4.19%；2011—2018 年农业就业人口占比从 3.98% 下降到 3.43%。第三，国民收入差距扩大，贫富两极分化明显。自日本进行经济民主化改革，逐步完善分配制度，国民收入差距较小。20 世纪中后期的金融危机导致日本经济再次陷入发展困境，从 1960 年起失业率持续走高，失业问题极其严重，正式雇佣职务大幅减少，非正式雇佣者的数量不断增加，同时存在非正式雇佣者工资低和缺乏社会福利保障等问题，

---

① 张元. 日本青年贫困化之原因探析 [J]. 青年探索，2016 (02)：109 – 112.
② 丁英顺. 日本老年贫困现状及应对措施 [J]. 日本问题研究，2017，31 (04)：69 – 80.
③ 平力群. 日本雇佣制转型导致青年贫困 [N]. 中国社会科学报，2015 – 10 – 26 (006).
④ 春梅，凌强. 日本发展可持续旅游的政策措施及其启示 [J]. 大连大学学报，2014，35 (02)：111 – 115.

使得日本国民收入差距进一步扩大，贫困问题愈发突出①。

（三）日本旅游减贫发展现状

日本的旅游产业对经济发展贡献大，对国内消费和就业拉动效果明显，产业发展空间潜力大，基础设施和旅游服务设施发展快速。随着日本贫富差距的逐渐拉大，财富不均衡状况加剧，社会矛盾日益深刻，贫农离村实现再就业现象突出，即使超过了熟人社会圈范围的村落，也能接纳毫无身份担保的"帐外人"及其子女落户，体现了日本村落的"包容力"②。多年来，日本能依托自身条件，立足贫困地区资源优势发展农村社区农业观光旅游业，提高社区村民参与发展以提高经济收入、解决就业、社会保障等，同时制定农业、就业、社会保障及贫困地区开发等多元化的减贫措施，出台一系列政策措施改善全国贫困现状，有效减少了贫困人口，缓解了绝对贫困现状。

随着全球化和工业化的推进，新贫困问题和移民问题等复杂且无法处理的问题归结为"社会排斥"，并使用"社会包容"理念来应对这一系列问题，继而社会包容成为最新的贫困对策，随着家庭和社区的包容功能的下降，NPO（非营利组织）法人将成为贫困人民包容性发展的中坚力量。日本政府的扶贫政策和民间组织的发展成为日本社区发展的重要利益载体和有效的沟通渠道，在社区医疗卫生、社区管理、减少失业等方面具有积极的作用，特别是通过对生活保障制度的现状和问题的分析，体现了NPO参与扶贫的内在逻辑③。从日本全国旅游开发的情况来看，各地的经济状况和资源的不同及旅游发展思路的差异，如仙台市、冈山市和福冈市等注重旅游相关设施的建设，札幌市、水户市和名古屋市等注重高档的艺术文化设施建设，大阪市和新潟市等则侧重兴建水族馆等城市型文化旅游设施的建设，而小城市及偏远的城市则是通过现有的旅游资源或发掘有发展潜力的其他类型的资源来发展旅游。

部分城市利用已废弃的矿山遗址（迹）增建旅游基础设施和配套设施，由矿山企业与当地政府、町（镇）、村共同进程维护和管理，如秋田市鹿角市的尾去泽矿山主题公园和爱媛县新居滨市的别子铜山主题公园。部分地区利用优越的地理位置和所拥有的水体资源发展旅游业，如钏路市建立的"海鲜馆"、函馆市兴建"港湾地区"等。一些比较偏远的地区尤其是经济落后的山

---

① 王志章，郝蕾. 日本反贫困的实践及其启示 [J]. 世界农业，2019 (06)：78-84.

② 冯川. 如何理解贫困：日本贫困研究视野下的省思 [J]. 中国农业大学学报（社会科学版），2019，36 (06)：85-95.

③ 余利. 从社会包容视角考察NPO在日本贫困支援中的作用 [D]. 北京外国语大学，2018.

区力图利用现有资源和通过挖掘新的旅游资源来发展旅游事业,通过旅游业的发展振兴当地经济,从而减缓人口外流现状或吸引外地人的进驻,如民俗博物馆、大型滑雪场等体育运动与休闲设施、观光果园、市民农园、儿童或老年人体验农园、休闲牧业、休闲渔业、访问家庭、家庭逗留等多类型旅游产品。此外,青森县金木镇充分利用本地的地理优势开发"地吹雪旅游"特色旅游产品,通过挖掘和复兴民间传统艺能,推动当地旅游经济的发展,增加当地百姓收入。

日本各地政府在振兴地方经济和旅游事业方面,采取由日本旅游事业振兴会牵头,联合日本贸易促进会和外务省等开展宣传活动、共同举办旅游联合展销会、开发新旅游产品和魅力商品,有力地促进了各地旅游事业和经济的发展。尤其是休学旅游在日本农村旅游发展中具有重大的推动作用,日本政府开始实施资助农村家庭负担较大的学生休学旅游费用,1962 年补助对象约 36.3 万人,小学生 750 日元/人,中学生 1 900 日元/人;1970 年小学补助人员达到 13.19 万人,补助标准为 1 800 日元/人,中学生达到 12.99 万人,补助标准为 5 800 日元/人;到 1974 年补贴进一步提高,小学生补助标准为 3 400 日元/人,中学生补助标准为 10 100 日元/人[①]。日本地方旅游发展主要通过绿色旅游调动农村内部村民参与社区发展的积极性和主动性,促进城市与社区交流构建富有特色的绿色旅游,加上 20 世纪 80 年代日本经济水平的提高带动日本社会劳动的意识觉醒,绿色旅游与农业政策、地域开发政策、城市居民的休闲旅游相互联系,为乡村和城市的交流与互动奠定了基础,通过与城市居民的不断沟通让城市居民享受或学习地域性的乡村文化、乡村生活及农业生产。

二、日本政府服务包容性旅游减贫的实践路径

(一) 推行三方共同参与和管理的联合制度

推行政府、协会、民间组织共同参与和管理的联合体制度,加快旅游发展促进贫困发展。日本农村反贫困过程主要是通过发展旅游产业促进农村社区发展,解决日本农村的农业、就业、社会保障和扶贫开发等问题,通过推行政府、协会、民间组织共同参与和管理的联合体制度,加快农村地区旅游

---

① 陈友华. 日本农村旅游开发及其对我国旅游扶贫开发的启示 [J]. 农村经济与科技,2013,24 (08): 105 – 107 + 110.

发展促进贫困发展。日本长野县的乡村旅游开发在推动社区脱贫中较具有代表性，总结其具有以下四种模式：

第一种，"菅平模式"。当地农村社区村民无偿将山林送给长野县政府，县政府通过"招商引资"，让企业开辟山林兴建别墅进行出售。企业将出售别墅所得收入扣除造价后的所得净利润，与县政府及当地政府平分；县政府则在以后发展中根据当地发展需要，通过兴修道路和旅游设施等方式逐步"返利"。至于别墅以及被"返还"的旅游设施，则以当地人为主，对旅游设施进行经营、管理和运营。

第二种，"麻绩模式"。与"菅平模式"不同之处是当地农村社区村民并非无偿地将土地提供给长野县政府，其选择仅向政府提供土地的使用权。政府同样通过"招商引资"，让企业开辟土地兴建别墅进行出售，企业将所得收入扣除造价后的所得利润，采取了与"菅平模式"相同的分配方式。

第三种，"浪合村模式"。其特点是县当局政府不直接参与开发，而是让全村村民成为开发事业的股东，即成立开发公司，采用直接经营和出租用地的方式进行别墅开发，再用所得收入作为基础，与民间企业合作，共同出资兴建高尔夫球场等休闲设施。

第四种，"黑姬模式"。这种方式以某单位或部门为主导，各相关单位进行分工负责、共同完成。例如，林业厅负责对外开放国有林，交通公社负责开发宣传工作，接待与客运工作则由日本交通公社和"国铁"共同承担。此外，"开发主体多元化模式"和"所有权与经营权分离模式"也是比较有特色的两种开发模式，其中"开发主体多元化模式"的特点是政府与民营企业共同出资、双方进行分工合作、相互协调，日本大多数主题公园和度假区都是由"开发主体多元化模式"来进行开发和建设的。

（二）政策支持产业转型推动乡村旅游发展

采取立法实施政策倾斜、支持产业转型，推动农村地区旅游开发和农村经济发展。日本政府为推动农村"过疏"地区的人口流失严重、山区经济滞后的发展现状，当地政府根据实际情况出台了一系列政策和法律法规，如《离岛振兴法》（1953年）、《山村振兴法》（1965年）、《大雪地带振兴法》（1963年）和《过疏地区对策紧急措施法》（1970年），同时在1995年为推动农村地区旅游发展，制定了《农山渔村宿型休闲活动促进法》。地方政府采取政策倾斜，开始对提供农、林、渔业体验的地区和民房住宿体验的民间旅游实行登记制度，力求以农家民宿为中心加以组合运营，吸引更多的游客带动地区经济振兴,推动农村地区旅游开发和农村经济发展。

自 20 世纪 60 年代后期起,随着日本经济的发展,日本沿岸渔业出现衰退现象,部分地区如千叶县、神奈川县、静冈县和兵库县开始重视发展本地休闲渔业,通过招商进行大量投资,政府提供财政补助,支持当地渔民成立组织(如"高知市观光渔业中心""神户西部渔协须磨垂钓中心"),支持开展渔业体验式旅游。1992 年为振兴农村山区经济和农林水产开始倡导"绿色旅游",1995 年颁布《绿色旅游法》,在政府部门的积极引导下,各地开始利用现有农业资源,发展农业旅游和开发新型旅游产品。2003 年 11 月,日本召开"生态旅游促进会议",普及"生态旅游"宗旨,2004 年 6 月,通过官民合作方式开展生态旅游,随着大众热爱自然、保护环境的意识不断提高,市场需求的多样化,部分地区开始探索农林牧渔等资源,寻找观光农业、观光牧业和休闲渔业等旅游开发的价值,建立现代观光农业园区、市民农业,有力地推动了当地的经济发展。

(三)修订国家相关法律扩大旅游客源市场

日本政府为缩减国民劳动时间和推动旅游的发展,先后于 1988 年、1991 年两次修改《劳动基准法》,1998 年修改了《国民节假法》,2011 年部分修改并颁发《国民节假日法》与《老年人福利法》,对国民的休假时间进行调整,同时调整和缩减国家公务员工作和学校师生在校教学与学习时间,形成便于短途旅游的"二连休""三连休"方式,致使外出旅游的人数激增。同时,农村旅游地区积极创造客源市场,日本实施的"修学旅游"客观上推动了地区旅游事业的发展,日本政府鼓励和支持地方政府和旅游经济、旅游企业兴建无障碍设施的举措,有助于老年人和残疾人的外出旅游,也推动了"无障碍旅游"市场的发展[①]。2018 年版日本《旅游白皮书》数据显示,2017 年日本关东地区、近畿地区和中部地区中住宿(过夜)游客人数占全国游客人次的 54.1%,外国游客住宿中关东地区和近畿地区的占全国海外游客总住宿人次的 60.3%。

(四)因地制宜发挥特色旅游资源的吸引力

日本各级政府立足地区旅游资源特色和优势,推进旅游产品的吸引力建设。日本不同地区的特色旅游资源不同,访日外国游客的来源地构成存在明

---

① 陈友华. 日本农村旅游开发及其对我国旅游扶贫开发的启示 [J]. 农村经济与科技,2013,24 (08):105 - 107 + 110.

显差异，2018年亚洲人数占访日旅游总人数的84.8%（其中，中东亚地区占74.2%，东南亚地区占10.6%），北美地区占5.9%，欧洲主要八国占3.5%，其他地区及国家占3.8%（日本《旅游白皮书》，2018年）。北海道地区的游客中，来自亚洲的游客占了访日外国游客总数的绝大部分且市场稳定，该地区的旅游发展在保证亚洲市场的基础上，通过大力保护和挖掘历史文化资源，加大推进自然风光和户外运动类旅游项目以吸引欧美国家的游客，例如2017年成立"北海道探险旅游协会"，旨在将探险旅游打造成北海道新型旅游支柱产业，吸引全世界多样化游客群体。2016年以来，日本政府为了加快东北旅游业复兴，结合地方特色推出类型多样的旅游活动，采取刺激访日游客消费欲望的多种措施。

（五）打造优质旅游环境提供更好专业服务

旅游接待环境建设是日本旅游业近年来着力推进的重点建设工程，北海道运输局在2017年开设了"北海道履行安全信息"网站试点，为了解决外国游客无法及时更新由北海道天气带来的交通信息问题，如在发生自然灾害时，采取日语和英语播报飞机、铁路、渡轮、高速巴士等主要公共交通工具的停运信息和替代信息。例如，长崎市与其市内的医疗机构协同采取发放问卷调查、召开征询听证会、推举外国人评议员等多种措施，解决游客突发疾病或受伤时无法得到妥善的照料的问题，还制作了可以处理多种医疗情况的"接待和医疗手册"和"多语言工具书"。另外，冲绳地区在一般街区和旅游景区环境治理中还采取了制作介绍日本礼仪、文化、旅行设施使用方式的多语种宣传资料等措施，为游客提供便利化服务，创建和谐的居民与游客共有的"宜人环境"。与此同时，为了保护日本的自然生态环境，确保旅游业的可持续发展，日本各级地方政府在为游客提供便利化的基础上，还采取了环境教育、生态保护等措施引导游客保护和珍爱环境，这些措施从表面上看，似乎短期内难以量化成经济效益，但是却为日本旅游接待环境的营造和旅游可持续发展奠定了坚实基础。

（六）加强国际旅游合作开拓海外旅游市场

加强国际旅游合作开拓海外旅游市场是日本各级地方政府促进旅游业发展的重要举措。2017年，日本东北地区对具有较大潜力的中国香港特别行政区和韩国市场进行了深度旅游宣传，邀请海外媒体造访，切身感受日本樱花和自然美景，并积极向广大游客群体宣传相关旅游咨询，以达到提高当地知名度、激励外国游客消费意愿的目的，其他地区也开始注重海外旅游营销的重要性，纷纷采取入境旅游促进措施，与主要客源地国家和地区开展友好交流，推进入境旅游市场持续增长。例如，近畿地区的重要客源国是澳大利亚，通过与该地区建立了良好的沟通交流机制，达成了诸多旅游协作交流方案，为两国间旅游业的相互促进奠定了良好基础。日本通过政府和非官方组织等多个渠道拓展西班牙、法国、意大利等海外市场，与其建立了良好的旅游交流机制，举办形式多样的旅游推介活动和研讨会，旨在拓展新的旅游市场，吸引更多外国游客到访。

（七）支持农业协会促进乡村旅游减贫发展

日本农村社区中覆盖了全国的农业协会（以下简称日本农协）。日本农协基于自助和合作的原则，重视农民教育和农业科学技术的普及，培养农业发展人才，旨在带动农民的全面提升继而进入现代化，满足大市场中需要的优质、高效、精致农业。日本农协形成了中央、都道府县、市町村三级组织框架，通过社区发展绿色观光农业和生态农业，提高参与成员的农业生产效率，改善农村经济发展条件，提高农民社会地位。日本农协推进以合作社方式降低农民的耕作成本，提高农产品收益。日本政府也提出"尽可能支持农业协会的发展，使其能够实现以社区为基础的互助活动"。日本农协已开发提供日常生活用品业务、农村居民的储蓄和贷款等信贷业务、修建住房和购买机械的互助业务，为保障日本农村地区和农业的现代化发展提供积极力量。近年，日本农协还对60岁以上人口占比为50%的日本农村社区，开展提高贫困老年人福利的事业，主要包括健康老年人的生活充实活动和需要护理的老年人的生活支援活动两个方面，致力于推进城乡社区的链接和融合。日本农协在日本乡村旅游减贫功能上，不仅夯实了旅游的社会基础，而且促进了旅游发展成果更有效地分配，调动了农村贫困人口参与旅游事业发展的积极性。

（八）金融扶贫制度支持乡村农旅融合发展

乡村旅游离不开农业，农旅融合发展需要金融扶贫制度的支持。日本在农业领域建立金融扶贫制度起步较早，主要依托全国的各级农协，包括"共济会、保险、再保险"的农业保险业务和服务于农民会员的存款与信贷业务。日本农业保险扶贫确立了农业相互救济会、农业相互救济联合会和农业相互救济再保险特别会计处三个保险层级主体，以达到分散农业风险的目的。其中，日本农业保险扶贫具有互助性的特点，农业相互救济会是负责农业保险的基层组织，由本地区农户自愿参加组成，农民参与其中不仅可以共同防御自然灾害，减轻农业风险，还可以通过参与经营获得一定的经济利益，该政策覆盖了绝大多数农户。日本基层农协以基层农村合作金融机构为基础，构建了垂直的业务支持和管理体系，提高了农业资金的利用率，推动了日本农村金融反贫困的进行。此外，日本农协的贷款也是日本农村反贫困最直接的资金渠道，为农村贫困相关事业提供融资便利，同时也为贫困群体提供利率优惠的贷款，缓解灾害等因素造成的农业和农民的资金困难。截至2015年3月末，日本农协信用事业资金余额为19 533亿日元（其中，面向农民的贷款共13 244亿日元）。

（九）注重农村人口教育激发内生减贫动力

日本农村贫困存在代际传递的特征，社区发展主要管理涉及地方政府、社区组织和社区居民，根据市场的变化满足生产适应和降低生产风险，因此日本农协承担指导农村农民开展生产的职责，日本农业学校也响应时代和学生需求的变化，开设在职培训，组织研讨会、综合学习、毕业研究和特别讲座，培养他们的"管理能力""农业能力""社会技能"和"人才能力"，农业产业的行业管理者、从业者和研究者被邀请作为讲师，以实施讲座和演习的有机结合。日本的农业教育对下一代农民所需的素质和能力提升具有显著的贫困代际阻断作用，农业教育重在管理能力、耕作能力、社会交往能力和人力资源管理，进行培训的农民基于此不仅获得了农业技能的培训，更获得了学习能力的提升，为参加学习的农民构建起反贫困的基本能力。

三、日本政府服务包容性旅游减贫的启示

（一）完善多元一体的旅游管理体制

日本《旅游白皮书》明确提出，日本旅游政策在国家层面和地方层面具有多样化和多元化特征，其中大部分政策措施需要专业协会和民间团体的支持才能实现顺利推进，力求通过发展旅游促进区域农民发展。日本推行官方、协会、民间团体共同管理的制度，各级政府、各企业、各协会组织间成立专门管理机构，加快推进旅游业的快速增长，有效促进全国旅游的健康发展，也展现了日本系统完善的管理体制。对于中国而言，在旅游业发展中也出现了不同等级和不同规模的协会组织，但是协会在旅游减贫中的贡献率较低，相比日本还存在不足，主要原因在于相关协会和政府发展规划制订之间缺乏良性沟通，协会发展理念和政府发展目标之间协调性有待增强。中国大部分协会是非营利性机构或团体，长期缺乏稳定的经济收入，在旅游减贫中没有充分发挥其应有的功能和作用。因此，中国旅游减贫过程中要具有包容性发

展理念,不仅要完善旅游减贫和旅游产业管理的政策法规和相关配套政策体系,还要着重建立"政产民"为一体的协作管理体制体系,为包容性旅游产业健康有序发展提供有力支撑。

(二)区域均衡政策促进旅游大发展

日本从推行"观光立国"政策以来,在旅游产业方面形成了独立的发展理念和多样化的实施方略,特别是在围绕重构旅游资源魅力和推动区域经济发展方面具有独特的发展理念和实现途径,从而促进日本旅游产业的持续发展。如区域内景点众多,大力发展巡游线路,多个旅游景点或履行目的地联合发展,根据景区的特点优势,日本旅游资源开发与重构可划分为旅游资源在包装发展型、特色资源驱动发展型、历史文化挖掘与重构发展型、文化创意发展型、特色街区开发发展型、转换价值重构发展型、主题公园开发发展型等类型。不同地方的类型特征各具差异,但把旅游发展对经济的波及效应和贡献值作为重要的衡量指标,不但增加了旅游产业产出总额,也促进了旅游业带动就业、增加税收等连锁效应,加大了旅游产业对国民经济的贡献度。纵观中国国土地缘广阔、旅游资源丰富、区域景观差异明显,但受历史和经济社会因素影响,导致不同区域间旅游产业发展带动脱贫成效差异较大。因此,中国应树立区域旅游协作理念,在彰显特定地域旅游产业的特色基础上,区域共同制定联合开发的发展战略,形成区域共建、部门联动、共同参与、共赢共享的区域协同发展机制。同时,努力提高旅游产业发展对促进减贫的成效,提升旅游产业对国民经济的贡献效率。

(三)坚持推进旅游业的可持续发展

《旅游白皮书》指出日本旅游产业发展高度重视生态环境和传统文化的保护,在发展旅游业中重视生态环境与传统文化保护的系统平衡,并成立了专属负责可持续旅游的健康发展的行政管理机构。如日本政府以环境省为核心,联络国土交通省、文部科学省、农林水产省共同成立"生态旅游推进联络会议",专门负责发展日本生态旅游相关事宜。2009 年,农林水产和观光厅成立了"绿色旅游推进联络会议",会员包含旅游企业团体、经济绿色旅游的社会团体、NPO 法人等,主要负责研究绿色旅游推进计划、组织绿色旅游活动等问题。此外,还制订并出台《生态旅游发展计划》,如 2002 年《城市和农山渔村的共生、对流推进大纲》中"新的绿色旅游示范地区"的提案、2007 年《关于强化 2007 年城市和农山渔村的共生、对流关联对策》提出"促进对农山渔村生活的体验以及促进多样化主体参与"的建议。由此启示,中国旅游业发展的政策制定也应关注可持续发展要求，加快生态旅游相关产业领域的立法和完善相关制度，进一步提升传统文化和生态环境保护意识，明确政府责任，建立生态旅游区域的环境监测预警机制，加强对生态旅游开发行为的监管，并切实规范旅游参与者的行为和保护生态环境的观念，推进生态文明建设和旅游业整体的全面可持续发展。

（四）做好政府主体性产业引导角色

日本是市场经济为主、政府引导较强的国家。日本旅游业是典型的政府引导型发展模式，政府制定并实施了包括基本法在内的一系列法律，制订并实施国家层面的基本计划，政府设置"观光立国"推进本部、观光厅和日本政府观光局等专门的推进机构。日本出台一系列法律指导和规范旅游产业发展，如观光基本法等一系列法律，而后逐步推进日本观光协会法、旅行中介业法、国际旅游宾馆整备法等相应部分的修订，制订和实施新的"观光立国"的基本计划等。日本政府自1964年开始公布并实施"观光立国"基本法，通过促进海外游客来访提高接待海外游客的服务水平，建设并完善国际旅游地及国际旅游渠道，确保旅游安全及增进游客的便利，为家庭旅游及其他健康向上的国民大众的观光旅游提供各种便利，缓解游客的过度集中现象，根据落后地区的情况发展旅游，保护、培育及开发旅游资源，维持旅游地的景致美观等发展国民经济，增进国际相互理解，稳定提高国民生活水平。而且，日本观光厅推出振兴旅游的多项措施，具体来说，打造国内外好评的旅游地品牌化、多个地区之间的广泛合作形成了有魅力的旅游地，举办全日本范围的体育比赛推广宣传活动以吸引海外游客，强化MICE（Meeting、Incentive、Convention、Exhibition）领域的国际竞争力和推进国民的休假制度改革等举措，增进了国际相互了解的同时活跃了地方经济，强化对各相关政府部门的协调功能，对地方和国民实现窗口的一元化。对于中国而言，当前中国旅游减贫事业正处于转型关键期，政府应为保障旅游业健康可持续的发展发挥其重要作用。应根据旅游发展趋势和产业带动效应现状，发挥政府在旅游减贫和可持续发展的法律法规、财政政策方面的引导作用，完善政策体系，发挥旅游地区资源的优势，开展生态旅游、文化观光、产业观光、健康旅游、体育观光、医疗旅游、内容旅游等新的旅游形态，科学规划和细化旅游减贫的财政测算，加大政府对旅游减贫领域的支持力度。

（五）推行政府与协会合作发展机制

日本旅游发展的推动力量是多方面的，与旅游产业发展密切相关的行业协会涉及范围广，例如日本旅行行业协会、日本旅游协会、全国旅行行业协会、国际观光日本西餐馆协会、全国农协观光协会、日本民宿协会、国际观光设施协会、日本导游服务协会、国际观光服务中心等，这些协会多形成以日本旅游协会和两个旅行社协会共同发展的模式，进而维护各自行业的公共利益和会员的合法权益开展的活动，承担着为会员服务、为行业服务、为政府服务，在政府和会员之间发挥桥梁纽带作用，都在为促进日本旅游产业的持续、快速、健康发展贡献力量。据统计，日本旅行社共有1万多家，旅行社最大限度地调动产业内资源，实现资源的最优配置，促进旅游产业发展带动社区发展。由此启示，中国在旅游减贫中要更加注重旅游业的战略支柱产业的地位，从规划设计、法规法律、政策倾斜、项目开发层面，整合政府、行业协会、企业组织等一体化的旅游发展机制。采取政府—协会—企业合作的举措，创新管理模式并建立旅游业发展的综合协调机制和旅游资源一体化的管理体制，注重发挥行业协会、中介组织的作用，培育合格的市场主体，注重旅游业的可持续发展，处理好自然、文化等资源保护与开发利用，注重旅游业与工农、文化、科技等产业融合，促进区域协调与合作，建立健全国内与国际主要客源地、国内省市之间的发展合作机制。

第二节　企业参与能力：印度包容性旅游减贫的实践与启示

企业参与扶贫为减贫事业注入新活力，对贫困地区社会经济发展具有显著影响。由于企业在追逐经济利润的同时具备相应社会服务功能[①]，其作为扶贫事业的重要载体，具有衔接市场，发挥市场机制优越性，整合资源，提升产业链创造价值的能力。地方企业有效利用BOP群体（金字塔底层群体）获得资源与效率优势[②]，同时也能够提升社区居民参与度[③]，帮助该群体摆脱贫

---

① Dodd, E, Merrick, "For Whom are Corporate Managers?", Harward Business Review, 1932, 45 (7): 15-30.
② 张琦. 企业参与扶贫开发的机理与动力——以陕西省"府谷现象"为例 [J]. 中国流通经济 2011 (4): 58-63.
③ G Manyara, E Jones, C Harris, S Cole. Best practice model for community capacity – building: A case study of community – based tourism enterprises in Kenya [J]. Tourism, 2007, 55: 403-415.

困。企业参与扶贫在国际减贫史上由来已久，探索出了"公司+农户""企业+社区"等系列成功模式，特别是在旅游扶贫中的效果更为明显。以占全球贫困人口1/3的印度为例①，自其独立以来，长期致力于减贫事业发展，陆续制定多项减贫政策，从"土地革命""绿色革命""以工代赈"到"青年企业家计划""包容性旅游开发"，扶贫政策逐步由政府主导向政府引导、联合企业"造血"方向发展，特别是2016年莫迪政府直接投入16亿美元实施"印度创业"计划，脱贫效果有目共睹。

一、印度旅游减贫的发展现状

作为"金砖国家"成员和新兴工业化国家，印度位列经济增长最快国家之列，同时印度也是一个社会经济发展极不平衡的国家。在印度，10%的人口掌握了全国33%的财富，贫困问题十分突出，2018年印度处于极端贫困线的人口约7 060万人，处于世界第二位。旅游业作为印度的第二大支柱产业，被印度政府认可为能在增加就业、消除贫困等方面发挥乘数效应，在产业扶贫中具有重要的战略意义。自2002年，印度发起"不可思议的印度"活动以来，其旅游产业发展势头迅猛，减贫效果显著。据世界旅游业理事会（WTTC）统计，2017年印度旅游业总收入为913亿美元，对GDP总贡献为2 406亿美元，GDP贡献率为9.4%，产生直接就业岗位2 641万个，总就业岗位约为4 162万个。

从"不可思议的印度"到"不可思议的印度2.0"，印度政府在政策层面对旅游产业的发展给予重点扶持，从国家"十一五"计划明确指出"作为最大的服务业，旅游业是促进经济发展、产业就业的一种工具，特别是在偏远、落后地区"到"十二五"计划确定旅游业作为优先投资产业，提出加强各级政府与企业之间的正式、非正式合作，为产业投资提供良好环境，通过旅游产业的发展带动贫困地区经济。经过近20年的发展，根据国家减贫需要，印度探索出一条符合本国国情的包容性旅游减贫道路——以企业参与的"负责任的旅游行动"（Responsible Tourism Initiative）推动旅游事业发展②，即通过政府、企业、社会组织与贫困人口的多边参与、合作，促进机会均等，让贫

---

① Pedro Olinto, Kathleen Beegle, Carlos Sobrado and Hiroki Uematsu. The State of the Poor: Where are the Poor and Where are the Poorest? [J]. Economic Premise, 2013 (125): 1-8.

② Thibaut Michot: Pro-poor Tourism in Kumarakom, Kerala, South India: Policy Implementation and Impacts. Journal of Alternative Perspectives in the Social Sciences, 2010 (03), p. 1-23.

困人口共享发展的成果,从根本上减少贫困人口的实践模式①。近年来,该模式在印度乡村旅游中发展迅猛,通过鼓励涉旅企业投资开发特色农业旅游,把占全国总人口75%的农村地区盘活②,为失地农民或妇女等贫困群体提供更多生产性岗位,极大地增加了他们的家庭收入,成为印度旅游助力农村地区减贫的"发动机"。

二、在印企业参与包容性旅游减贫的实践路径

(一) 印度包容性旅游减贫模式

考虑印度村庄先天资源优势、劳动力优势,以及投资开发项目情况、旅游市场结构等因素,在印企业参与印度包容性旅游减贫项目可划分为特色农业旅游、乡村风情游、医疗健康游及生态度假游四类,具体如表6-1所示。

表6-1　　　　　　印度包容性旅游减贫的主要类型

类型	内容	代表景点或旅游吸引物
特色农业游	以特色农业资源为基础,秀丽的田园风光、多彩地域民俗文化	萨拉纳庄园
乡村风情游	以传统农耕文化为基础,民俗风情与丰富的珍惜动植物资源	国际农事节庆游、果蔬采摘节、民俗狂欢节
医疗健康游	以世界一流医疗技术和低廉医疗价格为基础,传统医疗技术、瑜伽养生	艾哈迈达巴德医疗旅游
生态度假游	以优美的生态环境为基础,农村美食、休闲康养设施、优质服务体验等	温泉、休闲SPA、推拿按摩等

资料来源:根据相关文献整理。

(二) 基于企业参与的包容性旅游减贫实践

印度贫困群体基数大、失业率高、宗教民族冲突频繁、地区间贫富悬殊等问题突出,包容性旅游减贫虽任重道远,但西孟加拉邦、喀拉拉邦等地区的包容性旅游减贫成绩不俗。通过对这些地区包容性旅游减贫实践的梳理,其包容性旅游减贫事业的推进是在国家政府与邦政府合作完善旅游投资环境基础上,由当地居民、企业、协会以及非政府组织联动开发,推进地区旅游

---

① 王志章,王超. 印度包容性旅游扶贫与我国连片特困地区的旅游开发研究 [J]. 西部评论:2014;180-191.
② 李燕. 印度旅游业发展的经验、问题及其借鉴 [J]. 南亚研究季刊,2018 (03):44-52.

产业发展，以此来实现旅游减贫目的。因此，印度政府通过积极的政策引导，鼓励在印企业参与到政府旅游事业建设之中，主要包括：

一是政府推介，激活旅游产业发展潜力。全球推介，重视旅游投资规划。联邦政府旅游部以"不可思议的印度"塑造全球推介旅游品牌，以此诠释印度旅游特色，展示其道德价值观念、文化遗产资源、传统生活方式等独特的魅力[1]，并升级为"不可思议的印度 2.0"，强势推介，将印度打造为世界范围的旅游目的地。在产业投资发展上，投入巨额财政支出，完善全国旅游基础设施，仅 2011 年旅游部就投入 6.62 千万美元进行基础设施改造。在旅游基础设施建设方面，大力推行"3P 计划"，即政府投资，企业建设并运营基础设施等公共项目，该模式在卡纳塔克邦、喀拉拉邦、安得拉邦等地区试点效果良好，被证明是加速旅游产业发展，减少贫困的成功模式，在印度全国范围得到推广。

二是政策引导私人投资，开发旅游项目。政策层面高度重视，引导产业发展壮大。旅游业发展早期，印度政府制订"全国行动计划"等系列支撑政策，改进旅游基础设施、开发旅游目的地、发展专线旅游线路等。充分肯定私人投资对旅游业发展的巨大贡献，制定鼓励措施，引导私人投资。将旅游产业划定为全国优先吸引外资的产业，外商在旅游行业的投资额的最高比例达 51%，印度侨民在旅游业的投资额最高比例达 100%，外商可自由聘用国外技术人员，并将投资获利寄回其母国。此外，给予投资上税收等减免措施，对具有发展潜力旅游地的开发与建设进行公开招标吸引外资投资开发。

三是鼓励个体创业，提供旅游服务。创业、就业政策，引导个体创业。印度政府先后实施"农村青年自营职业培训"项目、"就业保证计划""农村综合发展计划""农村青年自我就业计划""全国农村就业计划""干旱区计划""农村妇女儿童发展计划"等创业就业政策及小额信贷措施引导贫困地区、农村地区人口参与旅游开发，让其摇身一变成为企业家，参与旅游业"食、住、行、游、购、娱"业态的经营及上下游产业的就业。此外，政府重视旅游产业的包容性增长，吸纳特殊群体、弱势群体进入旅游服务行业，推出贫民窟旅游等特殊主题线路关注贫困群体，扩大旅游产业在扶贫中的影响力，使更多贫困群体享受旅游产业发展带来的益处。

---

[1] Amitabh Kant. Branding India – An Incredible Story [M]. Harper Collins India Original，2009：2 – 10.

四是涉旅企业、农民及公众组织等多部门合作，实现包容性减贫的多方参与，共建旅游责任机制。在包容性旅游减贫背景下，使旅游产业可持续发展，让更多的群体享受产业发展带来的利益，印度政府提出引导社会公众参与负责任的旅游行动。以库玛拉孔旅游地为例，邦政府成立负责任旅游委员会具体实施相关行动方案，参与地方旅游项目的规划及实施。当地农民、非政府组织、行业协会等民间力量协同负责任旅游委员会参与旅游资源的开发，进行相关项目的组织、实施与监督等，行使相关主体权利，审查、评价相关企业和项目实施情况，保证负责任旅游落实和反馈机制的畅通。

（三）企业参与的印度喀拉拉邦包容性旅游减贫

喀拉拉邦风景优美，旅游业发达，是印度著名的旅游目的地[①]。在20世纪80年代以前，该邦以传统农业为主，地区经济落后，近50%的人口依赖农业，贫困人口众多。随着农业变得越来越无利可图，农业部门在经济中所占比重下降（喀拉拉邦规划委员会，2011年）。由于激进工会运动等因素综合作用，该邦工业活动同样受到限制，发展落后。因此，在自然、文化资源优势明显的基础上，邦政府将旅游产业作为发展当地经济的主要产业，在20世纪80年代后期依托其海滩、回水、山丘、节日、印度传统医学、野生动物、传统美食、古典和民间艺术、舞蹈形式、独特的手工艺品和独特的建筑风格等资源优势，大力发展旅游业。邦政府推出系列措施，挖掘旅游发展潜力，奠定旅游业在地方行业中的地位，此后对当地旅游业进行了重大投资，特别是在旅游基础设施上进行大量投资，出台系列业绩奖励措施激励旅游产业的发展。在此期间，邦政府对投资机构，行业组织等进行了一些干预措施，诸如成立喀拉拉邦旅游及旅游研究所（KITTS），建立旅游培训机构，在14个旅游区成立旅游促进运动委员会，并自1992年开展为期一年的旅游宣传运动，提高公众对旅游相关问题的认识，组织海外旅游贸易和媒体宣传提高该邦旅游知名度。从战略上讲，这些方案、项目和干预措施有助于提升地方旅游吸引力，也标志着该邦旅游业成为一个引人注目的私人投资部门。

到20世纪90年代末，喀拉拉邦私营部门从旅游业投资中获益匪浅，公私合营的喀拉拉邦旅游胜地有限公司在该区旅游市场上独占鳌头，旗下连锁酒店等产业为当地居民提供了众多的就业岗位。此外，该邦旅游部门推出本

[①] Sebastian, L. M., Rajagopalan, P. Socio-cultural transformations through tourism: A comparison of residents' perspectives at two destinations in Kerala, India. Journal of Tourism and Cultural Change, 2009 (1): 5-21.

地土著文化节日历，举办喀拉拉邦购物节、喀拉拉旅游集市等，通过标准化的教育、培训和营销方案，培育传统的阿育吠陀（也译为寿命吠陀或阿苏吠陀，是印度的传统医学）从业者和健康度假村，促进健康旅游市场发展，并取得不俗成绩。自此，喀拉拉邦被业界认为是印度营销最成功的旅游目的地之一，成为印度无可争议的旅游热点地区，接待旅游者人数在此阶段翻了两番。

随着旅游产业的深入发展，喀拉拉邦旅游负面影响逐渐凸显，诸如地区居民的两极分化，贫困群体并未享受产业发展带来的好处，企业垄断等矛盾不断。为缓解产业发展带来的矛盾，创造更多的生产性岗位，让更多人口享受旅游经济发展成果，喀拉拉邦率先提出"负责任的旅游"，由企业牵头促进多边合作的利益共享的旅游建设行动。

2007年，喀拉拉邦政府成立负责任旅游委员会（SLRTC），该组织由来自政府、企业、民间组织、当地居民等代表不同利益群体的40名成员组成，如图6-1所示，其职能包括制订落实相关方案、监督项目实施，确定旅游项目规划与开发，协调地方经济、环境发展，监督行业发展等。"负责任的旅游"倡议率先在喀拉拉邦四个不同类型旅游目的地试行，分别是游客接待量接近饱和的沿海型科瓦兰（Kovalam）旅游地、生态脆弱的度假型玛拉可姆（Kumarakom）旅游地、候鸟式的山地度假型提喀迪（Thekkady）旅游地以及定居式度假型瓦亚纳德（Wayanad）旅游地四类目的地。委员会负责指导这些目的地的经济、环境、社会文化工作，制订"负责任的旅游方案"。"负责任的旅游"在促进、发展妇女创业技能、消除贫困方面做出巨大贡献，通过为旅游商品及服务打开市场，来刺激当地的创业发展，从而减轻了贫困[1]，其根本目的是公平地获取和分配旅游收益。

喀拉拉邦"负责任的旅游"倡议包含了涉及社区参与、旅游扶贫、社会企业责任等多范畴，它将旅游企业实践中的企业社会责任与更广泛的可持续性联系起来，挖掘私营部门在旅游开发与运营的监管、产品供给等方面上的最大潜力，在实现企业盈利的基础上履行企业社会责任，达到旅游产业可持续发展目的。通过该邦"负责任的旅游"的案例分析，其成功经验有如下四点：

---

[1] Venus, V. The Kerala responsible tourism initiative – a work in progress. Paper presented at Incredible India 2nd International Conference – Responsible tourism Kochi India. Retrieved September 27, 2011.

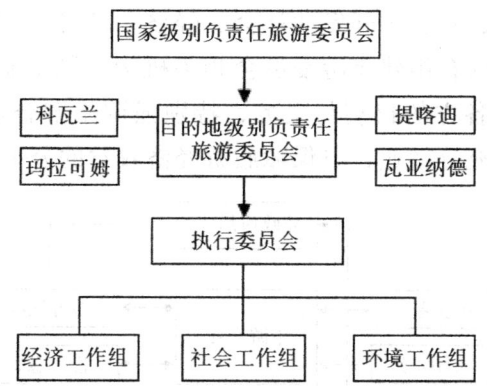

图 6-1 喀拉拉州负责任旅游委员会组织架构

一是民间、非政府组织的协助。该邦政府最初并不具备推动"负责任的旅游"的资本、能力以及行动意愿，当地民间、非政府组织的积极推动使该理念与当地生产生活经验产生共鸣，得到政府的重视，强制推行并获得成功。

二是企业深度参与地方旅游开发。当地旅游服务企业通过主办，与非政府组织搭建伙伴关系，来促进社区的旅游业发展，社区通过土地等资产入股以及参与旅游运营管理等方式与旅游企业合作。

三是优化投资环境，跟进旅游配套。重视旅游投融资渠道的拓展，当地成立专门项目承担公司，来搭建旅游项目投资方与融资方的互动桥梁，形成良好的合作关系，银行为非政府组织提供社会资本项目机会，参与扶贫旅游项目的规划咨询，以实现旅游扶贫的可持续发展。此外，政府通过减免税收、财政补贴等方式推动企业承建旅游基础设施，深入推进旅游政府与社会资本合作（PPP）项目。

四是市场营销推进品牌化策略。政府旅游部门联合企业推进品牌化战略，通过扩大旅游专业公司经营规模，推进多种市场化策略实现本地旅游产品的品牌化，打开本地旅游产品知名度，扩大市场份额。

三、在印企业参与包容性旅游减贫的启示

在印企业参与包容性旅游减贫，主要基于一种多方合作的包容性旅游减贫模式，如图 6-2 所示，主要包括：

一是政府与非政府组织合作共赢。从印度包容性旅游减贫经验看，旅游目的地地方政府与非政府组织在地方的旅游立法、旅游项目规划与咨询、旅游从业者的权益等方面进行合作，通过立法确定政府、非政府组织在旅

游资源上的管理权，对旅游开发的社会、经济、环境等问题进行监督管理，并由多方利益主体联合组建旅游委员会相关机构，制定旅游开发相关规则，强化旅游项目开发各方的权利与义务，特别强调旅游企业的社会责任，要求保障当地居民的充分就业，以保障旅游经济收益的公平分配。

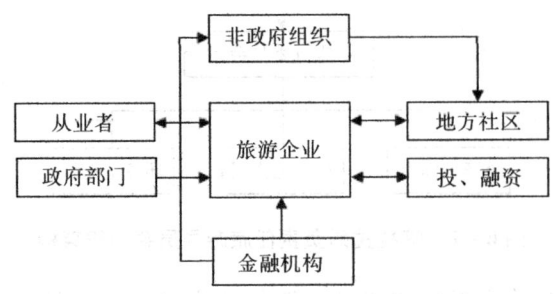

图6-2　基于企业参与的包容性旅游减贫模式

资料来源：Rana Kapoor，2011。

　　二是政府部门与企业联合建设旅游目的地。印度邦政府与目的地政府协同，优化地方产业结构，企业通过PPP模式代建旅游基础设施、通过PPP模式代建政府项目等方式获得景区特许经营权，创造更多生产性岗位，缓解当地就业与贫困。从喀拉拉邦经验看，企业通过与政府部门合作、共同经营等方式进入旅游投资领域，开展景区经营业务。当地政府部门成立旅游委员会从宏观层面制订地方旅游产业发展战略规划、行业政策、服务规范，企业利用地方产业发展政策优势积极推进当地旅游项目建设，通过景区、酒店、交通等旅游各环节的经营，为当地创造了大量生产性岗位，满足当地贫困人口的就业需求，通过包容性旅游的开发，喀拉拉邦地方社会经济发生了翻天覆地变化。

　　三是社区与减贫企业联合助力贫困人口就业。包容性旅游减贫的宗旨是帮助贫困人口获得均衡发展机会，拓宽就业渠道，摆脱贫困，走上富裕之路。因此，农民的参与是旅游减贫的重要渠道，发挥农民个体在旅游减贫中的积极作用，来增加当地家庭的收入，发展经济。印度各级政府、地方社区重视搭建农民与参与企业之间的桥梁，基层组织通过支持农民个体创业，如依托农业资源开办农家乐、乡村旅游体验活动等；使旅游企业享受税收、财政补贴等方式支持企业发展，以完善旅游产业链，增加就业岗位，缓解地方就业压力，提高地方居民生活水平；鼓励非政府组织、行业组织、民间公益组织等参与旅游减贫，履行责任旅游相关权利与义务等，提高农民权益，扩大农民收益以及旅游减贫效益，实现旅游目的地建设。

四是金融机构专项支持企业减贫发展。印度高度重视旅游产业发展的金融扶持，金融机构通过市场方式募集专项扶持基金，再将募集资金通过专项用途低利息放贷给贫困地区旅游企业、贫困人口以及个体创业者等特定群体，以扶持贫困地区发展。印度金融信贷机构包括商业银行、地区乡村银行以及合作银行，其基金主要通过小额信贷的方式发放于贫困群体以及创业企业。自 20 世纪末以来，金融机构在农村地区组织了农民俱乐部、自助小组等，以非政府组织为媒介将贫困地区人口、地方企业与金融机构联系起来，使贫困地区的企业、困难群体享受金融信贷服务，增强其发展和减贫能力。

五是企业与从业者双向人力资本投资。印度旅游企业在创造就业岗位，缓解贫困地区就业压力上有着显著成效，从喀拉拉邦负责任的旅游实证分析看，旅游企业对当地就业者开展的职能技能培训、在职培训等在人力资本上的迂回投资极大地满足了产业近期发展的需要，实现了地方短期效益和企业最大化效益双赢目标。与此同时，随着企业带动旅游产业发展效益的凸显，为当地创造了大量生产性岗位，当地居民在就业示范带动作用下，开始重视个人教育投资，有利于地方人力资本的积淀，对当地人口素质的提升有着极大推动作用，能够保障地方产业及社会经济的可持续发展。

第三节　居民参与能力：美国包容性旅游减贫的实践与启示

自 19 世纪 70 年代以来，旅游在发达国家的农村地区快速崛起[1]，对促进经济低迷的农村地区发展起到了非常重要的作用（Dernoi，1991）[2]，发展旅游对乡村地区的经济贡献和意义得到了充分证明（Fleischer 和 Pizam，1997；Page 和 Getz，1997）[3][4]。美国作为超级大国，不仅是经济强国、军事强国，

---

[1] Perales R M Y. Rural tourism in Spain [J]. Annals of Tourism Research, 1993, 29 (4): 1101 - 1110.

[2] Dernoi L A. Prospects of Rural Tourism: Needs and Opportunities [J]. Tourism Recreation Research, 1991, 16 (1): 89 - 94.

[3] Fleischer A, Pizam A. Rural tourism in Israel [J]. Tourism Management, 1997, 18 (6): 367 - 372.

[4] Page S J, Getz D. The business of rural tourism: international perspectives. [M]. 1997.

其在旅游业上的发展在全球范围内也是领先的，由旅游及其相关产业带来的收入多年以来稳居世界首位。旅游业的蓬勃发展为美国居民带来了诸多的福利。例如，每年旅游收入中的 1 000 多亿美元用于向包括联邦政府、州政府和市政府等在内的各级政府机关缴纳税金，为国家的财政收入做出了巨大的贡献，如若没有旅游贡献，每个家庭就要额外多缴纳 924 美元的税收。在 20 世纪中期到 20 世纪末，美国执行了针对 30 个州的农村区域的旅游政策，其中 14 个州对乡村旅游进行了总体发展规划（Luloff 等，1994）[①]。在此期间，美国政府主要在公共土地上实行给美国民众户外旅游提供帮助的优惠政策，1964 年的《荒野条例》的通过标志着利用土地资源发展经济的意识开始萌生。1958—1968 年，联邦政府的土地政策支持使得户外旅游兴旺发展。1958 年，政府批准成立了户外游憩资源评估委员会（ORRRC）。1964 年，美国政府开始筹建国家荒野保护体系，最终于 1968 年通过《国家荒野和风景河流法案》，从整体上构建出国家荒野和风景河流体系。同年，法律正式认可《国家走道系统法案》[②]。在这些重要政策支撑下，美国旅游市场有了实质性变化，农场、牧场如雨后春笋般涌现。

一、美国旅游减贫的发展现状

据世界旅游业理事会（WTTC）数据统计，美国 2012 年旅游业收入为其 GDP 贡献值近 1.4 万亿美元，其中旅游业出口额为 153 亿美元，占据了服务业出口总值的 27%，并增加 760 多万个就业岗位，而 2013 年则更进一步，产值为 2.1 万亿美元，占 GDP 8.5%，旅游净出口额为 571 亿美元，创造了为 4 079 万个工作岗位，占全美就业总数的 9.3%，其中旅游业直接生产性就业机会有 1 564 万个，占就业总数的 3.6%。2014 年美国国内旅游人次再创新高，达 21 亿人次，年增长率为 2.4%，经济贡献总值为 2.1 万亿美元，为美国提供了 1 500 万个就业岗位。2016 年，旅游业为美国创造了 15 亿美元的经济收益，占 GDP 8.1%，提供工作岗位超过 1 400 万个，占总就业的 9.4%。

此外，据美国旅游协会（TA）数据，在美国 49 个州以及华盛顿特区，旅游业排名仅次于商务服务和医疗服务业，位列第三。2013 年，每 9 个工作岗位中便有 1 个为直接或间接由旅游业所创造，而乡镇旅游为美国如此巨大

[①] Luloff A E, Bridger J C, Graefe A R, et al. Assessing rural tourism efforts in the United States. [J]. Annals of Tourism Research, 1994, 21（1）: 46 – 64.

[②] 凌丽君. 美国乡村旅游发展研究 [J]. 世界农业, 2015, (10): 60 – 63.

的旅游经济发展贡献巨大。据相关数据，美国有 8 700 万成年人（占比约 2/3）到访过村镇地区，其中 90% 左右的旅游者以休闲游憩为直接目的[①]。据美国旅游以及竞争特别工作组分析，国家公园游憩野生生物、森林以及海洋保护区加上其他联邦政府所属水陆区域为美国重要的乡村旅游目的地，单 2010 年就贡献了超过 620 亿美元产值，创造了 61.2 万个就业岗位[②]。

城市经济的高速发展和环境的急剧恶化加之政府的大力扶持使得美国乡村旅游迅速崛起，旅游的发展不仅给美国大部分乡村地区赚取了大量的资本，同时也带动相关产业如餐饮业、酒店接待业、休闲业、交通运输业、商场服务接待等劳动密集型产业的发展，使得生产性就业岗位大幅度增加，解决了大批城乡富余劳动力的就业问题。

二、美国居民参与包容性旅游减贫的实践路径

（一）美国乡村旅游发展的主要类型

乡村旅游是美国居民参与旅游减贫的重要载体。根据乡镇旅游开发项目、游客的旅游动机来划分，美国的乡村旅游可划分为四种主要类型，即户外生态型旅游、文化遗产型旅游、农业型旅游以及乡村节庆型旅游，如表 6-2 所示。

表 6-2　　　　　　　美国乡村旅游发展的主要类型[③]

类型	内容	代表景点或旅游吸引物
户外生态型	以自然资源为基础，国家公园、国家森林、保护海岸带等	黄石公园
文化遗产型	以文化和遗产资源为基础，印第安文化和大量的其他殖民地文化遗产	印第安保留地
农业型	以农业资源为基础，假日农场、假日牧场或其他农产品	得克萨斯州葡萄酒游
乡村节庆型	以节庆活动为基础，美食和农场宴请、庆祝民族节日、乡村艺术和手工艺品展示、乡村音乐会等	樱桃节、泡菜节、苹果酱节、火鸡节、鸡蛋节、奶酪节等

资料来源：根据相关文献整理。

---

① Bä, Dicu G D, Andreiana V A. An Analysis of the Tourist Competitiveness in Switzerland, the United States and Romania [J]. Economics & Applied Informatics, 2016 (10): 177-179.
② Raza S A, Sharif A, Wong W K, et al. Tourism development and environmental degradation in the United States: evidence from wavelet-based analysis [J]. Current Issues in Tourism, 2016 (8): 148-153.
③ 左宏琴. 美国乡村旅游发展经验及其对上海的启示 [J]. 安徽农业科学, 2019, 47 (10): 116-118.

（二）美国居民参与包容性旅游减贫的实践

美国旅游中的"四大扶贫"推进反贫困工作（罗颖旭，2015）表明，只有发展经济才是解决贫困问题的根本途径，这是美国政府和社会民众的普遍共识。同时，针对其特殊的致贫原因，经过认真梳理，半个世纪以来美国政府"向贫困宣战"的重大举措，其反贫困实践有一条清晰的工作主线，即强经济、提素质、稳家庭、促就业、保基本，并呈现出以下鲜明的特点：

一是旅游中的依法扶贫。注重运用法治手段推进扶贫。基层乡民不懂法和不知道法律法规的情况比较普遍，做事习惯于依传统和约定俗成，解决一些常见的纠纷。在美国国会审议通过并经总统签署颁发法律后，联邦政府立即制定相应政策予以落实。如，1996年，颁布实施《个人责任和工作机会协调法》，为改变贫困人口不愿工作形成的"福利依赖"，将受益面最大且联邦资金安排最多的 AFDC 项目（即对抚养子女的家庭补助项目）改为附有工作条件要求的 TANF 项目（即贫困家庭临时援助项目），这项改革被高度赞誉为"最成功的福利改革"；2015年，又颁布实施《可负担得起的医疗法案》（即奥巴马医保法案），决定推行全民医保等。

二是旅游中的精准扶贫。注重精准扶贫，强调分类施策，美国在旅游反贫困项目设计上具有"大、杂、快"的突出特点。反贫困项目资金量"大"，目前美国每年用于反贫困及社会保障资金高达1万亿美元，大致比例为联邦政府占七成，地方政府和民间资助占三成。反贫困项目"杂"，目前仅联邦政府设计实施的反贫困项目就分为现金补助、教育和职业培训、能源、食品补助、卫生保健、住房、社会服务和退伍老兵补助7大类92个项目，涉及联邦机构30多家。反贫困项目变化"快"，美国在保持反贫困主体项目基本不变的前提下，适时根据新形势调整或实施新的反贫困项目。

三是旅游中的区域扶贫。首先，利用旅游地经济多样性发展减少贫困。旅游经济的多样性就是旅游产业发展的多样性，旅游业的发展带动了餐饮、交通、休闲、农业等产业的发展，使得各个产业需要大量劳动力满足市场发展的需求。因此，这些核心产业或者关联产业的发展，为社区居民参与就业提供了大量的岗位，解决了用工难和工作难的问题。其次，利用旅游区域的边界效应，减少连片贫困。2013年，为改变区域贫困问题，美国提出实施"希望区"项目，即在全美选择20个"集中连片贫困"地区，由联邦健康与人类服务部、农业部、教育部、交通部等12个机构牵头，通过公开竞争方式分3批按10年期限进行专项扶持，以打造美国区域反贫困的"希望区"。

2015年4月,全美已分两批划定了13个"希望区"。

四是旅游中的社会扶贫。在旅游发展的过程中,慈善基金会、宗教团体、青年志愿者等非政府组织和个人积极参与旅游反贫困事业。如纽约反饥饿联盟只有30多人,每年运行经费200多万美元,却热情服务于全市180多万个低收入群体,积极帮助他们申请联邦政府SNAP项目(补充营养援助项目),维护其合法权益,组建全美"反饥饿联盟"以争取联邦政府更大更多的支持。2009年2月,美国国会在经济刺激计划中批准了72亿美元的宽带建设项目,其中包括资助偏远贫困地区和其他网络服务落后的社区建设宽带。

(三)案例:纳帕谷"居民参与式"旅游减贫

1. 美国纳帕谷简介。纳帕谷(Napa Valley)位于美国加利福尼亚州旧金山以北约50英里处,它的葡萄酒产业至今已有180多年的历史,是美国第一个跻身于世界级的葡萄酒产地。纳帕谷是一块长35英里、宽5英里的狭长地带,属丘陵地带,拥有温润的地中海气候、多样化的土壤环境,风景优美,自然淳朴,气候宜人。目前,大约有1.6万公顷的葡萄种植面积,其中包括13个经过鉴定的美国葡萄种植区,以出产世界级红酒而闻名。纳帕谷的葡萄酒庄95%都是由社区居民自己管理,属于家族式企业,居民参与程度很高,红酒百分百纯手工生产,拥有近280多家酿酒厂,并且数目还在持续增长。纳帕谷出产美国品质最高的葡萄酒,虽然其葡萄酒的产量仅占整个加利福尼亚州葡萄酒产量的4%,产值却占到30%,是葡萄酒"新世界"的典型代表。纳帕谷由八个小镇集合而成,政府根据当地不同资源禀赋,进行差异化定位和发展,如表6-3所示。

表6-3　　　　　纳帕谷各小镇资源禀赋及发展定位阐释

镇名	资源禀赋	发展定位
American Canyon	旧金山进入纳帕谷的门户,主要有群山、湿地以及野生动物	葡萄酒+休闲运动(徒步、山地自行车等)
Napa	纳帕谷最大的镇,历史悠久、商业基础好,"品酒"列车起点	葡萄酒+商业艺术(住宿、餐饮、艺术画廊等),是整个纳帕谷配套服务核心
Lake Berryessa	临近纳帕郡湖泊	葡萄酒+体育运动(各类水上运动、徒步、露营)
Yountville	米其林餐厅集中之地,餐饮业发达	葡萄酒+商业(餐饮为核心,商业、娱乐)整个纳帕谷的餐饮核心

续表

镇名	资源禀赋	发展定位
Oakville 和 Rutherford	著名的赤霞珠葡萄主产地和权威认证中心,拥有悠久的酿酒历史	葡萄酒(专注葡萄酒产业本身,酒庄与少数手工艺品商店)
St. Helena	历史街区保存较好,美国烹饪学院所在地	葡萄酒+商业(古董店、艺术画廊等)
Calistoga	优美古镇	葡萄酒+养生(温泉、SPA、瑜伽等)

资料来源:纳帕谷:塑造美国乡村休闲文旅小镇集群,https://www.sohu.com/a/137352804_368060? qq-pf-to=pcqq.c2c。

政府对纳帕谷各镇进行统一规划和差异化定位,由于纳帕谷各镇均以葡萄酒产业为主,为避免同质化竞争,纳帕郡政府及旅游管理部门根据各镇的发展现状和各自的资源禀赋,因地制宜对各个小镇提出了差异化的发展定位,根据与葡萄酒产业融合的深度和广度来划分产业类型,如葡萄酒本身、葡萄酒+运动、葡萄酒+商业艺术、葡萄酒+休闲养生、葡萄酒+婚庆等,整体形成"葡萄酒+"的产业体系,构成以体验为主的休闲文旅小镇集群。纳帕谷已不单单是酒庄的集中区,现已成为一个以葡萄酒文化、庄园文化而负有盛名的旅游胜地,包含了品酒、餐厅、SPA、婚礼、会议、购物以及各种娱乐设施的综合性度假区。目前纳帕谷每年接待世界各地的游客500万人次左右。根据纳帕谷经济发展报告统计,纳帕谷的旅游者热衷于在著名、独特的旅游目的地享受美食,纳帕谷的旅游发展可以说是全民参与[①]。

2. 以葡萄酒产业发展为基础支撑。从19世纪中期至20世纪初,当地居民和商人充分利用纳帕谷的先天自然优势,开垦葡萄种植园,建立酿酒制造厂,使农业种植业和酿酒加工业成为这一时期纳帕谷地区的主导产业,并逐渐形成一定规模。但小镇产业类型单一、发展无序粗放、生产程序分散的状态难以长期维持下去。其间,纳帕谷地区的农业经济还遭受到经济萧条、禁酒令、根瘤蚜虫侵袭等影响,部分酒厂开始倒闭,迫使产业发展停滞。

随着第二次世界大战结束,世界经济逐渐恢复,葡萄酒产业也迎来发展机遇,龙头企业开始对纳帕谷地区的葡萄酒生产工艺进行改造升级,政府也严格维护葡萄酒品质,以及加利福尼亚州大学戴维斯分校农业技术的推动,逐渐树立起纳帕谷地区独特的葡萄酒品牌,形成了包含葡萄种植、加工、销

---

① 王静思. 美国减贫制度及对中国的启示[D]. 北京化工大学,2016.

售、游览、展会等多功能的葡萄酒全产业链。借助葡萄酒品牌的影响力，20世纪80年代，纳帕谷地区的旅游业逐渐兴起，从酒庄参观、观光旅游到城镇功能的完善配套，形成了以葡萄酒种植、加工为主的"特色产业引擎"和围绕葡萄酒开发的"旅游吸引核"。其包含了酒庄参观、品酒、美食等饮食文化，自行车谷地游、豪华轿车游等体育活动，音乐、绘画、摄影等艺术展览，SPA、高尔夫、热气球等高品质休闲活动，葡萄酒、食品、庄园知识培训的文化活动，还有婚礼、晚宴、表演等很多丰富多彩的娱乐活动和娱乐设施，吸引了许多世界各地游客（见图6-3）。纳帕谷为外来的企业和旅行者提供从交通、住宿、餐饮到各类特色活动，同时将葡萄酒体验和葡萄酒文化加入并渗透到各个行程中，搭建了一个以葡萄酒产业为核心的国际交流合作平台。

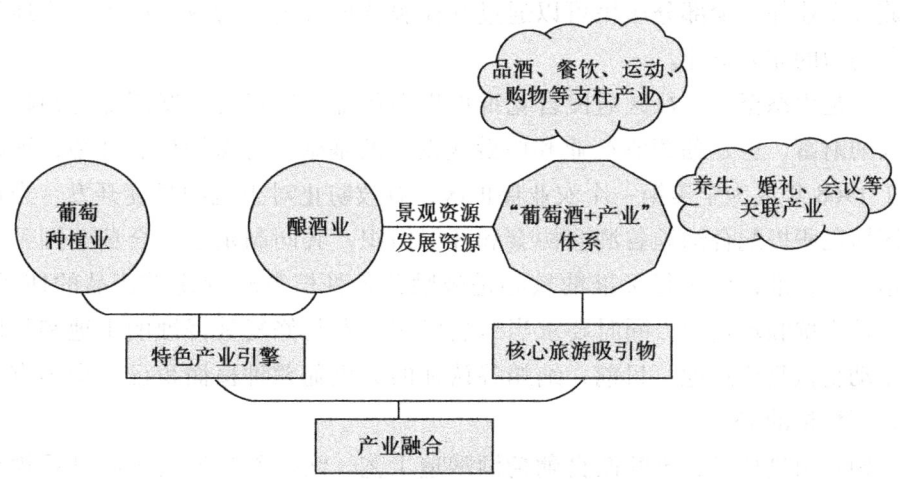

图6-3 基于居民参与的纳帕谷旅游发展方式

目前，纳帕谷葡萄酒产业已经变得更加精致、精细和精美，形成了全产业链，还实现了从生产经营到品牌经营，再到文化经营的跨越，一年为加利福尼亚州创收近千亿美元，同时提供了23.1万个岗位，为社区居民参与旅游做出了巨大贡献。

3. 纳帕谷居民参与包容性旅游减贫路径。

一是品牌为王，社区参与保护无形资产。葡萄酒品牌是吸引游客的最主要因素，纳帕谷的旅游发展一直与其注重品牌和品质保证分不开，除了政府外，当地居民一直努力维护着纳帕谷的葡萄酒品质。为了保证葡萄酒的质量，当地居民（家族管理）有意控制葡萄酒的产量，规定产区内每英亩的葡萄产量不能超过4吨,纳帕谷60%的酒庄年产量低于5 000箱。同时,为防止品牌的滥用,当地居民要求立法,于2000年正式实施AVA(美国葡萄酒产地制度),该法律规定凡使用纳帕谷品牌的酒,必须使用产自纳帕谷的葡萄。目前,由于品牌的保护,纳帕谷红酒身价倍增,大幅度增加了当地居民收入。

二是引入ST – EP(Sustainable Tourism – Eliminating Poverty,旅游减贫可持续发展)动力机制。该机制特别强调了"社区参与""社区收益"等关乎实际成效和发展能力提升的关键因素,用以解决在旅游过程中遇到的社会、文化、经济、环境等问题。纳帕谷社区居民在葡萄酒产业和旅游业发展中,参与度极高,该地区95%的企业属于家族式企业,由家族自己管理葡萄酒的生产,且当地在规划葡萄酒产业开发初始,就考虑到居民参与的问题,除了家族式企业外,少部分居民可以通过其他服务形式进行就业,保障了当地剩余劳动力的充分就业。

三是生态至上,社区居民自觉维护生态环境。良好的生态环境是纳帕谷最大的财富,也是葡萄酒产业和旅游业发展的基础。为保护生态环境,纳帕谷于1968年成为全美第一个农业保护区,有效防止对土地的过度开发。当地社区居民积极配合纳帕谷酒商协会和环保组织,共同制定了适合葡萄园种植和运行的标准,该运行标准的核心是鼓励葡萄种植者减少化学药品的使用,以保护土壤和水资源,同时要求当地居民积极参与修复被侵蚀的土地和帮助野生动物恢复栖息地。目前,纳帕谷认证的有机葡萄种植面积已占全美有机葡萄园种植的18%。

四是引进技术,不断改良葡萄酒酿造工艺。纳帕谷当地居民高度重视科学技术对葡萄酒产业的推动作用,加利福尼亚州大学戴维斯分校是世界农业与环境科学研究和教育中心,距纳帕谷不到100公里,农业技术研究水平可以排全美第一。纳帕谷与该校有着长期的合作关系,无论是对地质、土壤、气候、水环境的基础研究,还是在病虫防害、滴灌种植技术和酿造工艺的改良上,都走在葡萄酒技术实践和创新的最前端。在纳帕谷,不少酒庄的负责人都毕业于该校葡萄种植与酿酒专业。

三、美国居民参与包容性旅游减贫的启示

(一)加快三大产业融合,打通多元就业渠道

休闲农业、健康旅游、养老旅游、研学旅游、体育旅游、文化创意旅游、旅游金融、旅游装备制造等新业态的发展,极大地丰富了旅游减贫的渠道,

创新了旅游减贫的路径。扶贫方式的改变、居民收入的积累以及土地、房屋等产权的明晰等，使得贫困地区的人口不再单纯依赖劳动力获得收入，而是形成了包括工资性收入和利息、股息、租金等财产性收入的多元化收入渠道，旅游减贫更有保障。旅游作为服务性行业，很多岗位对专业技能的要求不高，能够给当地贫困人口提供丰富、多层次的就业，特别是在促进妇女、低学历人群就业以及当地居民就地就业等方面具有突出优势。发展旅游给很多贫困地区以及贫困人口提供了脱贫致富的新路径。

（二）健全包容性减贫机制，保障社区共享发展成果

成果共享是指人人共享经济发展的建设成果，企业建立利益共享机制的前提是提升自身核心竞争力。首先，要大力提升企业素质，做大做强企业品牌，搞活经营机制，加快建立和完善利益共享机制，让社区共享旅游经济发展的成果。其次，为当地旅游社区创造更多的就业岗位，优先聘用当地居民到企业就业，解决当地社区劳动力剩余问题，建立利益共享机制。此外，要注重社会福利事业，特别是关注与景区相关的社会弱势群体，建立利益共享机制以获得更多的社会认同和支持。目前，社区参与旅游发展形式多样，可以直接在旅游企业就业，也可以通过培训就业、创业。而社区收益的核心是：当地人在旅游企业就业；通过当地居民或企业雇用当地人向旅游企业提供商品和服务；当地人直接向游客销售商品和服务；当地人建立和经营旅游企业；对旅游收入或利润征税，收益有益于社区；旅游企业和游客的自愿捐赠或支持；旅游业对基础设施的投资使东道社区受益等（见图6-4）。

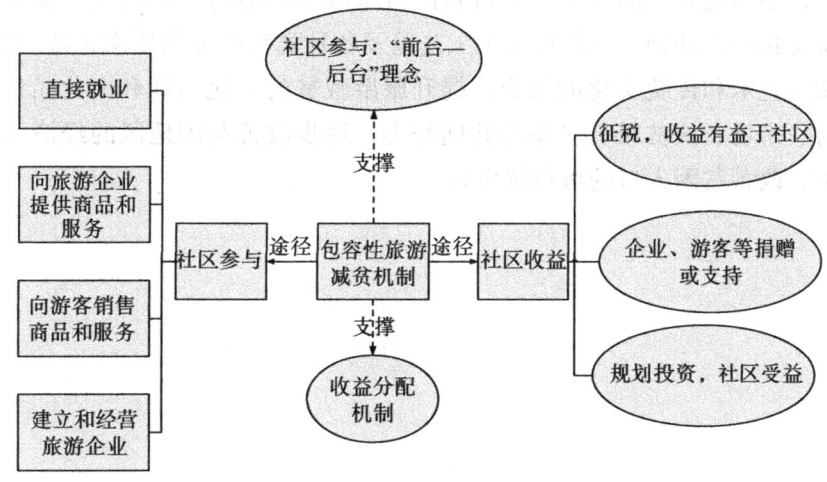

图6-4 基于居民参与的包容性旅游减贫机制

（三）加强多元文化创意，催生旅游减贫新亮点

当前，部分旅行经验丰富的游客正在从一般意义上的观光游览，转向对高品质生活方式的分享和地方独特文化的体验。世界文化丰富多彩，每个地域、每个社区、每个季节都有丰富的地域文化和历史文化可供挖掘、整理和开发。正因如此，文化在旅游减贫事业中的贡献日益为国际社会所重视。培养文化人才、利用文化资源、建设文化基础设施、发掘文化经济价值等逐渐成为国际上贫困地区实现旅游减贫的重要手段。

（四）扶贫与扶智相结合，增强旅游减贫可持续性

贫困地区之所以贫困，最重要的原因之一就是缺少发展需要的人才，而很多贫困地区之所以得到快速发展，恰恰是有"能人"的带动和"贵人"的扶持。一是改变传统扶贫观点，扶贫不是直接给予物质或资金，满足居民个体的惰性思想和行为，避免主动贫困。二是扶贫观点的改变关键还是扶贫的方式改变，从传统的直接扶贫方式改变成为精准扶贫、产业扶贫、劳动扶贫的方式。三是扶贫观点的改变需要结合脱贫教育、技能培训、取消"假"贫困户等方法路径，从自身能力和意识提升到扶贫政策享受的监督多方面落实。四是改变扶贫观点需要农村精英带头影响。通过精英脱贫致富的影响力，促进农民扶贫观点的改变，变被动为主动。

（五）尊重居民首创精神，激发其创业创新热情

充分调动老百姓在旅游减贫中的积极性和创造性，尊重贫困人口的首创精神，激发他们旅游创业创新的热情。一是做好贫困地区旅游人才队伍的培养工作，不断提升贫困地区旅游减贫的可持续发展能力。二是进一步实施优秀传统文化振兴计划，支持传统手工艺以及各种类型的非物质文化遗产发展，支持现代艺术和传统文化的结合，提升旅游减贫的文化内涵和文化品位。通过政府、市场、扶贫减贫对象的共同努力，逐步改善贫困地区的经济社会发展水平，改善贫困人口的可持续生计。

第四节　游客参与能力：泰国包容性旅游减贫的实践与启示

一、泰国旅游减贫的发展现状

自 1980 年以来，作为东南亚地区的第二大经济实体的泰国经济逐步繁荣发展，一方面促使泰国国内人民生活水平不断提高，另一方面国家和居民个人在应对贫困这一国际性问题上的能力不断提高，截至目前，泰国处于绝对贫困已经消除的发展阶段，国家内贫困人口的数量大幅减少，不仅得益于经济繁荣、社会进步、教育提升等因素，旅游作为减贫元素中的重要一环在其中也发挥了十分重要的作用。当前，在中国与泰国政府参与国际减贫合作以及"一带一路"倡议等新的形势下，不仅对泰国旅游业的发展带来了积极的影响，同时对旅游发展促进减贫事业也有着深刻的影响。截至目前，泰国旅游减贫的发展现状呈现如下：

（一）旅游成为减贫的重要方略

经济全球化的浪潮不断挑动着泰国政府面对和处理国内社会贫困问题的神经线，尤其是不间断寻求缩小国内贫富差距，实现社会协调统一发展的良策。自 1985 年，泰国政府就已经将旅游业发展作为国家重点支持发展的一项事业，并将其重点列入国民经济发展计划中。20 世纪以来，泰国政府在促进本国经济发展，实现国内人民繁荣富裕的道路上积极寻求变策，如实施"东部经济走廊"战略、积极参与"一带一路"倡议、加强同东亚与东南亚地区邻国的经济合作等一系列发展策略，并努力与合作国建立和推动区域经济一体化发展，以实现合作共荣的发展局面。此外，2019 年泰国政府在参加旅游促进世界发展大会后，更是表示要积极借鉴中国政府开展旅游减贫的成功经验，让更多的民众家庭能够享受旅游业发展带来的收益，用以促进本国国内旅游业发展和推动国内反贫困事业。

泰国政府已经将发展旅游产业，尤其是包容性旅游产业作为当下国内缩小贫富差距，提升人民生活水平的重要战略。包容性旅游发展方位的定位为在旅游发展的工作中，要致力于减小社会的贫富差距，让旅游发展对社会贫困居民增加收入有所帮助。泰国政府目前正在倡导和实施学习中国旅游发展的办法，编制全国各地分散旅游收入的指标数据，泰国旅游局制订的类似在全国分散旅游的指标计划已经取得了十分不错的效果。如2019年泰国政府制订的"泰国不可错过的12个旅游城市计划""不可错失的12个旅游城市超值旅游路线计划"等，这些对旅游业发展的重大决策让沿线24个城市居民的收入增长了15%，国内旅游与国际旅游收入成功分配到社区及社区居民的手中，对泰国减少贫困、增加收入，提升人民生活水平起到了十分重要的作用。此外，作为"亚洲最具异国风情的国家"的泰国的政府一直十分重视国内旅游业发展，集大力吸引国外游客用以增加国内收入与繁荣国内旅游产业以实现财富再分配的包容性旅游减贫已成为泰国实施减贫的重要方略。

（二）旅游减贫的实践丰富立体

自2018年以来，泰国政府致力于繁荣和发展国内旅游产业，以提升人民生活水平和缩小贫困差距的实践日益增多，实践的成果也不断完善。2018年作为泰国政府全力推进国内重大基础设施建设的关键之年，其《2018年东部经济走廊法案》的颁布对推动国内基础设施的完善起到了重要的推动作用。其中，该法案中明确提出，要在2023年之前完成连接曼谷国际机场、廊曼国际机场和芭堤雅国际机场的高铁项目，以提升区域联动和完善国内旅游交通的通达度。该法案还提出要扩建芭堤雅国际机场、推进马达浦码头的运输项目等基础设施的完善项目等，这些泰国政府推动旅游产业发展所需的基础设施项目，不仅为后续旅游产业更好、更快发展提供了良性基础，而且对拉动国内经济消费、优化社会资源配置起到了不小的作用。截至目前，泰国政府批准且已经实施的"大型基础设施投资近期计划"，诸多建设项目已经取得了重大进展，同时，泰国政府也声称将会继续持续不断推进大型基础建设项目，以为后续产业发展和缩小国内贫富差距打下坚实基础。

此外，为积极吸引更多国外游客，尤其是针对发生的少数游客被困等事件的后续不良反应，泰国政府积极与周边国家改善国际关系，致力于加强同周边国家的经济合作，对国内旅游产业采取一定的补救措施。如2018年普吉岛倾船事件后，在面对国内外游客旅游信心递减的困境时，泰国政府于2018年11月正式宣布，对全球21个国家和地区的游客免除落地签证费等积极的应对措施，不仅重拾了国外游客赴泰国旅游的信心，也对快速恢复国内旅游产业，迎接旅游旺季做了充分的铺垫和准备。

（三）旅游减贫的实践效果明显

泰国与其他发展中国家一样，在经济发展取得较大进步的同时，也面临着国内不同地区的严重贫困问题，特别是1970年以后，经济全球化与一体化浪潮更是将泰国国内贫困问题推向更加尖锐的地步。但作为东南亚地区第一个在全国范围内发起发展旅游的农业大国，泰国其实很早就已经制定了较为完善的旅游产业发展的顶层设计，同时国家旅游局也积极开展与国内私人的合作，积极开发有价值的旅游资源，大家共商共讨旅游发展与社会减贫的策略。在这种优良的合作背景下，泰国旅游产业发展始终保持着较强的发展势头，旅游产业的发展也极大促进了泰国国内人民的就业，不仅创造了巨大的外汇收入和社会的良性发展，也为泰国政府赢得了较好的国际声誉。例如，在2000年赴泰国旅游人员为泰国所带来的外汇收入为2 105亿泰铢，2004年就已经提升至3 223亿泰铢，且2015年仅曼谷旅游收入就占到泰国国内旅游总收入的39%。截至2018年，泰国旅游全年实现外汇收入5 807亿泰铢，同年入境泰国的中国游客也增长至1 060万人，与2017年同比增长7%左右。

日益增长的旅游外汇收入，一方面增加了泰国政府的外汇储备，另一方面也极大地增强了国内人民的生活水平，极大缓解了国内的贫困状况，国内贫困人口数量大量减少，贫困人口比重已有2010年的7.8%下降至2018年的3.4%。虽然，泰国国内贫困人口脱贫的成效并不能完全依靠旅游收入增加来单一解释，但旅游收入的增加确实在一定程度上增加了贫困地区居民的家庭收入，提升了贫困地区居民的生活水平，在泰国国内贫困状况较为严峻的北部地区，居民已经逐步实现家庭收入结构的转变，即由原先绝大部分收入来源于农业纯利润向农业利润与第三产业利润结合的转变。

（四）旅游减贫面临诸多困境

对于泰国旅游减贫而言，旅游安全成为面临的首要困境。旅游安全是一国旅游产业可持续发展的关键因素，国内政治稳定是确保一国旅游产业良性发展的重中之重。2018年，泰国旅游行业中频频发生的旅游安全事故，如游艇爆炸事件、中方游客在机场遭受殴打、普吉岛倾船事件等，在世界范围内引起了重大关注，对泰国旅游产业的进一步良性发展忧心忡忡。虽然在此期间，泰国政府积极处理和应对突发的旅游安全事故，也在后续处理和进一步加强国内旅游监管等问题上的处理措施得到了社会各界的认可，但一定程度上，此类旅游安全事故对泰国旅游产业发展也造成了一定的负面影响。此类事件不仅影响到泰国旅游产业的发展及旅游减贫与促进社会贫富均衡的效果，一定程度上也影响到泰国与周边国家的国际关系，一旦处理不好便会导致后续一系列不良反应，这些都构成了泰国政府在实施旅游发展战略和旅游减贫战略中的不利因素，也成为泰国旅游可持续减贫的潜在威胁。2018 年，英国 Endsleigh 保险服务公司发布一项调查数据显示，东南亚地区的泰国竟然成为全球旅游最危险的国家，排在世界首位。

此外，泰国旅游业在快速发展和缩小国内贫困差距的同时，也面临着国内旅游资源开发过度、旅游资源同质化倾向以及旅行社行业内部恶意竞争等困境，严重影响了泰国在国内外旅游者心目中的良好印象，降低了旅游者旅游的认可度和愉快体验。泰国旅游业的发展也给当地社会、经济和环境等带来了一定程度的不良影响，如废水、废气及环境污染问题、旅游交通的拥堵问题、基础设施建设引发的土壤破坏和物价上涨等问题，也影响到了地方居民的生存环境，这些因素都构成了影响泰国后续可持续开展旅游减贫战略的重要方面，成为泰国政府在实施旅游减贫战略面临的诸多困境之一。与此同时，较为动荡的国内政治局势以及竞争日益激烈的国际旅游形势，也对旅游业可持续减贫造成了较为不利的影响，使得国内外游客对赴泰国旅游产生担忧，也构成了泰国旅游减贫的不利因素。

二、旅泰游客参与包容性旅游减贫的实践路径

泰国政府在发展国内旅游产业及开展国内反贫困事业的同时，已经形成了较为系统的包容性旅游发展的策略，在对国内外游客赴泰国旅游所产生的一系列问题的处理时也形成了自身处理智慧。一方面，这些包容性旅游发展与国内反贫困事业协同推进的策略大幅减少了泰国国内的贫困人口数量和贫困人口比例；另一方面，这些协同推进的策略及策略组合，也成为世界范围内其他许多国家可以效仿和借鉴的蓝本。在当下研究中，通过梳理、阅读和整理现有可查询的文献资料，以及泰国政府、泰国旅游局等政府部门的公文指示、国内外新闻网站已报道的相关讯息等资料，我们可以发现在泰国政府已经形成了较为系统的基于赴泰国游客参与国内包容性旅游减贫战略的实践路径。旅泰游客参与泰国包容性旅游减贫战略是基于包容性旅游与国家反贫困战略协同发展的路径之一，其核心是围绕国内包容性旅游发展而形成，其对游客旅游责任（具体包括自我责任、政府责任、地方居民自认等部分）的界定与管理已经形成当下较为系统和成熟的游客参与旅游和减贫事业的路径（见图 6-5）。

第六章 国外包容性旅游减贫的典型案例分析 | 175

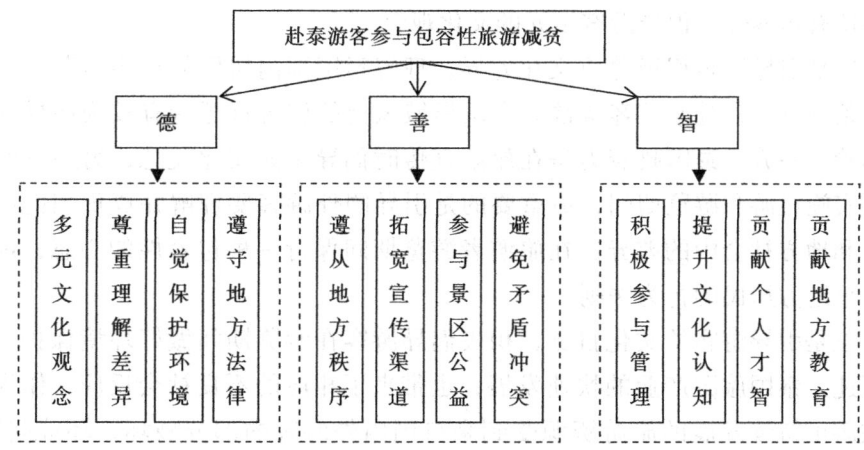

图6-5 赴泰游客参与包容性旅游减贫的路径

赴泰游客参与国内包容性旅游减贫的路径可以归纳为：泰国政府制定的以旅游包容性发展为基础，以国家反贫战略目标为导向，以激发赴泰游客德、善、智为具体抓手的促进国内旅游发展路径。政府作为泰国包容性旅游发展的根基与核心部门，一直以来所提倡的善治是该路径体系的核心价值理念，在泰国政府历年所制定的"国民经济发展计划"中都有所体现，例如第九个五年计划中明确表示"要优先发展国内旅游产业，要将泰国打造成国内外高质量、可持续的世界旅游目的地，尊重公民基本权利与教育权，并大力保护国内旅游目的地的自然与人文社会资源，实施可持续发展"。具体来说，其包括：

（一）推崇道德旅游，引导游客价值观念多元化

泰国政府在致力于推动国内包容性旅游发展的同时，也始终带着十分友好的、善意的态度接受国内外游客赴泰旅游，其中泰国政府对赴泰游客的"德"文化与"德"品质十分注重，也形成了该国较有特色的包容性旅游发展的其中一环。

一是泰国政府在实施旅游包容性发展战略时，一直倡导要提倡赴泰游客要持有多元文化观念。众所周知，泰国旅游产业的快速发展，是基于其国内十分多元的旅游资源，品种多样、特色明显的异域文化成为其重要的旅游特征，其中包括虔诚的佛教文化、丰富的节庆文化、极富特色的人妖表演、独具特色的饮食文化以及风景秀丽的自然资源等。在这些文化特征与赴泰游客所属国家文化特征具有鲜明差异的情况下，游客会不自然地产生文化差异，泰国政府也深知此点，也在国际上宣传其旅游产业时着重倡导对泰国旅游文化要持有包容性，倡导游客多元的文化观念。

二是引导游客积极尊重文化差异，理解泰国国内居民的行为示范。基于第一条的分析，赴泰游客常常对泰国异域风情的旅游资源持有较为诧异的旅游体验，一方面泰国政府力争在旅游宣传时倡导多元文化观念，另一方面在游客实施旅游和游览期间，更重要的是引导国外游客要理解并尊重国内地方居民和地方社会中的差异，在旅游者游览期间保持一种包容性的心态，理解和尊重地方居民的行为法则。

三是引导游客的文化自觉，积极倡导游客在游览期间做好环境保护。如前所述，泰国旅游产业的快速发展，也带来了相应的不良社会反应，作为国内旅游可持续发展的旅游资源受到来自国内外游客的部分破坏，环境问题、交通压力以及部分社会问题等严重影响旅游可持续发展和包容性旅游战略的实施。为此，泰国政府不仅加强了对环境保护的法律规定，以法律法规约束游客的不当言行举止，同时也在积极倡导和营造游客游览过程中要主动参与环境保护行动，用游客自身的正能量带动和影响其他赴泰游客，从而形成全社会、全部旅游者良好的环境保护氛围。

四是加强国内法律立法进程，强化游客法律认知，提升游客遵从法律自觉意识。在营造良好社会氛围的同时，泰国政府也始终致力于国内旅游法律立法领域的相关建设，不仅出台了国内旅游产业的行业管理条例，还出台了赴泰旅游游客的法律宣传手册，这些政策的最终落脚点是要引导和规范赴泰游客在泰旅游期间的旅游行为，以法律法规这一道德底线来规范国内旅游产业，规范赴泰游客正规参与泰国包容性旅游战略，正向推动泰国包容性旅游产业发展。

（二）提倡善意旅游，鼓励游客参与地方旅游管理

泰国旅游所倡导的善意旅游，是基于其国内内涵丰富的佛教文化影响而形成的一种旅游理念，善意旅游或称为旅游中的善意，从赴泰游客的视角理解便是，赴泰游客在游览、观光和体验过程中要时刻规范好自身的行为举止、在力所能及的范围内提供协助、游览期间尽量避免矛盾冲突等。泰国政府在包容性旅游发展战略的实施过程中，倡导游客善意旅游的具体的表现如下：

一是泰国政府在强化国内法律法规及行业规则与制度的同时，积极倡导赴泰游客遵从地方社会生产的秩序，对地方社会的文化持有包容性的心态。一方面，赴泰游客与其国籍所在国在社会生产秩序上存有明显的差别，社会运行体系也有较大差异，包括制度体系、经济制度、生产制度等，也会导致

部分赴泰游客在泰旅游时难免产生部分"分歧"，在日益多元化的泰国社会中，政府也正极力倡导国外游客要遵从地方社会生产秩序。另一方面，在面临紧急突发事件时，泰国政府更是要求国外游客积极听从政府安排，相信泰国政府。

二是善意旅游中很重要的一点是积极发挥个人或团队力量，积极为泰国旅游做好宣传工作。一方面，泰国政府在积极宣传国内旅游资源的同时，也鼓励赴泰游客通过自身的所见所闻以"口口相传"的方式助力泰国旅游产业宣传。另一方面，从赴泰游客自身的善意出发，也有责任积极参与旅游宣传事业，从而助力泰国政府实施的包容性旅游产业发展战略。举手之劳，便助之，则为善。

三是作为游客旅游目的地的旅游景区、景点也常常参与国内反贫困战略之中，国内各个景区也在尽自己的力量推动国内反贫困进程。一方面，作为赴泰游客的国外旅游者，实施善意的旅游还在于要积极参与景区的开发、管理和运营，时常关注景区动态、了解景区运营状况，发现并主动向旅游目的地管理人员献计献策，助力景区运营。另一方面，在旅游景区、景点作为社会公益参与者时，泰国政府也鼓励国外游客参与社会公益，以推动国内公益事业和减贫事业的发展。

四是泰国政府一直正面面对国内旅游产业发展过程中的矛盾和冲突问题，并采取了积极的应对举措。例如泰国政府对引起广泛关注的沉船事件、游客被困事件等都作出了积极的、正面的处理。地域差异、文化差异与认知差异等问题是导致国外游客赴泰旅游产生矛盾与冲突的主要原因，泰国政府在积极宣传其文化特质的同时，也倡导游客要通过积极合理的渠道，反映游览过程之中可能出现的矛盾与冲突。而从游客善意旅游的角度来说，做好自身善的修养，不主动挑起事端，不刻意制造矛盾和冲突，也是游客积极参与包容性旅游产业发展十分重要的环节。

（三）吸纳旅游智慧，倡导游客积极贡献个人才智

群策群力始终是泰国政府在各领域发展中较为推崇的管理模式，在对国内外旅游产业发展时也不例外，关于作为游客参与包容性旅游发展战略中，泰国政府当下的主要策略有：

一是赋予游客参与泰国社会事务的发言权。政府积极鼓励赴泰游客和国内社会组织、公民积极参与国内旅游事业的建设、管理及运营，给予游客、公民和社会组织更大的自由发言权，极力吸纳游客所给予的良好建议，赴泰旅游的游客与国内公民及社会组织也确实在一定程度上推动了泰国旅游产业的良性发展。

二是积极重视国内教育事业，提升游客文化水平，为其营造良好的教育环境。泰国政府除一直致力医疗卫生事业、法律公平领域之外，还十分重视国内旅游产业相关人员的培训和教育，以提升旅游产业相关利益主体的文化认知，力争用高水平的服务迎接国内外游客。与此同时，泰国政府也积极倡导国内外赴泰游客在泰国旅游期间积极提升自身文化认知，并为泰国政府旅游产业献策献力。

三是积极倡导游客提供有建设性意见的良策，发挥国外赴泰游客的智力。泰国政府为了做到更好、更快发展，始终注意倾听来自游客的意见和来自社会群体的广泛建议，允许国内外游客及旅游产业相关利益群体向泰国政府提出的不同的改进建议。泰国政府已经有相关倡导和实施细则，表示赴泰游客若提出真正有意义的改善方案，则其日后赴泰旅游也享有一定的额外权益。这条讯息明确显示出，泰国政府始终在注重赴泰游客个人才智，并积极主动吸纳游客高质量发展建议。

四是积极倡导和引导赴泰游客理解、支持、参与和贡献泰国国内的地方教育事业。与其他发展中国家相比而言，泰国在地方基础教育上的投入资金并不充裕，相应的国内地方教育水平也参差不齐，教育水平也相对较为落后，导致国内旅游产业发展出现种种不良反应，出现不少因语言沟通不畅导致产品滞销，以及旅游接待者或旅游服务人员因教育水平相对较弱而无法真正参与国内旅游发展等社会现象。泰国政府很早就注意到了此种问题，因此，在当下实施的旅游包容性发展战略过程中，积极引导赴泰游客发挥个人才智，在赴泰旅游期间积极为地方教育事业贡献力量，一方面这不仅有利于游客更加深入了解地方文化，另一方面也会提升地方居民的文化认知，如此则达到两全其美的效果。

总之，泰国政府在实施国内旅游包容性发展战略的过程中，已经形成了较为系统的对赴泰游客参与国内产业发展与反贫困事业的路径，该套路径系统也是彰显了国内独具特色的文化特征，展现了国内旅游产业发展的坚实基础。其中，所倡导的"德""善""智"三者相互交叉、相互融合的包容性旅游发展路径，也成为泰国实施包容性旅游发展的特征与特色。

三、旅泰游客参与包容性旅游减贫的启示

泰国作为东南亚地区最受旅游者期待的旅游目的地，在全球旅游产业竞

争日益激烈的形势下依然能够保持快速发展，同时与泰国政府在国内反贫困战略的统筹协调推进过程中的无缝衔接，都显示出泰国在统筹推进国内包容性旅游发展和旅游减贫事业之中必定有其可以借鉴的经验或启示。

（一）政府统筹社会、游客与居民积极参与旅游事业发展

从当前可以查阅的资料显示，泰国始终面临着亟待解决的贫困问题，由贫困问题而引发的众多次生问题也成为泰国政府在实施社会治理过程中必须要面对的重大难题。面对世界范围内第三产业的快速发展，同时结合泰国国内众多优质的旅游资源、文化特色等，泰国政府极力推崇和实施包容性旅游减贫战略，也作出了该战略实施的顶层制度设计，并从全国层面力推该战略用以解决国内社会经济发展过程中的诸多难题。

从以上分析，也可以很清晰发现，泰国政府针对旅泰游客参与包容性旅游减贫的选择路径与应对政策呈现出当下实施包容性旅游减贫战略是集泰国政府、地方社会、国内外游客、社区居民、旅游投资者以及景区管理者等多种利益相关者为一体的协调、统筹推进的过程。

一是坚持政府主导模式。一方面，泰国旅游行业多数采用了政府主导型发展的模式，这也成为许多国家纷纷效仿的景区运营和发展模式；另一方面，这也显示出政府主导型旅游减贫战略是适应当下泰国社会发展环境的。

二是制定包容性旅游减贫战略。政府主导的包容性旅游减贫战略，不仅可以统筹规划泰国国内的优质旅游资源、规划国内基础设施建设、规划优质旅游路线、制订旅游发展规划，在协调各个利益主体的权利与责任、统筹宣传国内旅游资源等方面有着自身的优势，同时在促进国内经济发展，实现国内旅游收入总量增加及社会财富均等化方面也有着自身的特色。

三是积极倡导游客参与旅游经济共建共享。在泰国国内政治局势较为紧张的时代背景下，以政府为牵头部门，统筹协调国内、国外关系，以吸引更多的国外游客参与国内经济建设与发展也足以称为泰国政府推崇的"泰国经验"。

四是始终坚持旅游助力贫困人口减少这一发展目标。包容性旅游减贫的核心落脚点是减少国内贫困人口数量，提升国内人民生活水平，实现社会财富的再分配。泰国政府致力于的国内反贫困战略本身便是统筹协调国内各行业、各群体、各组织的过程，作为第三产业的旅游业同样也会涉及地方社会中的不同利益部门、利益群体，泰国政府将旅游业的可持续发展与国内反贫困事业结合而推崇并实施的包容性旅游减贫发展战略在政府追求、社会期待、居民认可等方面形成了强大的认同感，这也将成为其他国家在制定相关国家战略、实施宏观、中观和微观战略决策时可以借鉴的经验、启示。

实施旅游产业可持续发展与推进国内反贫困事业前行，成为泰国包容性旅游减贫战略实施的契合点，旅游产业发展所涉及的利益群体与反贫困战略必须面对解决的困境群体在一定程度上的相似性为泰国政府实施包容性旅游减贫提供了可能，泰国包容性旅游减贫的不断实践为泰国政府进一步更好地实施该战略提供了优良的经验，提升了后续更加顺畅协调包容性旅游减贫战略中的地方政府、社会公众、外国游客、地方居民、景区管理者等多种利益群体的信心。

（二）积极发挥政府职责，做好制度完善，协调各方利益

作为以政府主导型旅游发展策略为主的泰国，泰国政府以及地方政府在推动外国游客参与国内包容性旅游减贫战略过程中发挥了极其重要的作用，在积极发挥政府职责、完善法律法规，积极协调各方利益、完善基础设施建设等方面已经形成了一套可以借鉴的模式，具体包括：

一是基于国内包容性旅游发展战略，持续不断加强和改善国内基础设施建设，补充与完善国内基础设施制度为战略实施提供坚实的发展保障。包容性旅游减贫中重要的一环是以旅游发展为抓手，完善旅游发展的各环节便摆在了十分重要的位置，泰国政府积极改善国内外交通网络，加强相连景区道路建设，修建重点旅游景区、景点发展的专用道路，以及扩建机场规模、高铁数量等基础设施建设工程，不仅提升了国内居民出行的便捷，也为更好地吸引国外游客赴泰旅游提供了吸引点。

二是不断强化国内景区管理制度，优化和规范行政组织处事规范，练好内功，随时做好战略实施的准备工作。政府主导大规模实施基础设施建设的同时，也要求全国各地的旅游景区完善景区管理、指标引导系统，以及景区和住宿环境卫生等工作，发挥群策群力以提升旅游产业发展的质量，鼓励社会团体、地方居民及社会资本参与旅游产业建设。

三是明确主体责任，优化全国范围内的旅游管理体制。政府作为国家政策的制定者和执行者，对于全国旅游产业和旅游发展的统筹规划是十分重要的。当下泰国政府在构建全国旅游包容性发展战略之时，也要积极寻求国内外专家、学者的建设意见，并积极探寻国外旅游发展、部门设置、责任分工等优秀经验，避免了走进闭门造车的死胡同之中。

四是加强国内法律法规完善程度，建立包容性旅游减贫的法律保障体系。

完善、优质的国内法律体系是确保行业发展、社会进步、经济腾飞的有效保障，泰国政府一直致力于完善国内相关法律法规，及时修订现有法律法规中的政策漏洞，力争给予赴泰游客一个健康、稳定、安全的旅游社会环境。积极推行依法治业、依法发展、依法管理、依法实施的治理模式，这套追求完善法律体系的经验，也可以成为泰国实施包容性旅游减贫的重要策略之一。

完备的法律体系与法律保障，是一国实施重大国家战略的前提条件之一，泰国政府一直致力于完善国内法律体系的做法为当下实施包容性旅游减贫战略提供了良好的环境和氛围，也为赴泰游客的人身安全、游览安全提供了保障。与此同时，加强制度建设，完善相关制度体系，也为规范泰国国内居民的行为规则，减少社会动乱、强化社会治安提供了制度支撑。在当下全球政治局势较为动荡的局面下，做好国内制度建设，维持国家政治稳定、社会平安成为全球各国的首要任务，也只有在良好的国内外环境氛围下，包容性旅游战略的实施才可以更快、更好，效果才会更优质、更明显。

（三）大力推动旅游的绿色发展，激发绿色经济的减贫功能

赴泰游客参与包容性旅游减贫战略的路径显示出泰国政府在战略实施过程中绝对主导性特点，旅游产业及旅游产业链发展则充分显示出旅游资源的重要性，正所谓"巧妇难为无米之炊"，充分保护和合理开发、运营现有旅游资源，实施绿色发展、保护优质旅游资源免受破坏，便成为可持续实施包容性旅游战略的基础环节。一旦国内旅游资源遭受破坏、不合理开发、不可持续运营，便会导致泰国政府制订的顶层设计方案无法真正落地，也无法取得预期成果，而当下泰国政府的主要做法与启示有：

一是落实推进绿色发展理念。泰国政府在实施旅游发展的政策时，制定了将环境保护放在第一位的发展原则，坚实可持续发展理念，充分协调短期利益与长期利益之间的关系。同时，积极贯彻旅游资源保护的主体责任制，在旅游开发过程中严格执行相关资源保护条例与规章制度，并在后续评价指标之中着重引入了相关资源保护的指标。

二是设施绿色发展战略，创新旅游可持续发展模式。在当下信息技术十分发达的时代，泰国政府也积极探寻运用 21 世纪的新技术再度推动包容性旅游的发展，其中，推动信息技术以增强旅游企业的竞争力、完善旅游产业的整个生产链条，进而激发包容性旅游产业的发展的潜力也是泰国政府在打造游客深度参与包容性旅游发展的重要特质之一。

三是积极倡导绿色技术在旅游产业和设施中的应用。泰国政府极力倡导采用可再生资源与替代能源，积极发展国内替代能源产业，以辅助和补充当下包容性旅游产业发展所使用的消耗能源。泰国政府采取了支持产业发展过程中的废旧物资再利用、强化旅游发展社区的废水处理能力、增加旅游目的地周边的绿地面积，在全国范围内开展绿色环保公益行动以及营造强有力的环境保护意识氛围等措施。这些措施不仅强化了国内居民的资源保护意识，同时也对改善地方居民的生存环境起到了不小作用，改善生存环境、提升生活质量本身也是泰国实施国家反贫困战略的重要内容，保护优质旅游资源与改善、保护生存环境在此形成了有效的衔接。

四是对赴泰游客服务人员的相关培训与教育。旅游服务人员作为泰国包容性旅游战略实施中的基层工作人员，其知识水平、认知程度与服务质量等因素会从很大程度上决定泰国这一国家战略的实施效果，赴泰游客在游览期间，其知识获取、行为规范等也会很大程度上受旅游服务人员的影响。泰国旅游产业发展之初，也曾面临旅游服务人员技术水平较低、文化层次较低、专业素养缺失等困境，但目前泰国政府已经形成了包括中专、大专到本科等不同等级的专门用于培训旅游从业人员、旅游服务人员的培训体系，同时也已经构建了与国内高水平院校的积极合作关系。在逐步完善的高水平的旅游服务群体的带动和影响下，赴泰游客也会提升自我的旅游资源保护意识，从而有利于泰国包容性旅游战略的实施。

（四）营造良好的旅游发展氛围，倡导游客德、善、智的旅游体验

文化作为贯穿一国历史长河的存在，必定会持续影响一国的发展与决策。泰国作为东南亚地区佛教文化的发源地与盛行地，提倡道德、善的文化理念充分贯彻到了国家、社会与居民的各个领域之中，包容性旅游减贫战略在泰国的顺畅实施与泰国的佛教文化、多样包容的文化观念不无关系，赴泰游客参与泰国包容性旅游减贫战略的选择路径也证实了两者之间的强有力关系，包括：

一是充分挖掘游客认知"异文化"中的德的因素。充分引导国外游客赴泰旅游过程中主动参与包容性旅游战略的积极性，倡导游客对泰国旅游的感受体验进行真实的、确切的记录与描述，其中包括对景区的整体感受、对总体服务质量的感受、住宿条件的满意度、国内交通通达度的满意度以及具体游览观光过程的感受度等。积极倡导国外游客旅游过程中的旅游道德与引导游客实施道德旅游，也成为泰国政府推行包容性旅游减贫战略的特征之一，收集与整理赴泰游客的真实旅游感受，听取游客的有效建设意见，及时对不

完善、不合理的旅游运行环节进行修正，便成为推动战略前行的重要经验。

二是充分挖掘游客认知"异文化"中的善的因素。泰国政府在实施包容性旅游减贫战略时便充分认识到泰国佛教文化中的暗含因素。在泰国政府实施的国内外宣传时，重点将佛教文化所倡导的善引入包容性旅游发展战略之中，积极向游客展现佛教文化中积极向善、慈悲的理念，引导游客善意旅游，同时倡导游客在游览之中主动关注旅游权益、关爱弱势群体，积极践行游客的社会职责。从另外一层面上也可以说，赴泰游客积极倡言体验感受、实施负责旅游，本身就已经是参与到善意旅游中，保持善意旅游、负责任旅游成为泰国政府实施包容性旅游减贫战略的重要特色之一，也为世界其他国家再度深挖旅游背后的文化因子提供了借鉴与启示。

三是充分挖掘游客认知"异文化"中的智的因素。积极寻求赴泰游客的智力支持，国家所倡导的包容性旅游减贫是一项长期的、系统的、全局的战略工程，在具体实践的过程中难免会出现不良反应，积极听取游客及系统工程参与者的反馈意见，深度思考游客提出的改善建议，从而有利于进一步促进国家战略的良性运转。泰国政府也始终致力于寻求赴泰游客所提出的善意改进意见，在旅游景区、景点及泰国旅游局、地方政府等部门打造意见沟通的有效渠道，也实现了较好的效果。

作为国家战略的包容性旅游减贫战略是一项国家系统工程，其任务繁重、环节繁多，精准实施该战略不仅需要国家层面顶层制度设计得科学合理，更需要地方社会、基层群众的配合以及社会大众的群策群力。泰国政府在实施国家包容性旅游减贫战略过程中，充分吸收社会大众、国外游客智力支撑，引导外国游客负责任旅游、善意旅游以及道德旅游的做法是较为成功的，也可以为当下中国在新时代背景下深入开展包容性旅游减贫战略提供一定的经验借鉴。

第七章 国内包容性旅游减贫的典型案例分析

第一节 基于政府服务的贵州省贵阳市包容性旅游减贫实践

一、案例选取与材料收集

本案例研究选取的是贵州省贵阳市。贵阳市有着丰富的自然旅游资源和深厚的历史文化旅游资源，是中国重要的生态休闲度假旅游城市，其境内有30多个少数民族，有山地、河流、峡谷、湖泊、岩溶、洞穴、瀑布、原始森林、人文、古城楼阁等32种类型旅游景点，是首个国家森林城市、国家循环经济试点城市、中国避暑之都，荣登"中国十大避暑旅游城市"榜首，是2018年度《中国国家旅游》最佳优质旅游城市。

贵阳市采用十大行动策略实现旅游事业的发展，具体包括：一是围绕帮助贫困地区开发各具特色的旅游产品、开展形式多样的旅游活动，编制《贵阳市旅游扶贫行动纲要（2017—2020年）》，为旅游精准扶贫做好顶层设计。二是实施旅游资源开发扶贫行动，重点将贫困地区新发现的资源优先予以开发，优先解决建档立卡贫困人口就业。三是实施乡村旅游基础设施提升行动，加快推进小康路、小康水、小康房、小康电、小康讯、小康寨建设，改善乡村旅游综合环境。四是实施旅游扶贫精准招商行动，因地制宜、精心策划包装一批依托乡村优势资源、市场潜力大、产业引领性强的中高端旅游项目，有针对性地策划上报一批旅游扶贫招商项目。五是实施旅游扶贫示范区打造行动，建设一条乡村旅游景观步道、一批旅游厕所、一批生态停车场、一批地方特色旅游商品、一批旅游标识标牌、一个游客服务中心、一家以上乡村旅游客栈、一家以上星级农家乐、一支讲解员队伍和一本导游词。六是实施农户变股东行动，围绕"三变"改革，使广大市民更全面地受益于旅游发展成果。七是实施乡村旅游特色商品扶贫行动，优先支持有条件的旅游扶贫村建设旅游扶贫电商平台，组织实施贫困地区"一村一店"、"旅游扶贫村+特色馆"立体扶贫等项目。八是实施乡村旅游标准化建设行动，推广实施乡村旅游村寨建设、客栈和农家乐服务质量标准。九是实施乡村旅游精准营销行动，将本市乡村旅游各种产品打包，加入重要旅行社地接、网络、微信、微博等营销网络，统一开展规模化宣传。十是实施乡村旅游人才培养和结对帮扶行动，结合乡村旅游特点，精准开展涉及农家乐餐饮、乡村客栈、乡村土特产品、乡村旅游娱乐项目等旅游业态的服务技能培训。

SPS（结构化—实用化—情境化）案例研究范式需要通过收集案例相关资料和相关数据获得基础资料。本案例的"一手资料"是本书研究小组经过调研、访谈、问卷调查等方式搜集和整理相关资料所得，具有真实性、生动性和准确性；"二手资料"是本书研究小组根据研究的目的和研究的重难点，通过现有文献资料、统计数据、年鉴、相关工作报告等整理分析所得。两种资料相互补充，客观记录和分析问题，为进一步的案例描述和分析提供支撑材料。

二、案例描述与分析

贵阳市是贵州省省会，地处中国西南地区、贵州中部，是西南地区重要的中心城市之一，是贵州省的政治、经济、文化、科教、交通中心，西南地区重要的交通、通信枢纽、工业基地及商贸旅游服务中心，全国综合性铁路枢纽，也是国家级大数据产业发展集聚区、呼叫中心与服务外包集聚区、大数据交易中心、数据中心集聚区。国务院批复确定的中国西南地区重要的区域创新中心、中国重要的生态休闲度假旅游城市。贵阳市发展包容性旅游具有较好的基础条件优势，旅游资源种类繁多，境内有30多个少数民族，有山地、河流、峡谷、湖泊、岩溶、洞穴、瀑布、原始森林、人文、古城楼阁等32种类型旅游景点，是首个国家森林城市、国家循环经济试点城市、中国避暑之都，荣登"中国十大避暑旅游城市"榜首。贵州省是全国脱贫攻坚的主战场，省会贵阳市在基于政府服务推动旅游减贫实践中，主要实施了以下六大策略。

一是开展景村共建扶贫工程。贵阳市文化和旅游局为抢抓时间，进一步巩固乡村旅游成果，还将充分发挥旅游景区对邻近贫困地区和交通沿线贫困村的辐射带动作用，开展景村共建扶贫工程，把周边贫困村纳入旅游景区统一规划、统一建设，提升景区对周边贫困村的带动力。推进3A级以上景区、乡村旅游点、乡村民宿及大型观光农业等旅游项目建设，扩大贫困人口直接从业和间接从业人数，拓宽贫困人口增收渠道。鼓励企业、农民、村集体等主体共同投入旅游业发展。引导支持成立旅游专业合作社，支持村级集体经济组织兴办旅游公司、旅游农场，积极整合社会资源、农村资源、劳动要素和闲散资金入股到企业、合作社等经营主体，探索建立"政府+公司+投资人+农民"的长效互利共赢机制，实现农民从旅游业旁观者到参与者、收益者的转变。贵阳市以老百姓为主体，企业为龙头，产业为平台，项目为载体，股权为纽带，共享为目标的原则，进一步激活旅游发展动力，让大家通过入股分红、平台务工、创业就业等渠道获得多重收益，形成"我参与、我付出、我收获"的动力，全面增强城乡经济发展的活力和实力，加快构建城乡一体共享发展新体系。惠风和畅，人心思进，力量迸发，成效显而易见。在贵阳市旅游产业发展委2018年印发的《推进全域旅游城乡"三变"改革工作方案》中，详细地将如何实施景村共建进行了具体描绘。如，按照2018—2020年的时间节点安排，明确推动落实"自留地改体验地、农民改服务员、闲置房改经营房，保青山绿水留乡愁"的"三改一留"方式，促进广大老百姓参与共享度假小屋、停车场、商业经营等生产经营活动；依托旅游公路环线建设，串联旅游综合体、田园综合体、旅游景区、富美乡村、特色小镇、民族村寨等，带动周边老百姓直接到旅游企业务工、直接参与旅游经营、直接开办旅游项目、直接出售农副土特产品、直接出租房屋或土地等自有资产，增加财产性收入和各类分红收入等。

二是优先支持贫困乡村旅游基础设施建设。整合"四在农家·美丽乡村"六项基础设施（即交通、水利、住房、电力、通讯、其他村寨公共基础设施）行动计划等项目资金，优先支持贫困村乡村旅游基础设施建设。鼓励聘用建档立卡贫困户群众参与旅游新村建设和管理。贵阳市加快推进精品旅游环线和"组组通"公路建设，完成5653公里通组公路建成投用，形成统筹发展的城乡路网，推进22个骨干水源工程建设。深入实施六项基础设施行动计划，推进城镇基础设施向农村延伸，全面提升农村交通、水利、住房、电力、通讯及其他各类村寨公共设施建设水平，实现农村基础设施建设"六项行动"建制村全覆盖。清镇市卫城镇银桥村、暗流镇小沟村、流长乡油菜村争取到旅游基础设施建设资金各15万元，共惠及农户25户，惠及人口约100人。乡愁贵州、四季贵州、寻味贵州、新店鸭池河滨水温泉旅游小镇等一批农旅一体化项目建设有序推进，通过景区共建共享，带领周边村民脱贫致富。开阳县南江大峡谷景区、白马峪、猴耳天坑、南江水上乐园等景区景点带动100名以上农民就业，人均年增收1万元以上。旅游商品由2006年的20余种发展到100余种，农家乐经营户达100余户，农家乐经营户户均增收2万元以上。白云区通过推进蓬莱仙界景区、泉湖梵华里小镇等旅游重点项目建设，完善旅游基础和接待服务设施，与景区所在村合作，依托景区和周边丰富的农业资源，帮助贫困户发展采摘园、农家乐和生态养殖等项目，吸纳贫困村民就业，促进村民增收致富。南明区通过打造永乐特色桃园基地，深入推进永乐乡村旅游发展，将乡村休闲观光旅游发展与农业产业化、基础设施建设、生态环境保护有机结合，着力打造以旅游业、生态业、现代农业为引领的新农村，以示范点建设带动乡村旅游发展。观山湖区积极组织开展旅游从业人员培训，集中组织培训乡村旅游服务礼仪、餐厅和客栈服务规范操作、手工刺绣等约100人。

三是实施乡村旅游"后备箱"工程。数据显示，2019年，贵阳市乡村旅游接待达到8 684万人次，比2018年增长20%，乡村旅游综合收入达到180亿元，同比增长19.6%。除了亮眼的数据外，贵阳市乡村旅游形象也不断提升。获得文化和旅游部第一批全国乡村旅游重点村1个、省级乡村旅游重点村7个、省级乡村旅游度假区示范单位1个，乡村旅游甲级村寨5个、乙级村寨9个，五星级农家乐10个、四星级农家乐39个，精品级客栈23个、优品级客栈17个。

近年来，"返璞归真"已经成了人们追求生活幸福感的新方式，为适应大众旅游时代自驾游发展的新形势，发挥乡村旅游在推进农业供给侧结构性改革中的作用，贵阳市文化和旅游局及时制订了乡村旅游"后备箱"工程实施方案。贵阳市观山湖区金华镇翁井村以"三变"改革为支撑引进了一犁雨生态农场项目。此项目以"社会组织+企业+农户"模式运作，由中国人民大学贵州校友会进行指导，中国人民大学部分校友出资成立贵州一犁雨生态农业发展有限公司进行经营，不仅将农业与旅游有效融合助推翁井乡村振兴，也为翁井村村民增收开辟了新途径。农场项目按每亩1 500元的标准向项目区域农户租赁土地，项目盈利后利润的20%无偿分配给参与项目的农户，参与农场务工的村民还可获得工资。

四是深入实施旅游业"三变"改革。鼓励企业、农民、村集体等主体共同投入旅游业发展。这是一个脱贫攻坚的"新引擎"。以"公平共享"作为出发点和落脚点，凝聚群众从旅游业旁观者到参与者、收益者转变，构建全域旅游利益共同体的磅礴动力，不断增强人民群众在旅游改革发展中的获得感、幸福感和安全感。贵阳市为了实施旅游业"三变"改革工程，要求全面推动10个区（市、县）培育一批全域旅游城乡"三变"典型，实现困难群众从旅游业旁观者到参与者、收益者转变，构建全域旅游利益共同体的三个阶段发展目标，并出台相关鼓励扶持政策。如对省级、市级、县级乡村旅游质量等级评定委员会评定为乡村旅游村寨、星级乡村旅游经营户（农家乐）、乡村旅游客栈的业主分别给予一次性奖励等。同时，制定了加强融资创新、政策引导、标准指导、宣传推广、人才培训五条涉及各方面工作的落实措施。

共同富裕是社会主义的本质要求。消除贫困，用美丽战胜贫困，是山地贵州举全省之力发起"总攻"的坚定目标。作为省会城市，如何在"小康路上一个都不能掉队"的冲刺中，描绘不一样的旅游扶贫画卷？贵阳市一直在探索有着省会烙印的旅游扶贫道路。深刻学习把握新时代的"新矛盾"，认真贯彻落实中央和省委、市委关于公平共享发展的决策部署和工作要求，找准贵阳在城乡之间、贫富之间不平衡不充分的问题强化责任担当，谋划好推动经济社会发展再上新台阶的"新引擎"，结合贵阳旅游产业发展实际，贵阳市旅游产业发展委员会积极推进全域旅游城乡"三变"改革，即着力通过推动和支持低收入群众落实"资源变资产、资金变股金、市民（农民）变股东"的"三变"模式参与旅游产业发展，带动增收脱困。例如，贵阳市下属地级市清镇市卫城镇凤山村针对"人心不齐、产业不兴、乡村不美"等问题，创新推进"三变"改革，逐步构建起"支部引领、群众发力、抱团发展、共建共享"的发展新格局，村民人均可支配收入超过13 000元，该村实现了从"上访村"到"和谐村"的转变；息烽县融入"三变"改革理念，围绕"农味十足，趣味无限，庄园引领"的主题，全力建设一批以共享农庄为载体的田园综合体。2017年，全市32个"三变"项目扎实推进，惠及4.56万人；466个村已开展农村"三变"改革工作，惠及9.22万人，其中低收入困难户1.67万人，低收入困难人口人均年增收约1 000元。

五是精准开展涉农文旅服务技能培训。精准开展涉及农家乐餐饮、乡村客栈、土特产品等旅游业态的服务技能培训，培训一批导游、乡村旅游创客、乡村旅游经营户、能工巧匠传承人和乡土文化讲解员等实用人才。以国际化视野将贵阳特色银饰、刺绣、蜡染、民族服装服饰等文创旅游商品与国际时尚高端消费品嫁接，研发、推出一批具有地域标识、国际水准的中高端"贵阳礼物""贵阳伴手礼"。积极开展旅游商品进商场超市、宾馆酒店、高速公路服务区、机场车站、旅游景区"五进"活动，进一步优化旅游商品销售网点布局，提高市场渗透力。强化直接到旅游企业务工，直接参与乡村旅游经营，直接开办农事体验或旅游活动项目，直接出租房屋或土地等自有资产；将房屋、土地、人力等自有资源折算入股分红，政府、企业低价或无偿提供停车场、商铺等经营性资产，直接出售农副土特产品或手工艺品等"九种渠道"，全面带动乡村旅游服务业态百花齐放，繁荣发展，确保为乡村振兴奠定坚实基础。

六是实施"一品一业，百业富贵"工程。这是一盘脱贫攻坚的大棋局。运筹全局系统，落子乡村旅游，以"高一格、快一步、深一层"的大扶贫战略，推进发展旅游业的拉动、融合能力及催化、集成作用，推动与其他产业共生共荣，发挥一业兴百业兴的乘数效应，全面带动乡村旅游服务业态百花齐放。乡村旅游是旅游扶贫的重要形式，是乡村振兴战略的重要抓手。产业是脱贫之基、致富之源。乡村要振兴，产业兴旺是关键。如何兴旺产业？贵阳市继续发挥旅游业辐射宽、带动广的优势，把旅游扶贫作为产业扶贫的重要抓手，系统运筹，因地制宜，把旅游扶贫与项目建设带动扶贫、旅游企业带动扶贫、乡村旅游扶贫等"九项工程"，结合起来，全面推进旅游产业发展促带动。

贵阳市重点围绕全市64个贫困村、20个特别困难村和100个低收入村，结合旅游环线项目实施，科学编制旅游发展规划和乡村旅游扶贫规划，因地制宜培育打造沿线乡村旅游产业。抓好旅游项目建设带动扶贫、旅游企业带动扶贫、乡村旅游扶贫等"九项工程"，引导全市旅游企业带动贫困人口和低收入困难群体就业增收。按照"百姓富、生态美"的要求，布局水果、花卉、茶园等特色观赏园和创意农业园，积极推进旅游茶叶、花卉、果蔬、药材、水稻等种植业和草地生态畜牧业等深度融合，构建茶旅、果旅、花旅等一体化体系等，着力打造集循环农业、创意农业、农事体验于一体的高水平田园综合体，推出水东乡舍、南山驿站、乡愁贵州等模式的农旅结合"三变"景区。加快改善乡村旅游基础和公共服务设施，提升乡村环境和旅游接待条件，全面推动形成"一村一品、一寸一景、一寸一韵"，以点带面，进一步强力推动乡村旅游扶贫。

此外，贵阳市还努力实施省会担当，在"守底线、走新路"的背景下，作为全省"火车头"和"发动机"的贵阳，在旅游产业新一轮发展中需承担好旅游扶贫的一项重任：对口帮扶。作为一项系统工程，旅游扶贫需对准焦距，找准穴位，击中要害，发挥顶层设计的引领、规划和指导作用。2017年以来，贵阳市旅游产业发展委员会先后编制实施《贵阳市旅游扶贫行动纲要（2017—2020年）》《贵阳市发展旅游业助推脱贫攻坚三年行动（2017—2019年）暨2017年秋季攻势行动方案》《贵阳市旅游项目建设扶贫工程方案》《贵阳市旅游景区带动扶贫工程方案》《推进全域旅游城乡"三变"改革工作方案》《贵阳市旅游资源开发扶贫工程工作方案》《贵阳市乡村旅游扶贫工程方案》《贵阳市旅游结对帮扶扶贫工作方案》等，对各项工作作出明确部署。

三、案例发现与讨论

旅游不仅是一个具有极强经济关联性的产业，更是一个联动经济、社会、地理、生态、环境等多重空间要素的纽带。在贵阳市旅游包容性发展的过程中，政府服务在旅游扶贫中要扮演好组织者、公共决策者、公共环境创造者等角色。通过对各方要素的综合考虑，研究将案例重点放在政府服务认知、政府服务意愿、政府服务能力、政策构思以及制度保障方面，提炼出构建贵阳市政府服务包容性旅游减贫的社会动员作用、市场引导作用、利益联结作用、基础建设作用、产销衔接作用等模型，大力推进农旅结合、文旅结合、商旅结合，注重发挥市场作用，动员社会力量，加快改善贫困地区交通信息等基础设施条件，让贫困乡村宜居、宜业、宜游。

自1991年贵州省旅游局在全国旅游局局长会议上明确提出"旅游扶贫"概念以来，贵州省委省政府就高度重视旅游业在脱贫攻坚中的重要作用，此后在"政府+市场"双轨并行运行机制方面不断做加法。

一是政府服务在包容性旅游减贫中的社会动员作用。广泛动员全社会力量共同参与扶贫开发，是旅游扶贫开发事业的成功经验，也是基于政府服务的包容性减贫开发道路的重要特征。在党中央的统一号召下，东部政府、民营企业、社会组织和个人通过多种方式积极参与到贵州的脱贫攻坚中，形成了良好的社会舆论效果。

二是政府服务在包容性旅游减贫中的市场引导作用。政府积极引导推动全产业链发展，促进一二三产业融合，谋划一批产业项目，结合现代都市农业，发展山地特色农业经济，在贫困村打造一批有龙头企业带动、地域优势突出、产业链条完备、辐射带动能力强，生态好、效益高、质量优、品牌强的扶贫产业基地，使其成为带动村集体经济壮大、贫困群众就业增收的主要支撑。

三是政府服务在包容性旅游减贫中的利益联结作用。健全利益联结机制，围绕农村"三变"，提升对贫困户辐射带动效益。创新实施资产（资金）收益分红项目，积极探索资产、资金入股分红模式，对没有劳动能力的贫困户实施扶贫政策、资金扶持覆盖。

四是政府服务在包容性旅游减贫中的基础建设作用。贵阳市持续推进精品旅游环线和"组组通"公路建设，完成5 653公里通组公路建成投用，加快形成统筹发展的城乡路网。加快推进22个骨干水源工程建设。深入实施"六项行动"，推进城镇基础设施向农村延伸，全面提升农村交通、水利、住房、电力、通讯及其他各类村寨公共设施建设水平，实现农村基础设施建设"六项行动"建制村全覆盖。

五是政府服务在包容性旅游减贫中的产销衔接作用。注重产销衔接，深入推进直通直供直销。按照政府引导、企业主体、市场化运作的模式，积极发挥贵阳地利农产品物流园、贵阳数字化禽蛋配送中心和即将建成的北部农产品电商物流园在农产品产销衔接中的公益性作用，引导大型商超、综合性批发市场等农产品流通企业直接与贫困村、低收入困难村农民专业合作社签订产品订单，发展订单农业，以销定产、以销促产打通直销渠道，确保低收入困难村有1个以上直销渠道。机关、学校、医院等企事业单位食堂采购要向低收入困难村倾斜，面向困难村、困难户采购的农产品数量要达到采购总量的40%以上。产销衔接的每宗交易都明确落实到具体的产地村、生产户、生产人。

四、案例验证结果

本案例中我们通过实地考察、访谈、问卷调查等方式，保证了资料的真实性和可靠性，并对贵阳市政府服务包容性旅游减贫进行深入研究分析。研究先解释了贵阳市作为政府服务包容性旅游发展案例的选择依据，然后分析贵阳市旅游包容性发展的典型措施和案例，详细阐述了贵阳市包容性减贫事迹中的开展景村共建扶贫工程、优先支持贫困村乡村旅游基础设施建设、实施乡村旅游"后备箱"工程、深入实施旅游业"三变"改革、精准开展涉农文旅服务技能培训和实施"一品一业,百业富贵"工程,得出政府服务的社会动员作用、市场引导作用、利益联结作用、基础建设作用、产销衔接作用在包容性旅游减贫中的作用模型。

运用SPS案例研究方法进行单案例研究,选取贵阳市作为案例对政府服务包容性旅游减贫的效用进行验证,结合包容性旅游减贫模式的分析框架以及基于政府服务的包容性旅游减贫发展现状,用单案例验证了政府服务包容性旅游减贫的影响因素,重点分析政府服务社会动员、市场引导、利益联结、基础建设、产销衔接在包容性旅游减贫中的作用,指出包容性旅游发展是实现减贫以及可持续发展的重要方式。

第二节　基于企业参与的云南省红河州包容性旅游减贫实践

一、案例选取与材料收集

本案例研究选取的是云南省红河哈尼族彝族自治州（以下简称红河州）。红河州是云南省少数民族聚集的边疆自治州,滇南经济、政治、军事、文化中心,文化旅游资源丰富,是中国走向东盟的"桥头堡"。红河州旅游业发达,增长势头迅猛,拥有2处国家级风景名胜区、1座历史文化名城、6处省级风景名胜区、3处州级风景名胜区。2018年,红河州投资140.8亿元完成131个重点旅游项目投资,获得"2018年度游云南影响力盛典"特别鸣谢奖、"2018年度游云南影响力盛典"政务合作奖、"年度最受游客满意的中国旅游目的地",全年接待国内外游客5 718.56万人次,与上年同比增长19%,实现旅游收入699.22亿元,同比增长36%。全州旅游产业的扶贫减贫成效显著,区内多个旅游项目入选全国旅游扶贫示范名单,其中"云南世博集团推动哈尼梯田遗产保护与旅游减贫融合发展"项目入选《2019世界旅游联盟旅游减贫案例》,积累了"景区带村""能人带户""合作社+农户"等旅游扶贫经验,通过对红河州包容性旅游减贫经验的梳理和分析,能够为全国其他地区旅游减贫战略的实施提供科学合理的借鉴经验,并有助于把握全州旅游产业发展趋势、扶贫减贫趋势,进一步推进包容性旅游减贫的跨越式发展。

本案例的"一手资料"是本书研究小组经过调研、访谈、问卷调查等方式搜集和整理相关资料所得，具有真实性、生动性和准确性；"二手资料"是本书研究小组根据研究的目的和研究的重难点，通过现有文献资料、统计数据、年鉴、相关工作报告等整理分析所得。两种资料相互补充，客观记录和分析问题，为进一步的案例描述和分析提供支撑材料。

二、案例描述与分析

红河州下辖 4 市、9 县、135 个乡镇、1 285 个村委会、总人口约 454 万人，其中农业人口约占 83%，贫困县有 7 个、国家级贫困县有 5 个、旅游扶贫重点村寨有 60 个。该州地区经济发展极不平衡，南北差距、城乡差距明显，南部地区贫困人口众多，占全州 70% 以上，扶贫减贫任务重。该州自然、文化资源丰富，如表 7-1 所示，旅游资源优势明显，既有建水这样的国家级历史文化名城，又有哈尼梯田这样的自然风光。作为边境城镇，独特的少数民族文化、边境文化与中原文化完整结合，形成独特的人文风情。"十三五"以来，全州围绕"一核、三带、五集散、五片区"发展思路，即围绕"哈尼梯田，环昆河公路、环滇越铁路、环红河谷旅游带，蒙自、建水、河口、弥勒、元阳旅游集散中心以及滇南都市旅游区、哈尼梯田旅游区、文邦览胜旅游区、康体度假旅游区及商贸休闲旅游区"，建设旅游基础设施、完善旅游服务体系、优化旅游投资环境、优化旅游产业结构，大力发展旅游业，促进地方经济发展，使旅游产业在地方扶贫、减贫中起重要的推动作用。从全州旅游发展历程看，从改革开放前的"接待型"到今天的"经济型"，改革开放至今红河州旅游产业发展主要经历了民族观光旅游带动发展、乡村旅游包容性发展和全域旅游全面发展三个阶段。

表 7-1　　　　　　　　　　红河州资源概况

资源类型	概况
土地资源	岩溶高原、盆地、河谷等多种土地类型，喀斯特地貌
气候资源	低纬度亚热带高原湿润季风气候、高原型立体气候特征
水资源	河网密布，水质优良，红河、珠江等水系流经
生物资源	亚热带湿润地区，生物资源种类繁多，被誉为"天然动植物王国""滇南生物基因库"
矿场资源	矿产资源种类多样，有锡、锰、钢、铋、银等
旅游资源	边境文化、喀斯特景观、少数民族文化、生物景观等别具特色

资料来源：根据相关文献整理。

(一) 第一阶段：民族观光旅游带动发展

红河州"山区、边境、少数民族集聚"的"州情"决定了旅游产业在社会经济发展中的重要战略地位。全州世居众多少数民族，有哈尼、苗、彝、布依、壮、傣、拉祜等民族，其宗教信仰、民族建设、音乐舞蹈、服饰、生活习俗等各不相同，形成了红河州多姿多彩且独具特色的民族文化风情，如哈尼"长街宴""十月年"，彝族"火把节""阿细跳月"，苗族的"采山花"等构筑了绚丽多彩的民族风景旅游线。自 1998 年州政府提出建设"民族文化大州"口号，二十多年来一直朝这个方向努力，以自身拥有丰富的民族民间文化资源为先导，大力发展民族文化风情旅游，支持把旅游业培育为全州的支柱产业。

"十一五"期间全州民族文化旅游大放异彩，当地政府举全州之力培植旅游产业，搭建大旅游、大产业、大市场发展格局。在民族文化旅游资源开发上，不断创新、优化产业投资发展环境，加强招商引资力度，促进旅游投资主体多元化。先后引进昆明世博集团、云南国立投资公司、昆润高鸿投资公司、昆明风情国旅等投资主体参与全州旅游项目开发，并自组红河州新风情旅游公司经营项目投资建设、旅游交通运营、景区经营等业务。通过编制《红河旅游发展战略》等规划科学指导全州旅游资源开发，促进产业融合发展，形成了集世界遗产、民族风情、文化体验、自然观光等旅游亮点的旅游产品体系。在此期间，全州接待国内外旅游者 4 037.32 万人次、实现旅游总收入 193.51 亿元，占 GDP 总量的 10.03%，初现产业支柱地位。

(二) 第二阶段：乡村旅游包容性发展

云南省旅游"二次创业"战略机遇期，红河州依托中国—东盟自贸区、全省"桥头堡"政策优势，确立旅游产业支持经济发展的强势产业目标，整合全州旅游资源、改善基础设施、强调乡村旅游对带动农村地区经济发展的作用，强势推进旅游产业的快速发展。在此期间，州政府制订《红河州乡村旅游发展规划》，划拨支农资金 1 300 万元，推进特色乡村旅游目的地建设，先后引导建设了金平马鞍底蝴蝶谷、绿春戈奎加梅、元阳大鱼塘、普高老寨、仁者等乡村旅游目的地；蒙自新安所镇、玉屏镇等旅游小镇；金平旧勐、个旧沙甸、元阳箐口、弥勒可邑等特色村寨。积极推进全州乡村旅游的规范化发展，以及乡村旅游企业的规范化发展，培育了一批具有竞争优势的示范企业与品牌，如振东林果种植场、弥勒红酒庄等被认定为全省"休闲农业和乡村旅游示范企业"。同时，临安镇被评为"全国特色旅游景观示范名镇"，建水团山村、弥勒可邑村、宝华龙甲村等被评为全省"旅游特色村寨"等。此阶段的乡村旅游发展迅猛，成果丰厚，无不显示着其无限的发展潜力与对农村地区经济的带动作用。在"十二五"期间，全州共接待旅游者 9 289.62 万人次，实现旅游总收入 666.65 亿元，乡村旅游接待游客 2 268 万人次，实现乡村旅游收入 123.5 亿元，极大地带动了农村地区社会经济发展。

红河州高度重视乡村旅游扶贫、减贫领域的带动作用。在"十二五"规划中大力倡导发展乡村旅游，提出"120 乡村旅游"开发工程，建设 20 个民族文化生态旅游村、20 个特色生态农业旅游示范点、200 个规模化农家乐，初步形成种类齐全、特色鲜明、配套完善、服务规范的乡村旅游发展新格局。出台"建设旅游强州"决定、"美丽家园计划"等政策，形成全州旅游一盘棋工作制度，通过"旅游+特色"等方式进行多领域融合，实现旅游扶贫目标。2016 年对弥勒红河水乡、哈尼小镇等重点旅游项目进行信贷投资 19.1 亿元，开发"旅游+农业"，开发林下新经济模式，以石屏龙韵养生谷为例，投资 1.9 亿元，打造集观光、休闲、养生度假于一体的综合性旅游项目，同时利用高校智库，培育农业经济产业，种植 2 000 亩中药材、1 000 亩食材采摘体验、300 亩水果采摘体验、10 亩家禽生态放养，开园初期便获得轰动效应，取得良好的社会、经济及生态效益，有力推进产业扶贫成效。

（三）第三阶段：全域旅游全面发展

全域旅游是通过对区域内的旅游资源、产业要素、政策机制、公共服务、生态环境等进行全方位的提升，以实现区内旅游资源有机整合，旅游产业的可持续发展，其本质是从全产业链、全要素、全景式等视角推进旅游产业发展，达到全民共享旅游成果的目的。2016 年，红河州提出"三年转型计划"，按照"五区一带"战略布局，构建全域旅游发展格局。一是通过旅游供给侧结构性改革，提升全州旅游供给质量与数量。截至 2018 年，持续推出了哈尼梯田、建水古城创国家 5A 级景区，弥勒可邑小镇等 10 个景区创国家 4A 级景区，提升全州景区档次。二是推进"旅游+"，促进旅游产业与其他产业的融合发展，全州积极推进旅游产业与农、林、渔、牧业以及工业、文化产业、城镇经济等多领域的深度融合，实现产业的全面辐射带动、深度融合发展。三是根据"市场导向、企业主体"原则，围绕市场需求，加强基础设施建设，补齐短板。在全域旅游发展带动下，2018 年全州旅游总收入超过 400 亿元，带动旅游就业人数超过 20 万人，创造间接就业 78 万人，带动 6 万人脱贫。

全域旅游在发展地方经济、包容性旅游减贫方面卓有成效，受到州政府重视，根据《加快旅游转型升级方案》打造全域旅游精品，发展乡村旅游。将旅游产业打造成为全州的支柱产业、朝阳产业，全面实现旅游的全域化、品质化、规范化、参与全面化、效益最大化发展。

三、案例发现与讨论

企业作为参与包容性旅游开发的主体，与居民共享旅游产业带来的发展成果，对旅游扶贫绩效的提升及目的地社会经济发展具有重大作用。当地涉旅企业能够提升社区居民参与度，有效改善贫困地区的生计，充分衔接市场资源，体现社会主义制度减贫的优越性[①]。在红河州包容性旅游减贫过程中，企业参与意愿是企业减贫的前提条件，具有政治担当和社会责任的企业才能完成减贫任务，符合自身利益与发展是企业参与减贫的关键保障。通过对红河州企业减贫案例的实地调研与分析，综合考虑企业参与的意愿、企业在减贫任务中的地位与作用、企业参与减贫的机制以及参与模式等内容，从产业参与、资源激活、产业增值、产业带动、产业培育、价值共享等关键要素提炼红河州企业参与包容性旅游减贫模式与利益共享机制。

（一）红河州企业参与包容性旅游减贫的发展模式

通过企业提供的生产性岗位，引导本地优势产业、企业到农村贫困家庭的生产活动中，盘活当地优势资源，使得当地贫困人口能够参与到产业的发展中，共享产业发展带来的收益是红河州包容性减贫的宗旨与目标，其作用机理如图7-1所示。根据红河州产业扶贫的实践，认识到企业参与包容性旅游减贫应当首先解决以下四个关键问题：一是企业以怎样的形式来实现贫困群体的产业价值分享。二是企业怎样拓展产业链，实现增值空间来改造传统小农业生产经营模式。三是如何通过市场带动贫困群体实现利益联结及其与企业、行业、社区、政府等利益相关者的互动。四是如何整合贫困地区资源，激活市场，抵御竞争风险，实现地区的良性发展。因此，红河州企业参与的包容性旅游减贫需要探寻出既能挖掘经营利润，保障贫困群体参与产业发展中，又能稳定分享产业增值空间，将"扶持式""掠夺式"扶贫发展成为"包容性""共生性"减贫的模式。

---

① 叶文振，严静. 以企带村济困共荣——新扶贫时代民营企业参与市场扶贫的视角 [J]. 福建行政学院学报，2013（2）：49-56.

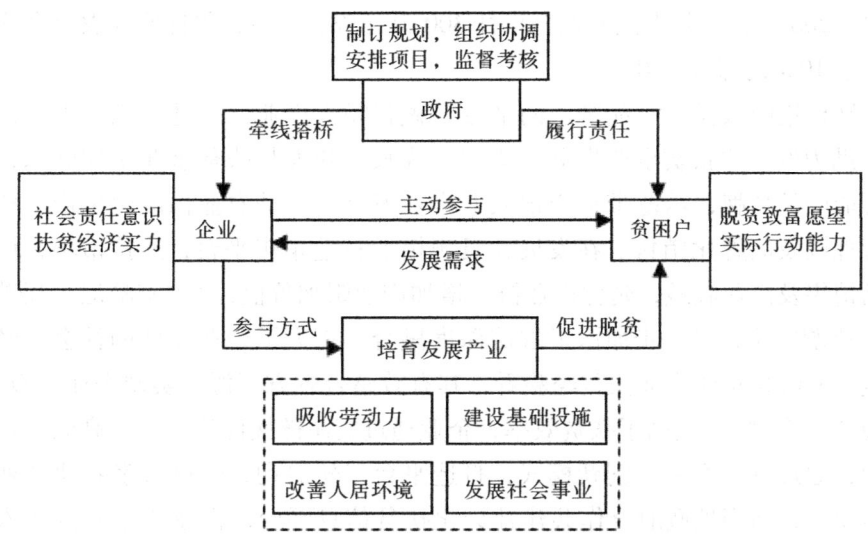

图 7-1 基于企业参与的包容性减贫作用机理

以下将通过对红河州红柑集团的实地调研,来对企业参与包容性旅游减贫模式进行案例探讨。

(二)典型案例:红柑集团多领域融合扶贫模式

红河州红柑集团成立于 2017 年,下属 10 家子公司,主要从事柑橘种植、种苗培育、农资服务、蔬菜开发、财务管理、电商运营等业务,与云南天花股份有限公司等 13 家企业形成战略合作伙伴关系。集团通过"农村基层组织+合作社+协会+公司+产业基地+农户(贫困户)+物流配送+社群电商+社会扶贫+城市家园建设"的十加模式推动红河州扶贫工作。红柑集团在元阳县、红河县等地区投资约 5 000 万元新建 6 个柑橘种植示范基地,共 3 000 余亩,油菜花标准化示范种植基地 300 亩、冬早蔬菜种苗培育基地 15 亩、蔬菜种植示范基地 200 亩,带动当地农户种植 15 000 亩。集团致力于建立红河谷水果联盟品质标准体系建设,以"神密哈尼·甜美红河"为主题推广农业休闲观光旅游,创建"密姹红柑"特色水果品牌,以"红柑商城"电商平台为载体,搭建"预售+团购+分销"商业模式打开消费市场。

红柑集团作为当地政府异地扶贫招商引资企业,以创建创业"红柑模式"为己任,通过示范引领、辐射带动作用,促进了红河州农业产业的发展,助力当地脱贫攻坚,实现了企业、农户与政府多赢的局面。截至 2019 年 3 月,集团向 135 户建档立卡贫困户流转土地 634.65 亩,为贫困户增收 50.8 万元;通过扶贫柑橘认养援助计划,发动社会爱心人士认购柑橘树 1 270 棵,帮扶贫困户1 200户，接收农民专业合作社300万元资金入股，保证回馈农民合作社不低于10%的保底分红。

红柑集团依托"一品牌、两平台"做强做大产业，通过"三合力、四保障"助力红河州扶贫事业发展。集团的成长、壮大与扶贫事业密切联系，初期打造产品品牌，示范带动当地农业产业发展，推动农业标准化生产、科学化管理以及品牌化销售。在发展初具规模后打造销售平台，连接市场，保证产品销售及产业收益，延伸产业链，增加产业附加价值，"神密哈尼·甜美红河"旅游定位，进一步加深了农旅深度融合，扩大了产业发展的社会、经济效益。从红柑集团产业扶贫经验看，其有效整合各方资源，实现企业、政府、社会"三合力"，提高了扶贫效率，企业通过资源链接优势，形成高效产业生态圈，通过发展产业、创新模式，打造平台三轮启动，建设数字农业产业扶贫新模式；与当地政府合作共建社会化扶贫信息平台，搭建"互联网+农业+旅游+社会化扶贫"模式，并探索共同利益契合点，积极寻求社会资本参与，做强做大产业，扩大产业扶贫辐射范围（见图7-2）。

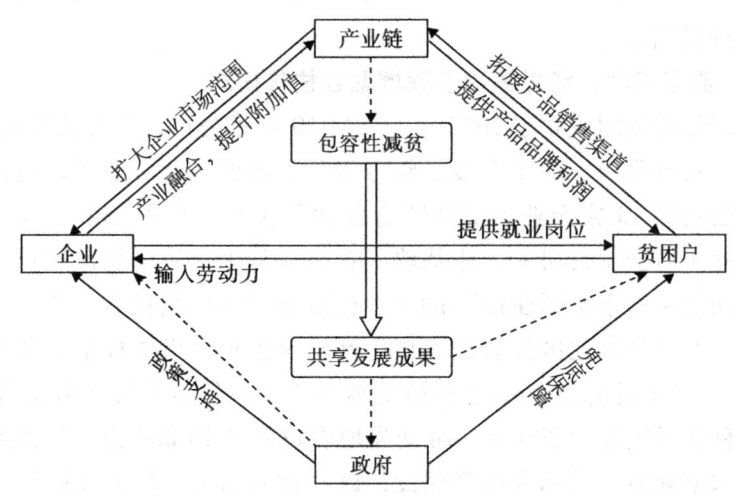

图7-2 红柑集团包容性减贫模式

（三）红河州多领域融合扶贫模式的主要类型

企业参与包容性旅游减贫能够有效整合地方资源，利用当地生态资源优势，激发当地的后发优势，推进落后地区主导产业形成及发展，同时带动其他特色产业的发展形成本土品牌，实现产业融合发展，拓宽贫困地区经济发展渠道，带动当地脱贫致富，实现社会经济发展目标。企业在为当地贫困人口提供生产性就业岗位、增加创业机会,提升群众思想文化等过程中参与旅游开发,使当地社会、经济、文化、生态均受益。在对红柑集团扶贫实证调研中发现该企业因地、因产制宜创造出多种扶贫、减贫模式,常见的有"助力景区带村""特色柑橘农业+旅游业"等模式,基本围绕"企业+农户""企业+中介组织+农户""企业+合作社/基地+农户""企业+合作社+职业农民+贫困户""企业+农户+电商平台"等形式开展。根据红河州参与包容性旅游减贫实践来看,"村办企业+村民+技术团队""企业+个体创业""特色农业+乡村旅游"等模式的发展效果最为显著。

一是"村办企业+村民+技术团队"模式。该模式来源于阿者科村包容性减贫经验,属于"景区带村"包容性旅游减贫模式。该村始建于1855年,隶属于元阳县新街镇爱春村,地处红河哈尼梯田世界文化遗产景观遗产核心保护区内,村内海拔1 880米,共有水田568亩、森林598亩,水资源丰富。全村共有66户、432人,建档立卡贫困户25户、124人,经济发展单一,人均年收入5 147元,村内早期居民以外出务工为生,梯田荒废无人耕种。全村以哈尼梯田申遗成功为契机,实施内源式村集体企业主导的旅游开发模式,村集体聘请专业技术团队运营公司,村民以民居入股,公司在保持原真性基础上对村庄进行规划改造,并通过游客观光门票、餐饮、住宿、演艺的收入保证公司的经营和村民的资产性收入。通过该模式,最大限度地调动了当地村民参与旅游开发的积极性,截至2019年全村开放蘑菇屋60栋,运营农耕礼俗节庆活动,开发刺绣、服饰制作等传统手工艺,实现遗产保护、旅游发展、民生保证多重目标。

二是"企业+个体创业"模式。该模式推行于蔓耗镇黄草坝小蔓堤村,该村位于元阳县,村内有46户、216人,耕地面积225亩,人均耕地1.37亩,经济发展落后,以打鱼和外出务工为主。2015年,小蔓堤村通过"美丽家园"建设改造,旅游产业的开发,发展成为远近闻名的"野钓天堂、避寒圣地"。在小蔓堤村改造初期,政府根据扶贫要求,按照"搬得出、稳得住、能致富"要求,投资718万元对村内基础设施、民居、居住环境进行升级改造并完善配套旅游基础设施,增加旅游景观,营造旅游氛围,大力发展休闲度假旅游。在产业发展上,引进外商企业对村内旅游资源、水上娱乐项目进行开发,植入场景体验、娱乐、购物、酒店度假等业态,并在企业主导下,对当地村民进行旅游接待服务培训,提升其旅游服务技能,除了企业提供的生产性就业岗位以外,企业带动当地居民利用自身民居资源,经营休闲度假客栈，双重收入来源保障其脱贫致富目标。通过外商企业带动本地居民创业的包容性旅游减贫模式，小蔓堤村经过近两年的发展，已经发展成为以傣族文化为核心，集傣族文创产业、傣族民族文化体验、傣族民俗展演、生态宜居度假等功能于一体的民族风情特色小镇，成为包容性旅游减贫标杆。

三是"特色农业+乡村旅游"模式。以元阳县黄草坝团结村为重点调查对象，该村位于镇西北部山区，全村44户、189人，建档立卡贫困户38户、166人，为苗族集聚村寨，村内基础设施薄弱，进村道路为15公里泥土路，雨季无法出行，居民生产生活条件恶劣。2016年团结村实施易地扶贫搬迁，安置点位于黄草坝集镇个旧十六中背后，2017年完成搬迁安置工作。为保障搬迁群众生产生活，保障就业，避免返贫，该村大力促进农业产业发展，并积极融合乡村旅游发展。结合团结村实际情况，制订了安置点后续产业发展规划。一是发展种养殖业，该村引进农业企业，引导当地农民种植芒果树13 520棵，种植面积284亩，形成"一村一品"产业发展格局，带来年均收入300余万元，同时企业对农户进行"菜单式"扶持，鼓励农户结合自身实际情况，因地制宜发展种植香蕉、砂仁等。二是合作社带动，鼓励农户投资入股，建设家庭农村生猪养殖专业合作社，为每人平均每年带来收益2 000元。三是拓宽农户就业渠道，政府联合行业组织免费为当地劳动力免费提供技能培训，进行"订单式"培养，转移农村劳动力。四是乡村旅游融合发展，通过挖掘民族资源优势，举办民俗节庆，如乡村广场舞大赛、苗族"华山节"等展示新村风貌，并与特色农业采摘、农耕体验等结合，发展乡村旅游，增加当地居民家庭收入，提升他们的社会文化水平和精神面貌。

（四）红河州企业参与包容性旅游减贫模式运行机制

企业充分意识到扶贫减贫工作在国家社会经济发展中的重要性，认识自身的发展与减贫的关联性，增强社会责任感与社会发展的使命感，发挥自身的资本优势，投资项目建设，支援贫困地区社会经济发展，承担社会责任，成为扶贫减贫事业的实践者与引领者，贡献自身力量，丰富企业文化内涵。企业参与包容性旅游扶贫开发的能力取决于企业实力（如产业发展规模、企业拥有的资源优势等）、企业运营模式、区域发展环境与政策和利益联结机制四个方面。企业的实力决定了包容性旅游减贫规模，贫困地区产业发展的规模大小决定了企业早期的开发能力，同时也影响了企业的旅游项目选择、资金投入等。当企业发展规模较小时，企业以支持原产业发展为主，只有当原产业发展壮大时，企业才能实现产业联动与融合，延伸到其他产业领域发展。

从企业实力（如产业规模、企业资源等）、企业经营模式、区域发展环境（如政策支持、产业开发条件等）和利益联结机制（如参与机制、能力机制）等方面提炼政策支撑、当地资源优势、企业发展、利益共享等要素形成了红河州企业参与包容性旅游减贫的机制，具体如图7-3所示。

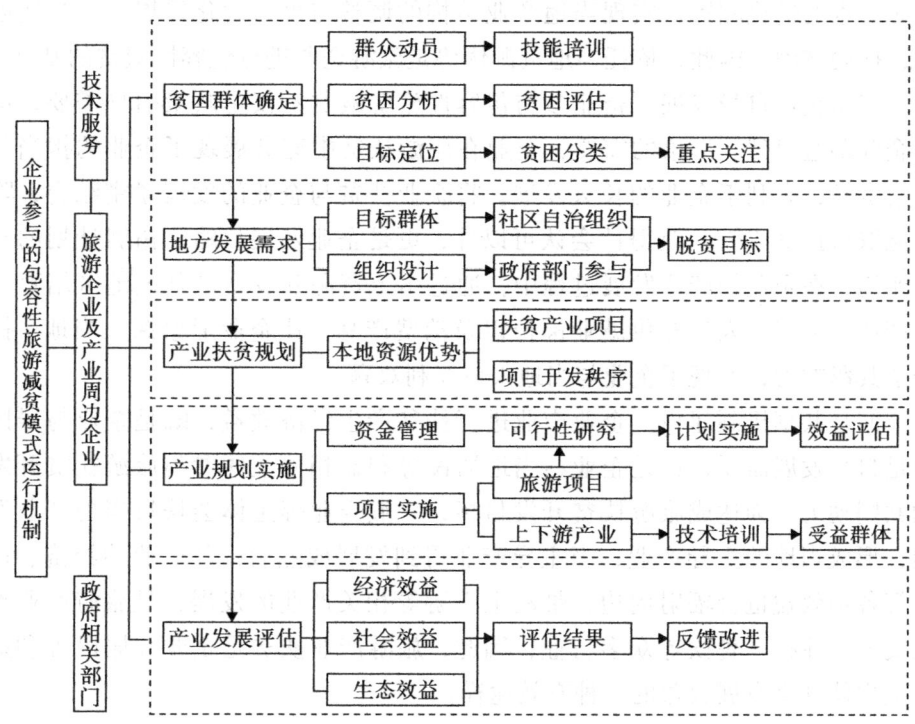

图7-3 基于企业参与的包容性旅游减贫模式运行机制

一是政府政策支撑。政府一般从信贷、税收等方面为企业提供政策扶持，如，根据企业参与扶贫减贫的程度、贡献大小等给予财政补贴、税收减免等；在扶贫基金上给予倾斜，协调银行政策性贷款为旅游企业提供低息贷款；积极建立并完善产业发展保障体系、扶贫机制等，建立包容性减贫项目绿色审批通道，帮助企业产业发展项目缩短立项、审批等时间，提高旅游项目减贫扶贫效率；成立包容性减贫项目专项小组，协调项目投资、建设中遇到的各项困难、矛盾等，提高了企业参与旅游的效率。此外，贫困地区基础设施的好坏决定了当地旅游开发程度，而通信、道路、环境卫生、能源供应等是旅游企业无力承担投资建设的部分，需要政府整合资源，完善基础设施，配合企业完善旅游环境，提升旅游接待能力，促进旅游产业的发展。

二是本土资源开发。一般贫困地区的自然、生态资源禀赋优势明显，但资源开发利用效率低下，这既是发展劣势，同时也为包容性旅游的发展创造了机遇。旅游企业利用当地低廉的劳动力资源、生态自然资源开发旅游项目，提高本土资源开发市场化程度，促进当地旅游开发商业模式，实现当地各项资源要素的优化配置，实现当地产业结构的调整与可持续化发展，为当地创收，摆脱贫困。因此，依托当地资源优势是旅游企业进行包容性减贫的基础。

三是企业自身发展。企业参与包容性旅游减贫不仅是政策引导需要，更是企业塑造口碑、形象的需要，企业在旅游扶贫中充分展现了企业的担当与社会责任，有利于企业的长久发展。将企业扶贫与企业的发展紧密结合，除了能取得扶贫成效，获得社会认可以外，更是企业发展战略，拓展计划的有效实施，在企业的产业发展过程中，通过本土资源开发帮助贫困地区培育支柱产业，为当地人口提供就业岗位以及消费产品，让企业形象深入当地，提升了其影响力，实现了企业与当地人口互利双赢。

四是共享机制建设。企业产业进行扶贫产生经济效益，既是企业与居民满足自身发展需要，也是企业、当地居民等利益相关主体参与旅游扶贫开发的共同动力。为达成旅游扶贫开发目标，一般企业等主体会扶持当地产业发展，形成当地的主导产业，当主导产业得到发展成熟后，其产业的经济、社会等各项效益也会辐射周边，带动上下游等相关产业的发展，且旅游产业涉及交通、住宿、餐饮等众多行业，因此，旅游产业扶贫是企业和居民等利益相关主体共享发展收益的一种有效途径。

四、案例验证结果

本案例中我们通过实地考察、访谈、问卷调查等方式，保证资料的真实性和可靠性，并对红河州参与包容性旅游减贫进行深入研究分析。研究先解释了红河州作为企业参与包容性旅游发展案例的选择依据，然后分析红河州旅游包容性发展的三个阶段，从民族文化观光旅游辐射带动到乡村旅游包容性发展再到全域旅游全面发展，通过对三个发展阶段的描述和分析，以及对红河州企业参与包容性减贫个案分析，在红河州旅游包容性减贫模式及其运行机制的具体分析中得到红河州企业通过"村集体+企业+技术团队""企业+个体创业""特色农业+乡村旅游开发"等模式参与到当地的包容性旅游减贫开发中。通过对红河州包容性旅游减贫案例的实证分析，可以看出：

一是企业是包容性旅游减贫的重要主体之一。企业作为旅游资源开发的主要抓手，在旅游资源开发、产业发展中发挥着重要带动作用。从红河州案例可知，企业参与包容性旅游减贫开发具有明显的优势，如资源整合、培育主导产业、连接市场等，能够最大限度地将企业所拥有的资源整合用于贫困地区产业的发展，并通过"景区带村""企业带农户"等方式创造收益惠及当地人口，实现减贫目标。

二是企业参与包容性旅游减贫受到各种因素的影响。企业参与包容性旅游减贫受到各种因素的影响，各要素的不同会导致产业发展、减贫效果的不同，主要表现在：一是企业在扶贫开发过程中出现特色优势资源开发不足、缺乏合理利用、产业发展规模过小等会制约旅游产业发展规模。二是企业的扶贫开发如果缺乏专业的或是科学合理的、有效率的运营模式会在不同程度上影响产业的发展。三是扶贫地方如果缺乏产业扶持政策，从而导致产业开发条件欠缺等将会影响产业的开发。四是基于企业参与的包容性旅游减贫能够实施的关键在于合理解决产业发展中的利益联结机制，因为其直接影响企业参与旅游开发的扶贫效益。从红河州的案例可知完善的利益联结机制使红河州企业能够与当地居民共享产业发展利益。

三是企业参与包容性旅游减贫面临诸多挑战。从红河州的包容性旅游减贫分析可知，企业参与到包容性旅游减贫中面临了许多的问题和困难。尽管红河州的旅游资源非常丰富，但真正参与到旅游产业扶贫开发中的企业少之又少，且企业大多处于发展初期，规模较小，参与贫困地区旅游开发的大型企业寥寥可数，难以发挥包容性旅游减贫的影响力，且扶贫模式有待进一步创新，大部分地区的旅游减贫受到产业融合、农村合作社等因素的限制。

第三节　基于居民参与的四川省成都市包容性旅游减贫实践

一、案例选取与材料收集

本案例研究选取的是四川省成都市，成都市历史文化底蕴深厚，已经有3 000多年的历史，先后获得"国家历史文化名城""中国最佳旅游城市""世界最佳旅游目的地""世界美食之都"等称号，拥有着丰富的自然、人文旅游资源。随着成都市世界旅游目的地城市建设的加快推进，全市旅游业发展成效卓著，城市美誉度不断提升，城市旅游吸引力持续提高。同时，在旅游发展过程中，成都市一直致力于旅游经济发展的带动作用，在旅游就业创业、文化传承发展、生态环境改善、帮助贫困户脱贫等社会和经济方面都取得了长足的进步，实现了包容性旅游减贫。2016年，成都市被党中央、国务院确立为国家中心城市，城市的影响力和辐射力进一步得到提升，为全市包容性旅游减贫提供了新的发展机遇。此时，积极开展成都市包容性旅游减贫战略的研究，将有助于把握全市旅游业发展的特征、趋势和方向，推动旅游业健康发展、跨越发展和可持续发展。

SPS案例研究范式需要通过收集案例相关资料和相关数据获得基础资料。本案例的"一手资料"是本书研究小组经过调研、访谈、问卷调查等方式搜集和整理相关资料所得，具有真实性、生动性和准确性；"二手资料"是本书研究小组根据研究的目的和研究的重难点，通过现有文献资料、统计数据、年鉴、相关工作报告等整理分析所得。两种资料相互补充，客观记录和分析问题，为进一步的案例描述和分析提供支撑材料。

二、案例描述与分析

成都市既是四川省政治、经济、文教中心，也是我国西南地区的金融中心和交通通信枢纽，同时还是一座历史文化名城，有着源于中华文明、发展于巴蜀大地的天府文化，为发展包容性旅游提供了丰厚的沃土和不竭资源。成都发展包容性旅游资源具有特殊优势，资源种类繁多，如土地资源、气候资源、水资源、生物资源、矿产资源、天府文化以及各种地文、水文、生物等景观，如表7-2所示。发展到目前，成都市主要经历了乡村旅游、特色小镇建设、国家中心城市建设以及"大数据+旅游"结合四个发展阶段。

表7-2　　　　　　　　四川省成都市资源概况①

资源类型	概况
土地资源	平原、丘陵、山地等多种土地类型，水稻土、紫色土、黄壤等11类土壤类别
气候资源	位于高低海拔的过渡带，气候资源独特：西凉东暖两种气候格局
水资源	河网密布，水质优良，年均水资源总量约为304.72亿立方米

---

① 敬峰瑞. 基于多源数据的成都市旅游资源评价及空间格局研究 [D]. 陕西师范大学，2017.

续表

资源类型	概况
生物资源	亚热带湿润地区,地形复杂多样,生物资源种类繁多
矿场资源	矿产资源种类多样,分布集中,煤炭、天然气等集中分布在西部地区
旅游资源	天府文化、地文景观、水文景观、生物景观等别具特色

资料来源：根据相关文献整理。

（一）第一阶段：乡村旅游发展

成都市乡村旅游的发展源于农家乐，1987年农家乐旅游形态在郫县（现为郫都区）农科村最先出现，其发展主要依托庭院、堰塘、果园、林园等资源和乡村风土民俗形式[①]，后来逐渐演变成乡村旅游，成都的乡村旅游以农家乐为主，由于开发早且基础条件较好，市场需求大，乡村旅游发展迅猛。2015年，成都市成功申创为全国首批"国民旅游休闲示范城市"，同年《成都市旅游业发展2025规划纲要》《成都旅游发展"十三五"规划》相继出台，指明了成都乡村旅游发展方向，加快实现旅游档次升级，努力创建1—2个全国休闲农业与乡村旅游示范县、2—3个四川省乡村旅游强县，培育一批中国度假乡村、中国乡村旅游创客示范基地以及中国精品民宿。2016年，《成都市关于加快乡村旅游提档升级的实施意见》指出要用5年时间将成都建设成"世界乡村旅游目的地"。

成都市在发展乡村旅游的过程中，政府的顶层设计进行旅游片区规划和政策指导，相关企业参与旅游设施建设，同时注重社区参与，听取居民意见。乡村旅游的发展，带动了当地社区居民的就业，旅游业综合就业人数占成都市全社会就业总人数的比重平稳增长，由2011年的7.43%提高到2019年的23.37%[②]。其中，住宿餐饮业和批发零售是成都市旅游就业的主力军，成为吸纳劳动力的主要渠道。

（二）第二阶段：旅游特色小镇建设

旅游特色小镇是由具有消费能力聚集、特色产业聚集、人口就业带动、生态环境优化、幸福价值提升作用的旅游产业引领发展的小城镇[③]。"百镇建设行动"的正式启动与实施，标志着四川将城镇化建设的主战场定位在全省

---

① 罗菲. 全域旅游背景下的成都乡村旅游供给侧改革研究［D］. 浙江海洋大学, 2018.
② 郑喜云. 全域旅游视角下四川旅游特色小镇发展研究［D］. 中共四川省委党校, 2019.
③ 林峰. 旅游引导的新型城镇化［M］. 北京：中国旅游出版社, 2013年6月. 第1版：145－147.

2 000多个小城镇。从2013年始，全省开展"百镇建设行动"规划，力求2—3年内分阶段打造300个各具特色的试点小城镇，2017年四川"百镇建设行动"再继续发力，省委、省政府出台《关于深化拓展"百镇建设行动"培育创建特色镇的意见》，提出致力到2020年省市县分级建成600个"小而美"试点镇，在这些试点镇中，重点培育创建100个左右以生态宜居、文化创意、旅游休闲、商贸物流等七种主要类型的特色镇。

截至"百镇建设行动"专题调查统计结束，300个试点小城镇已通过加大省、市、县配套资金投入，累计完成基础设施建设投资278.6亿元，落实建设用地指标5.68万亩，带动全省小城镇投资511.7亿元；完成各类基础设施建设项目近1 000个，主要是用于进一步推进水、电、路、气等基础设施向小城镇延伸。目前，300个镇的通镇通村公路通达率达到100%，通镇、通村的道路硬化率分别达到100%和70%以上，基本实现"乡镇通油路，建制村通水泥路"的目标；农村电网改造升级工程也顺利实施，通信实现全面覆盖，垃圾也基本形成"村收集、镇转运、县处理"的低污染处理方式，满足了农村地区居民的生产生活需要。另外，一些试点镇通过对接区域干线交通，大力推动多方式、多层级覆盖全域、城乡一体的交通网络建设，实现与大中小城市的互联互通，不断融入区域经济社会发展，提升区位发展优势。如阿坝州九寨沟县漳扎镇利用九环线更新改造的契机，对接建设中的汶九、绵九高速公路以及成兰铁路，提升了九寨沟风景区的交通可达性，对推动九寨沟县旅游经济的发展具有重要的意义。在人居环境改善方面，试点镇坚持"集约、智能、绿色、低碳"的发展理念，与环境友好共存，不断夯实特色小镇的生态本底，促进小镇生态空间山清水秀、生产空间集约高效、生活空间宜居适度。

（三）第三阶段：国家中心城市建设

2016年5月，经国务院批准，国家发展和改革委员会和住建部印发《成渝城市群发展规划》，正式提出成都要以国家中心城市为建设目标，并增强其作为西部地区重要的经济、文化、科技、交通中心的功能。国家中心城市的定位，标志着成都市进入了发展的新阶段。综合来看，成都市经济实力较强，文化、科技等各项事业发展较快，人口增加较快，城市边界不断蔓延。在国家城市中心的建设过程中，最重要、最基础的一环是补足当地基础设施落后和公共服务不足的短板，增强居民和新落户农民工的幸福感，避免出现"宜业不宜居"的问题。

国家中心城市的建设成为基础设施和公共服务加快建立的有效载体，通过发挥中心城市的节点作用，有效带动周边城市及乡镇的发展，从而进一步带动城乡一二三产业联动发展，为城乡居民提供宜居宜业的良好生态环境，为解决农村剩余劳动力问题提供新的创业就业平台。另外，国家中心城市建设还强调要加强对传统文化、民族文化、历史遗产的保护与传承，促进对城乡重点旅游景区、旅游项目的合理开发，促进旅游相关部门、机构构建系统完善的长效协调发展机制，为包容性旅游发展奠定稳固基础。此外，四川省通过包容性旅游发展理念引领旅游产业和乡村旅游发展，可以有效贯彻落实创新、协调、绿色、开放、共享五大新发展理念，促进旅游业实现转型升级和可持续发展，提高旅游产业对国民经济的贡献率，增强四川旅游产业的重要地位。

（四）第四阶段："大数据＋旅游"结合

成都市经过多年的努力，获批定位为国家中心城市，这对城市的建设和管理提出了更高的要求。成都政府之前就极具前瞻地积极布局建设国家科学技术中心和技术创新中心，在政府组织架构上创设大数据管理局，这些举措都为在大数据背景下发展包容性旅游提供广阔的机遇，也用强大的软实力为旅游的发展顺利升级转型保驾护航。

作为城市的亲历者、建设者和见证者，社区居民是一个城市最高智慧的源泉，是城市网络中最好的、最聪明的、最移动的传感器。成都市在大数据引入旅游领域时，其出发点就是希望借助技术的创新和文化观念的转变，最大可能地推动居民以城市主人的姿态参与城市的文化生活和建设，最大限度地贡献取之不尽用之不竭的民间智慧。政府文化职能部门通过互联网平台收集、整合数据，专业公司解析、反馈数据，再由大数据管理局开发、应用数据，最后再开放数据，让城市的各项功能型管理和项目决策能以数据结论为主要决策依据，并深入讨论集思，广泛建言献策，为包容性旅游发展激发社区居民的智慧，从根本上促进文化建设与管理结构的深度调整，推动实现大众创新。

三、案例发现与讨论

旅游不仅是一个具有极强经济关联性的产业，更是一个联动经济、社会、地理、生态、环境等多重空间要素的纽带。在成都市旅游包容性发展的过程中，社区居民参与能力是基础条件，资本是活力源泉，政策保障是关键要素，技术力量是主要推动力。通过对各方要素的综合考虑，将案例研究重点放在居民参与认知、居民参与意愿、居民参与能力、政策构思以及制度保障方面，提炼出参与机会均等、生产性就业、发展成果共享、保障制度建设和文化传承与发展五个关键要素，并通过对这五个概念进行结构化分析，构建成都市居民参与包容性旅游减贫机会均等作用模型、生产性就业作用模型、成果共享作用模型、社会保障制度建设作用模型以及文化可持续发展作用模型，对居民参与度、政策构思、保障制度建设、文化发展进行案例研究，如图7-4所示。

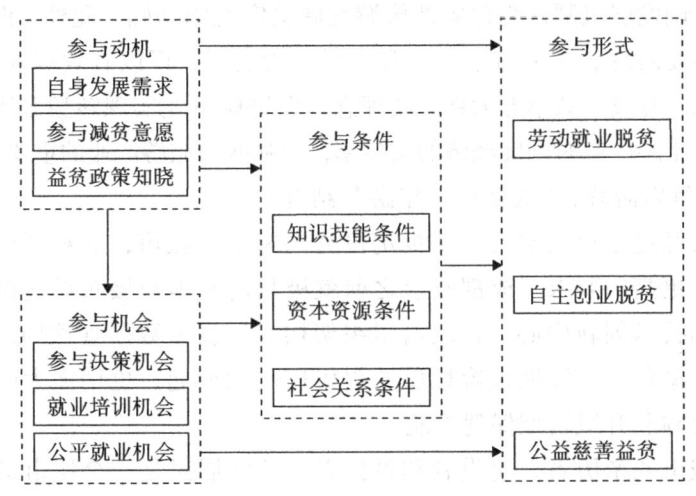

图7-4 居民参与包容性旅游减贫的机会均等作用模型

一是成都市居民参与包容性旅游减贫中机会均等作用模型。成都市包容性旅游发展从第一阶段的乡村旅游开发到目前的大数据与旅游深度结合，都致力于让社区居民深度参与到旅游发展中，能够享受旅游开发带来的各种利益。机会均等是实现包容性旅游减贫的重要路径，成都市在旅游发展中重视社区居民能够平等享受国家政策的机会，也注重居民自身的发展，给他们提供各种学习平台和技能培训，使社区居民能够平等参与经济发展，其作用模型如图7-4所示。首先，成都市在包容性旅游减贫发展过程中，深入实施"旅游+互联网"战略，除了在社区召开动员大会之外，还在网络平台整合旅游、气象、环保、公安等数据资源，供游客、企业、社区居民等相关主体去了解和学习，形成集管理、服务、营销为一体的智慧旅游体系。其次，为社区居民提供参与决策机会、就业培训机会和公平就业机会。成都市政府在制订相关旅游发展计划和政策时候，倾听更多普通老百姓的声音，为其提供参与的平台，使当地居民有更多的参与决策机会。同时，要求企业提供劳动技能培训课程和相关工作岗位,以提高劳动者职业技能和适应职业变化的能力以及获得就业机会。最后,通过完善就业培训机制,鼓励社区居民参与到旅游开发中。通过政府和企业的知识传授和劳动技能培训,鼓励社区居民到企业就业或者自主创业,并根据具体参与形式进行评估,给予一定的利益补偿。同时,对于特困地区或者文化重镇政府号召公益慈善帮扶,以帮助社区居民脱贫以及文化的传承和发展。

二是成都市居民参与包容性旅游减贫中生产性就业作用模型。生产性就业岗位是指那些依靠简单劳动就可以完成工作的岗位,是衡量企业参与包容性发展的关键指标,主要存在于服务性行业,基于居民参与的包容性旅游减贫要求企业要提供更多的生产性就业岗位,从根本上解决旅游目的地个体贫困问题,体现企业发展的包容性,其作用模型如图7-5所示。首先,建立健全社区商业协调机构。社区商业协调机构的主要作用就是要协调好社区居民与开发企业间资源开发、环保、用工、利益补偿等关系。其次,在政府的引导下,企业打造更多生产性就业岗位。成都市根据当前旅游发展情况,除开发企业规划的项目、高档餐厅、高档娱乐设施外,对社区居民提供了多渠道、多形式的就业渠道,如合资旅游项目,通过培训让居民自己开发农产品、手工艺品或者经营个体参观、旅馆和休闲娱乐等。目前,服务业是社区居民参与最多的行业,而旅游业逐渐成为服务业的重要支柱行业之一,积极发展旅游开发需要的物流、餐饮、酒店、休闲等服务行业,发展手工业产品等劳动密集型企业等,带动社区居民参与就业。最后,吸收失业人员再就业。根据失业人员类型,如下岗工人、被征地农民等优先提供相关工作岗位,对其实施就业援助。另外,为就业困难者提供培训,增加就业技能,进一步完善基层劳动保障机制,为失业人员提供就业服务。

三是成都市居民参与包容性旅游减贫中成果共享作用模型。"成果共享"是指人人共享经济发展的建设成果,成都市在发展包容性旅游过程中,以旅游促进就业,促进经济社会发展,因利益主体的多元化,注重利益差距和利益分配,为居民争取更公开、更公平的利益,旅游发展成果包括社会效益和经济效益,社会效益包括水、电、路、网络等基础设施的完善,生活环境的改善以及当地文化得到发展与传承;经济效益包括地区经济稳步发展,而基于居民参与的包容性旅游经济主要指商业经营取得的收益、劳务性收益以及土地补偿收益和环保基金,这些收益的分配与居民的收入息息相关,其作用模型如图7-6所示。成都市高度重视协调各方利益,妥善处理好各种利益冲突。首先，完善社区居民诉求机制，拓宽社会舆论和舆论渠道的表达通道。建立各种形式的沟通交流机制，积极发挥媒体的作用，为社区居民对规范行为要求提供响应平台，使群众诉求逐步走上制度化、规范化和合法化的轨道。其次，建立健全各个利益机制体系。通过各种政策、监管措施来调整利益分配，减少利益团体之间的不公平感。最后，完善矛盾调停机制。通过改善收入分配制度，规范收入分配，科学有效地调整各方利益，力求减小不同阶层、不同群体利益的差距，减少因此而产生的利益冲突。

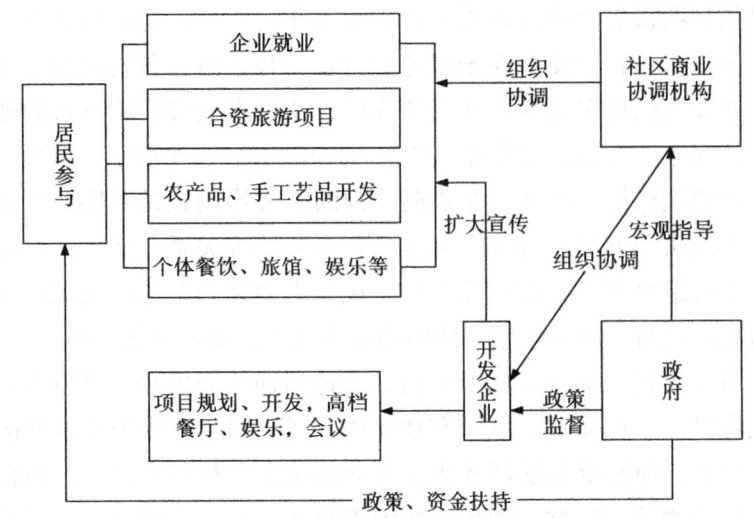

图7-5 居民参与包容性旅游减贫的生产性就业作用模型

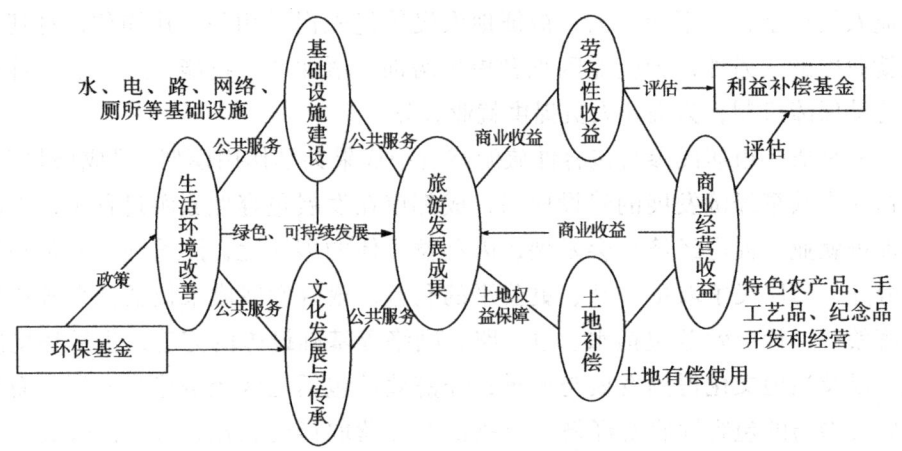

图7-6 居民参与包容性旅游减贫的成果共享作用模型

四是成都市居民参与包容性旅游减贫中社会保障作用模型。首先，在养老保险方面，原新型农村社会养老保险和城镇居民社会养老保险统一合并为城乡居民基本养老保险，养老保险标准不断增加，基础养老金最低标准统一为每人每月 100 元，中央基础养老金最低标准增加 15 元后，城乡居民基本养老保险基础养老金最低标准提高至每人每月 115 元。其次，在医保方面。"全民医保"体系已初步建立，针对部分群体因患大病、医疗费用负担过重继而致贫或返贫，开展大病保险从而减轻群众高额医疗费用负担，解决"因病致贫、因病返贫"问题。最后，在失业保险方面，明确单位招用的农民合同制工人失业后领取生活补助金标准（见图 7-7）。此外，在各种保险制度的实施中做到责任划分清晰透明、推卸责任无死角，明确管理职责的界限与执行的权限，实现管理评估过程和标准达到统一，解决管理低效、信息延缓、信息偏差等弊端，高效完成社会保障绩效评估和各项任务。

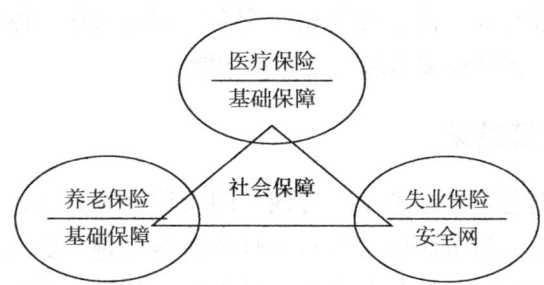

图 7-7　居民参与包容性旅游减贫的成果共享作用模型

五是成都市居民参与包容性旅游减贫中文化可持续发展作用模型。文化传承和保护是当前乡村振兴的重要内容，而社区居民既是文化发展的传承者，又是保护文化的中坚力量，包容性旅游离不开文化的发展。成都历史文化底蕴深厚，拥有源于中华文明、发展于巴蜀大地的天府文化，为包容性旅游的发展提供了源源不断的创意资源，成为吸引游客的重要因素。根据国家的分类、旅游资源调查与评价（GB/T18972-2003），可以将旅游景区划分为人文类景区和自然类景区，又根据中国旅游资源分类系统与类型评价标准，将人文景区分为历史遗产类景区、现代人文类景区、抽象人文类景区三大类[①]。研究发现，成都旅游景区以现代人文类景区和历史遗产类景区为主，抽象人文

---

① 转引自宋歌. 成都地域文化元素在城市文创旅游视觉形象中的创新设计研究 [D]. 四川师范大学，2018.

类景区较少,其中现代人文类景区占 61%、历史遗产类景区占 36%①。成都市政府着力要求发展包容性旅游应坚持文化引领,强化文、商、旅、体功能复合,促进减贫效应的提升。

首先,坚持文化引领。着力提炼天府文化、商贸服务、旅游资源、体育赛事的代表性元素,提升包容性旅游的精神内核与外在形象,萃取古蜀文化、三国文化、诗歌文化、道文化、水文化、南丝路文化、大熊猫文化、芙蓉文化等成都特色文化精华,将其广泛运用于产业发展中,推出一批充分彰显天府文化内涵、具有国内外影响力的"大戏、大剧、大片、大作、大赛"。

其次,促进设施兼容。统筹包容性旅游基层公共服务设施资源,互通基层基础设施,积极推动基层公共文化设施同基层公共体育设施融合利用,推动 15 分钟公共文化服务圈和城市社区健身圈融合。

最后,不断加强规划设计统筹。注重基础设施有效接入城市交通体系,加强与社区、开敞空间、商业配套相互契合,实现文化、体育设施兼有旅游配套功能,旅游、体育设施承载文化展示功能。

四、案例验证结果

本案例中我们通过实地考察、访谈、问卷调查等方式,保证资料的真实性和可靠性,并对成都市居民参与包容性旅游减贫进行深入研究分析。研究先解释了成都市作为居民参与包容性旅游发展案例的选择依据,然后分析成都市旅游包容性发展的四个阶段,从乡村旅游的开发到特色小镇建设以及成为国家中心城市,再到当前大数据的引入,通过对四个发展阶段的描述和分析,得出机会均等、生产性就业、成果共享、社会保障、文化传承在包容性旅游减贫中的作用模型。

运用 SPS 案例研究方法进行单案例研究,选取成都市作为案例对居民参与包容性旅游减贫的效用进行验证,结合包容性旅游减贫模式的分析框架以及基于居民参与的包容性旅游减贫发展现状,用单案例验证了居民参与包容性旅游减贫的影响因素,重点分析居民参与机会均等、就业选择、发展成果共享、社会保障以及文化传承在包容性旅游减贫中的作用,指出包容性旅游发展是实现减贫以及可持续发展的重要方式。

---

① 李强红. 成都旅游景区空间分布及影响因素研究[J]. 旅游纵览(下半月),2017(08): 95 – 96 + 99.

第四节 基于游客参与的贵州省黄平县包容性旅游减贫实践

一、案例选取与材料收集

本案例研究选取的是贵州省黄平县，该县名称因"撅土而黄"得名，隶属贵州省黔东南苗族侗族自治州。境内总户籍人口数约40.1万人，是苗族等少数民族聚居之地。近年来，随着贵州省政府对大力发展旅游业重视程度的逐步提升，黄平县旅游业发展与通过发展旅游减缓贫困的事业取得了明显进步。一方面，黄平县旅游产业发展迅速，其中乡村旅游、旧州古城旅游、民族特色旅游项目等发展迅速。依据黄平县2018年国民经济和社会发展统计公告显示，黄平县实现旅游收入23亿元，接待游客数量335万人次。另一方面，黄平县也切实做好旅游系统谋划工作，坚持多规合一、重点推进，把大扶贫、大数据、大健康、大农业、大文化、大交通六个方面与旅游深度融合，从产业的角度系统谋划，从全局的高度整体布局，全方位设计了《黄平县旅游发展总体规划（2012—2025）》《旧州古城旅游景区建设发展规划》《黄平县旧州新城区控制性详细规划》《旧州古城保护与整治规划》《黄平县旧州古城区修缮设计》以及《野洞河漂流景区修建性规划》等多个专项规划，形成覆盖面广、联动性强的"旅游+"产业发展机制。此外，依据国民经济与社会发展统计公告显示，2018年全县已脱贫人口8.13万人，贫困发生率下降至8.9%，旅游产业在推动县域经济发展和拓展扶贫空间方面贡献了巨大力量。

SPS案例研究法作为一种社会研究方法，其重点是关注和理解某种单一情境下的动态过程，该案例分析方法要求在案例描述中尽可能还原案例情景的生动形象。该方法有三个基本原则、八个具体步骤，强调要将案例分析进行结构化、实用化和情境化。通过基于理论的模型的建构方法，最终发掘出案例中的特色和理论创新点。在本案例中所需的分析资料，一方面，源于本书研究小组通过实地调研、深入访谈、调查问卷等方式搜集获取的资料；另一方面，源于本书研究小组依据网络文献整理而得，其中包括历史档案、统计数据、旅游年鉴、黄平县旅游发展办公室年度工作总结和年度工作计划等材料。

二、案例描述与分析

黄平县作为黔东南州地区人口数量较多的县，历史文化悠久，有"且兰古国之都""云贵最美之地"之称，且集"中国泥哨艺术之乡""贵州长寿之乡"等美誉于一身，境内少数民族人口众多，民族风情浓郁（见表7－3）。此外，红色文化也是黄平县境内重要旅游资源，红军长征故事、第二次世界大战后留存的旧州机场等红色文化是黄平县独有的旅游资源。截至目前，黄平县旅游发展事业共经历了三个发展阶段，即因势利导下的散点发展、围绕优势产业下重点推广特色品牌、多点融合互动的全域旅游发展。

表7－3　　　　　贵州省黔东南州黄平县主要旅游资源

旅游资源类型	代表性旅游景区、景点
自然风光类	重安江峡谷、重安间隙泉、浪洞温泉、黄飘团仓石、苗拢三潮泉
名胜古迹类	飞云崖、重安铁索桥、黄飘大捷遗址、旧州烈士陵园
民族风情类	民族习俗、民族节日与集会

（一）第一阶段：因势利导下的散点发展

自20世纪80年代起，随着国内旅游业与旅游产业的不断兴起、繁荣和发展，黄平县依据国家旅游局、贵州省旅游发展部门的政策、建议等，不断搜集、整理和开发县域内旅游资源，逐步打造出飞云崖景区、旧州古城等旅游吸引物，同时县政府也积极进行道路建设、建造星级酒店等旅游发展所需的基础设施。依据《中国共产党贵州省黄平县历史》的记录，2003年起，黄平县委带领全县干部群众积极探索发展新路，以交通为重点的基础设施建设得到加强，改革开放不断深入，国民经济保持持续增长势头[①]。但基于当时国内外经济发展水平、旅游政策、财政支持、交通便捷度等因素影响，黄平县旅游业发展并不乐观，在中共黄平县第九次代表大会讨论通过的《认真贯彻"三个代表"重要思想，努力推进黄平全面建设小康社会进程》报告中，指出当时黄平县经济和旅游发展面临的困难和问题主要是经济总量小、人均水平低，在黔东南州处于后进位置，环境建设相对滞后，改革、发展、稳定中的一些深层次矛盾尚未解决，群众还不甚满意。旅游景区景点的经营时常面临

---

① 黄平县地方史志办公室编.中国共产党贵州省黄平县历史［M］.北京：中共党史出版社，2008.

入不敷出和资金链断裂的困境,旅游产业盈利状况堪忧。众多经精心打造的旅游景区、景点,常常存在着产业单一、旅游产品同质化的问题,旅游产业整体发展不充分、不平衡、效益低下的问题是旅游产业最初发展阶段的显著特征。

基于因势利导下旅游产业散点发展的现实状况,黄平县政府及相关部门,确立了加速发展"一个主题",狠抓基础设施、生态环境"两个重点",实施农业稳县、旅游兴县、工业强县"三大战略",解放思想、改善环境、机制创新、招商引资"四大突破",以实现国民经济快速发展、生态环境改善、交通网络顺畅、人民素质提高的总体发展目标。

(二) 第二阶段:围绕优势产业重点推广特色品牌

随着招商引资工作卓有成效的开展,旅游业也呈现强劲的发展势头。为了充分发挥和利用丰富的文化旅游资源,黄平县制定《黄平县旅游开发总体规划》《舞阳河风景区资源保护管理暂行条例》等发展规划与制度,同时加大旅游宣传和推广力度,全县形成"大抓旅游、抓大旅游"的共识,旅游开发工作呈现扎实有效的局面。此后,黄平县委、县政府把"旅游兴县"确定为发展战略,坚持以自然风光为基础,民族文化为依托,推动旅游业的蓬勃发展。以漂流为突破口,多渠道筹集资金,增加景区、景点基础设施建设的投入,力争以高起点、高品位、高标准,搞好野洞河、飞云大峡谷、浪洞温泉等景点建设。积极打造以飞云崖、上舞阳河、旧州历史文化古镇、重安江四大风景名胜区为龙头,以谷拢苗寨苗族风情、重兴枫香民俗为重点的中心旅游经济圈。此外,为深入培育和壮大旅游业这一新兴产业,黄平县制定了以民族文化为背景,以生态为主线,以服务为重点打造民族文化生态旅游大县的"旅游兴县"战略。其中,一是以旧州古城镇为基础,挖掘其历史文化内涵的同时,做好建筑保护,挖掘苗族等民族文化特色,使旅游发展具有浓厚的民族文化特色。二是打造舞阳河、浪洞温泉等新一批景区景点。三是强化服务意识,提升服务质量,以优质服务吸引游客。积极探索民族特色旅游商品开发,探索"公司+农户"的农家乐经营模式。四是扩宽贸易渠道,提升县域旅游品牌知名度,完善金融保险、信息辅助等旅游服务体系,促进县域旅游由单一观光型向休闲、观光、度假、探险等综合性旅游方向转变。

在以上政策指引和全县努力下,黄平县旅游发展第二阶段呈现较好的发展势头,其中旅游资源的整合工作卓有成效,初步形成了以县域为中心的

"县城—重安江—枫香革寨—谷拢大寨—飞云大峡谷—飞云崖—县城"和"县城—横坡森林公园—旧州古镇—舞阳河—浪洞温泉—野洞河—县城"两条旅游线路，形成了枫香革寨、谷拢大寨、飞云崖、旧州古镇、浪洞温泉等著名特色旅游景区景点，旅游发展和旅游服务体系建设初见成效。

（三）第三阶段：多点融合互动的全域旅游发展

自 2011 年起，黄平县在前期县域旅游资源调查、开发和统筹规划发展的基础上，进一步制定并实施《关于进一步实施旅游强县战略的意见》，在文件中指出"针对全县 48 处人文景观、52 处自然景观所形成的 12 个主要类型和 42 个亚类型旅游景区、景点，要以全境开发的理念构建全域旅游大蓝图，全面推动县域旅游跨越式发展"。

一是多景点串联度明显提升。经过旅游发展前期旅游资源的挖掘、整理和整合，依据初步形成的两条旅游黄金路线，在着重听取旅游者针对的县域内部景区景点多为单线、单一或单调的情况下，黄平县在审时度势后制定多景区串联路线，初步形成了以黄平县城区和旧州古城为中心的旅游景区建设圈，兼顾县内漂流、温泉及飞云崖等古建筑保护景区。截至目前，通过串联景区景点工作，初步打造了"一城双心、两带四区"的旅游空间格局。

二是依据县域境内环境、气候特征，从游客游览的不同时间和季节出发，黄平县进一步整合旅游资源、改善资源搭配问题。依据旅游发展的新理念及县域经济发展主题，黄平县制定"春游、夏漂、秋赏、冬泡"主题旅游，并加大连接各景区点、各县市旅游交通网络建设，助推原本零散分布的资源点面结合、线性贯穿①。

三是多点融合、多业态交融发展。黄平县作为黔东南州地区的县域面积最大的县域之一，山地农业特征十分显著，山地农业与旅游业协同发展也是县域旅游发展的主要目标之一。依据县域特征中，山地农业特征最为显著的为旧州万亩大坝农业产业园区，结合游客游览过程中的实际需求，积极打造了蓝莓种植、观光与采摘区、精品花卉观赏区与营销区及绿色蔬菜种植与采摘区等现代旅游新业态。随着多点融合、多业态发展的趋势，也逐步形成了黔东南州黄平独有的"大旅游、大产业、大市场、大发展"的文旅一体化发展格局。

四是依据新时代背景下传统旅游业"食、住、行、游、购、娱"的发展

---

① 姚源清. 全域旅游的黄平实践 [J]. 当代贵州，2016（33）：20-21.

要件，黄平县积极创新旅游发展方式，在积极完善旅游发展要件的同时，融合农业旅游、商务旅游、体育旅游及文化旅游等进一步繁荣旅游的发展方式，积极运用智慧旅游、"互联网＋"等现代发展理念和技术手段，将多点融合的全域旅游推向新的发展阶段。

三、案例发现与讨论

在黄平县旅游发展的过程中，政府引导是重要前提和基础，政策构思是主要推动力，而积极调整产业结构则是旅游发展的重要推手。因此，从游客和旅游者角度，结合各方要素综合思考，将黄平县包容性旅游发展（基于游客视角）可以概括为游客、政策与产业三个关键构念，并通过对这三个方面的结构化分析，构建出包容性旅发展过程中游客意愿作用模型、政策构思模型和产业结构调整作用模型。

一是游客参与意愿的作用模型。包容性旅游减贫的根本是通过积极打造旅游产业与新业态融合，在积极推动旅游发展的同时，创造更多的生产性就业，努力提高从业者与相关利益主体的经济收入。旅游发展中，游客作为重要的消费主体，其旅游认知、消费行为、旅游行为等影响参与旅游意愿的因子值得深入思考。如图7-8所示，游客参与包容性旅游减贫的影响因素之一的旅游参与意愿主要可以概括为过往体验、价值感知和满意度三个层面的内容，在不同层次下又可以具体细化为不同的、更为具体的影响因子。

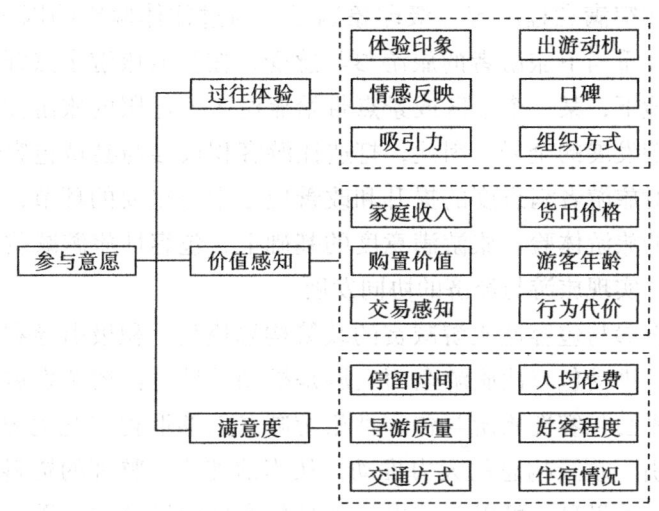

图7-8 游客参与包容性旅游减贫意愿的作用模型

首先，旅游者或游客作为包容性旅游减贫中的主要消费群体，其实施旅游行为、参与旅游建设与发展受过往体验因子的影响。其中，过往体验因子又可以细化为初次体验印象、旅游体验情感反映、旅游吸引物、参与体验的组织方式、口碑以及其个人或群体的出游动机。在黄平县包容性旅游发展初期，作为主要消费群体和旅游产业经济推动者的众多的旅游者或游客，十分注重初次游览后的体验感受。众多旅游景区景点及相关联旅游业态中的经营者，均有在游客旅游过程中、后期寻求游客意见及记录游客体验，或及时听取游客对旅游建设和发展的优良意见。

其次，实施包容性旅游的初衷和目标，是促进旅游发展与经济发展协同进行，创造更多的生产性就业。为达到这一目标，游客参与视角下，影响游客参与意愿的第二因子便是价值感知。其中，价值感知具体涵盖了家庭收入、货币价格、购置价值感知、游客年龄、交易价值感知及行为代价等不同的二级影响因子。价值感知是一项较为难以具体统计的工作，早期包括当下，贵州黄平县相关旅游部门，在统计和调查该项工作时仍存在困境，但从旅游发展实践的角度看，黄平县在推动包容性旅游减贫工作中注重旅游者价值感知的工作和经验值得学习和推广。

再次，旅游者或游客参与包容性旅游减贫的影响因子还包括旅游满意度。其中，旅游满意度具体包括停留旅游目的地的时间长短、旅游目的人均花费、导游引导与讲解质量、地方居民与经营者的好客程度、出行交通便利程度及过夜游游客住宿满意程度等二级印象因子。与过往体验影响因子不同的是，该影响因子注重当下旅游者的旅游参与感受，在县域旅游多点开花、多点融合发展的情境下，某一个景区或景点带给旅游者不舒服的旅游体验，便会影响到县域旅游发展的全局。因此，打造让游客积极参与县域包容性旅游发展战略中，针对旅游者满意度的提升和改善应是十分重要的环节，只有让游客有着非常高的旅游体验和旅游满意度的基础上，包容性旅游减贫工作才能开拓出新局面，实现旅游与经济的协同发展。

二是游客参与包容性旅游减贫的政策构思模型。积极引导和吸引游客参与旅游发展，推动包容性旅游全面发展是推动县域经济繁荣发展的重要推动力之一。黄平县包容性旅游与包容性旅游减贫能够取得如此优秀的成绩，离不开政策指引、政策构思的大力推动，从当前搜集、整理的资料与调研、访谈获得的第一手讯息，可以总结出黄平县包容性旅游减贫中游客参与视角下的政策构思作用模型，可以概括为规范制度、注重创新与转变理念三大作用因子，其下辖又可具体划化为不同的二级作用因子，具体如图7-9所示。

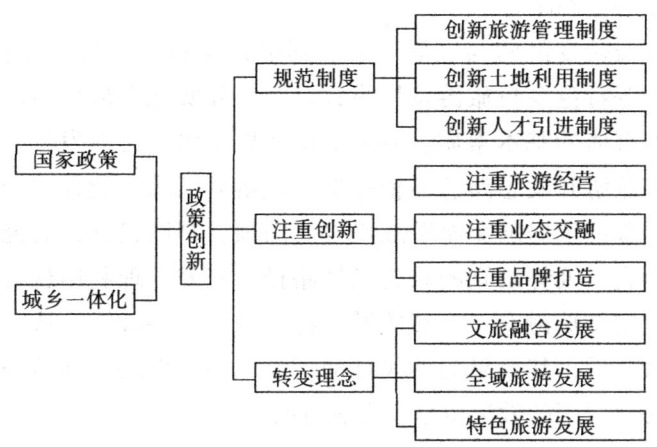

图7-9 游客参与包容性旅游减贫的政策构思模型

首先，国家政策、城乡一体化战略等顶层宏观制度设计，为黄平县包容性旅游发展指出了发展道路，成为包容性旅游发展的战略指引。其中，城乡一体化战略，提出的城市与乡村一体化发展，城市反哺乡村的政策指引，给予了黄平县旅游发展的重大契机。黄平县众多优质的旅游资源多分布在乡村，温泉、飞云崖、重安江峡谷等自然与人文景观处于地理位置较为偏僻地带，城乡一体化战略的实施，不仅带动了地方基础设施建设，更是将地方优秀旅游资源推向市场，打造旅游景区、提升景区知名度的同时，也带动了地方经济发展。

其次，黄平县包容性旅游发展过程中，十分重视制度建设，包括规范旅游管理制度、规范土地利用制度与人才引进制度。其中，游客在游览过程中，不可避免会出现纠纷现象，黄平县对此则加大了对旅游管理者、旅游经营者的管理制度建设，规范管理、规范经营为吸引旅游者赴县域旅游目的地游览提供了良好的环境氛围。

再次，政策构思模型中注重创新发展，其中具体包括注重旅游经营方式创新、注重旅游业态联合与交融、注重旅游形象打造与品牌打造三个方面。黄平县是少数民族人口占68.5%左右的县，与周边县市相比而言，具有一定的旅游竞争优势，但从全省及黔东南州旅游发展实际看，县域之间旅游产品、旅游经营方式多存在同质化倾向。为此，黄平县制定了发展特色旅游、优质旅游的发展策略，并配套一系列创新政策予以支持。此外，该县注重旅游业态融合与发展，积极打造县域精品旅游路线，大力宣传旅游品牌，实现旅游资源整合与旅游业态融合。

最后，积极转变经营与发展理念，其中具体涵盖了实施文旅融合发展、农旅融合发展等特色乡村旅游发展模式，制定并实施全域旅游战略。新时代背景下，游客群体的基本素质、游览期待及思想水平已然发生较大变化，传统旅游项目与旅游开发思路急需依据新时代游客需求变化而更新。据此，黄平县旅游管理部门依据国家旅游战略发展的顶层制度设计，研究并制定因地制宜、因时制宜、因势制宜的旅游发展路径，充分合理利用现有信息技术手段，研究并制定文旅融合、全域旅游、特色旅游发展战略，从当前诸多发展战略的实践效果看，其效果为不仅推动了县域旅游发展到新阶段，其带来的经济收益与缓解贫困的效果也是令人满意的。

三是游客参与包容性旅游减贫中产业结构的作用模型。包容性旅游发展与减缓贫困有共同的实现目标，即经济发展、收入增加和社会协调发展。包容性旅游减贫的基本理念，即通过旅游业发展带动经济增长，带来更多的生产性就业，由此而增加居民收入，带动地方社会走出贫困困境，最终实现经济、社会、文化等多方面的协同发展，进而为我国全面建成小康社会贡献力量。在这一发展过程之中，包容性旅游减贫中十分重要的一环，便是旅游产业多业态融合发展，实现产业结构合理化。具体来说，黄平县包容性旅游减贫的实践特征表现在：基于产业结构调整所带来的对地方资源种类、旅游服务质量、旅游资源类型与数量、经济收入、劳动效率及文化品牌等多方面、全方位所带来的深刻影响，黄平县在对县域旅游产业结构调整时，重点把握了游客需求、资源基础、经济效益比及可持续发展四个方面，在制定县域旅游产业结构调整时也是从县域整体发展的宏观角度进行的制度设计（见图7-10），具体包括：

首先，在旧州万亩大坝农业产业园区建设过程中，积极开发和发展绿色产业。打造国内外知名蔬菜基地、花卉观赏基地，力争把旧州万亩大坝农业产业园建设成一个现代化园区。同时，在发展实践中，积极扩大农业、种植业规模，提升现有农业资源的利用程度和利用效率，坚持绿色发展、可持续发展的发展理念。

其次，在实践中不断积极学习和探索，不断引进高层次发展人才、农业技术专项人才，用于培训和指导农业产业结构调整过程中出现的困难和疑问。对旅游经营部门和管理部门，进行技术培训，提升产业结构调整过程中产业队伍的整体素质和文化水平。在积极调整产业结构的同时，不断引进并推广先进生产技术，从国内外引进先进技术、设备，并在调整和运营实践中总结出一套助推优质农业产业发展的种植技术和管理办法。

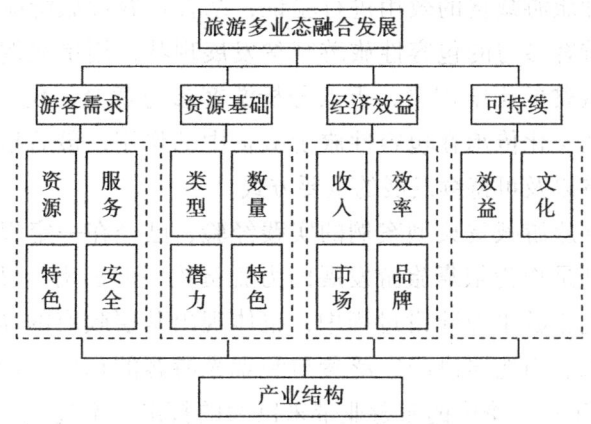

图 7-10　游客参与包容性旅游的产业结构作用模型

再次，不断添加新设备，增加旅游产业结构调整等的储藏能力。黄平县的旅游招商引资工作卓有成效，引进了国内外一大批优秀的投资者，县域旅游产业调整也急需扩大储藏能力。在旧州农业产业园区的示范带动作用下，县域内形成了一大批中下旅游企业，带动和盘活了县域旅游产业结构调整的整体局面，也形成了众多基于游客参与包容性旅游减贫的新路子，农家乐、科普中心、现代图书馆等新业态在县域境内也随之兴起，显著提升了游客赴黄平旅游的游览动机、消费能力和消费水平。

四、案例验证结果

本案例选取贵州省黔东南州黄平县为研究对象，我们通过田野调查、实地调研、结构性访谈及发放问卷等方式获得了众多原始资料，经过对最初原始资料的收集、整理、归纳和分析后，形成了用于展现基于游客参与旅游包容性减贫实践的内容。依据本章节选取案例的描述分析，将黄平县包容性旅游发展和贫困缓解进程划分为三个阶段：第一阶段是因势利导下的散点发展、第二阶段是围绕优势产业重点推广特色品牌、第三阶段是多点融合互动的全域旅游发展。通过三阶段的划分，明显识别出黄平县包容性旅游减贫发展过程中的困境、经验与教训。其中，在案例讨论中，从游客参与视角出发，考虑到游客意愿、政策构思和产业结构调整三个方面的内容，并相应构建出作用模型、政策构思模型和产业结构作用模型用于深度解释以上三个方面的具体内容。

运用 SPS 案例研究方法进行单案例研究,选取贵州省黄平县作为案例对游客参与包容性旅游减贫的效用进行验证,结合包容性旅游减贫模式的分析框架以及基于游客参与的包容性旅游减贫发展现状,用单案例验证了游客参与包容性旅游减贫的影响因素,重点分析游客参与意愿、政策构思、发展理念、产业结构及文化传承在包容性旅游减贫中的作用,最后指出包容性旅游发展是实现减贫以及可持续发展的重要方式。

国内包容性旅游减贫典型案例的实践经验,已经在一定程度上实现了其发展目的。特别是作为依靠旅游发展助力脱贫攻坚的云南、贵州、四川等西部省份,在推进旅游事业建设过程中,也体现出基层政府的高效服务、涉旅企业的大量投入、当地居民的广泛参与和观光游客的积极互动。虽然新冠病毒疫情给 2020 年一二季度的旅游业带来巨大的打击。不过,中国政府和人民在此次全球公共卫生事件的优异表现,把新冠病毒带来的巨大影响和损失降到了最低。在此期间,涉旅行业和部门也积极思考旅游发展的转型改革和疫情过后经济复苏时期的刺激旅游的方案。通过典型案例分析,可以看出:贵州省贵阳市"共建扶贫"工程、云南省红河州企业通过"村集体+企业+技术团队"、四川省成都市居民多方参与、贵州省黄平县三阶段刺激游客消费模式等,无论哪种方式,都积极促进了旅游减贫事业的发展和各利益主体的有效参与,在实践中逐步摸索出"包容性旅游减贫"的特色之路。

第八章 2020年后包容性旅游减贫战略的政策构思

第一节 抓政策协同创新

抓政策协同创新,关键是做好"一个服务,三个参与"协同推进包容性旅游减贫事业的发展。

一、政府政策服务,坚持协同引导建设

(一)深化政府协同机制

跨部门、跨区域、跨层级的协同工作是政府工作的关键,形成上下一心,各司其职的工作氛围是有效推进包容性旅游减贫的内在动力。全面推进形成政府服务机制,加强政府部门与旅游企业、社区居民、游客的工作对接,支持行政部门对涉企政策等协同政策的颁布与完善,重视政府对政策的主导性,积极协调各方关系,建立简单高效的政府职能体系,推进旅游减贫各方协同工作。

(二)提升政府服务质量

明确旅游减贫的方向定位,为包容性旅游的发展争取更多的优惠政策,调整和完善旅游行业各部门的关系,打破部门、区域、层级之间的限制,推动政府政务更加便利高效;将政府服务延伸至基层,推进政府政务全方位开展。通过服务监督等方式,促进旅游企业与群众评判政府的服务绩效,倒逼政府的服务迈向高质量。

(三)延伸政府服务领域

持续深化政府服务机制,加强政策构思,扩大政策覆盖面,推动包容性

旅游减贫工作的完成。依托政府的信誉与金融机构进行项目合作，为发展包容性旅游减贫提供充足的资金保障；制定优惠招商政策措施，吸引和鼓励民间企业参与包容性旅游减贫的工作；与劳动部门合作建立人才信息库，支持对现有专业技术人才优化重组，吸引调动新型人才的参与，不断增加投入，促进"走出去，引进来"的人才政策的实现；持续推进旅游教育途径的扩展，加强与旅游高校的合作，培养旅游专业人才；优化旅游从业机制，严格监督旅游企业的用人制度；强化与安全部门的联系，共同制定政策措施保障旅游行业的安全性。

二、企业生产参与，坚持提升生存能力

（一）深化企业协同作用

在涉企政策的制定及实施中，充分发挥旅游企业的主体性，调动企业的创造性、主动性、积极性，鼓励其提出建议与意见，促进营造稳定的政策环境，推动政策的落地落细落实。完善企业的反馈渠道，优化企业政策宣传、执行能力，强化企业与政府的沟通联系，合理调动一切积极力量，健全旅游企业参与机制，促进包容性旅游的高质量发展。

（二）提升企业参与能力

旅游公司依托政府的各项政策，制定合理的发展举措，有机整合旅游发展的各项工作布局。强化工作对接，促进旅游企业的协同发展，共同提升企业协同能力。鼓励企业业务沟通能力，对内企业部门之间信息透明化，对外积极与政府探索政企合作运作模式的发展，内外联动全方位向社会提供优质的旅游服务。

（三）扩宽企业参与范围

持续深化企业协调机制，推进政策落实，扩宽企业参与范围，推动包容性旅游减贫工作的完成。依托政府的相关政策，积极推进与当地规划部门的工作协调，支持建设旅游规划区，推进基础设施的完善；加强与旅游资源局的互动联系，促使旅游规划与当地自然景观相得益彰；积极配合卫生部门的管理规定以及国家食品安全的有关规定，加强设施及食品的卫生管理；落实政府监管部门的相关规定，严格按照政府的要求把控商品质量、价格、相关服务等管理工作；配合当地文旅部门的工作，积极开发当地特色旅游商品以及纪念品；积极落实税务部门对参与减贫企业实行的各项减税降费政策，稳定包容性旅游减贫的旅游市场；配合政府牵线与旅游高校的合作，实施培育

优秀从业人才的计划,优化涉旅企业专业人才结构。

三、居民引导参与,坚持劳动就业脱贫

(一)深化居民协同作用

依托多方政策细化、深化各项措施,充分发挥居民的关键作用,借力各项帮扶政策,强化居民与政府、居民与旅游企业之间的联系,创造必要的发展空间,落实政府的评估机制,推进居民包容性旅游工作的落实。引导旅游社区居民互联互通,支持社区居民形成利益团体,深化居民的协同作用。

(二)提升居民参与能力

旅游社区居民依托政府鼓励创业的各项政策,积极发挥自身的主体作用,丰富参与途径,降低政府的管理难度。鼓励居民参与政府组织的培训、宣传等,提升包容性旅游减贫的主体意识及对其了解程度,支持居民参加旅游企业的业务培养,在政府、企业等多方主体的支持下提升自身的知识与技能,积极参与到包容性旅游减贫相关决策的制定与落实工作中。

(三)扩宽居民参与范围

持续深化居民协调机制,推进政府政策、旅游企业相关措施的落实,扩宽居民参与范围,推动包容性旅游减贫工作的完成。支持社区居民在政府政策、资金的帮扶下,开展直接参与、间接参与、潜在参与等多方式的旅游参与;与旅游企业、政府部门合作对当地的农产品进行加工,提升农产品的附加值,发挥当地特色;参加旅游企业组织的技能培训,提升自身素质;鼓励政府、企业对自身素质进行评估,及时反馈相关信息,推动多方协同、一体化发展的包容性旅游机制的完善。

四、游客消费参与,坚持共建共享行动

(一)深化游客协同作用

政府的一系列政策、旅游企业的措施以及居民的政策措施的落实最终都归于游客这个主体,加强游客的协同意识,使游客有序参加包容性减贫的旅游活动,是旅游政策及措施落实落细的关键。完善游客参与的机制,扩宽游客参与的渠道,建立有效的反馈机制平台,对深化游客与其他主体的协同作用起着关键作用。

(二)提升游客参与力度

聚焦游客的旅游需求,扩宽游客参与的渠道,发挥游客的智力支持作用,

最大限度改善游客的旅游环境。游客与各方联合创新旅游模式与旅游方式，积极参与多方联合组织的游客安全教育活动，增加旅游的吸引力与安全性。政府、旅游企业、旅游社区居民三方互动联合，提升游客的协同意识和参与力度。

（三）扩宽游客参与范围

在政策与各项举措的制定及实施过程中及时关注游客的感受，促进政策的落地；利用政府提供的互联网平台，与政府反馈相关旅游信息，增强双向互动性，引导民意表达，促进政府完善相关政策；鼓励游客与政府和旅游企业提供的游客服务中心互动，维护自身权益，保障游览安全；支持游客与旅游企业的互动，完善旅游创意商品的设计；游客加强与旅游社区居民的互动，提升居民的经济效益；严格遵守政府的管理办法，自觉维护旅游环境。

第二节 抓政策思路创新

抓政策思路创新，关键是加强服务型政府建设，深化包容性旅游减贫的可持续作用，营造良好的旅游减贫事业发展氛围。

一、加强政府统筹规划，优化区域设计布局

（一）优化包容性旅游减贫的整体布局

一是推动旅游发展交通立体网络整体规划设计，采用社会融资等多渠道方式，完善旅游发展基础条件。支持贫困地区打造旅游经济圈，推进旅游经济带建设，促进地区旅游经济实现规模化发展，发挥旅游的减贫功能，通过发展旅游提高地区经济增长、社会稳定和环境的生态平衡。

二是合理利用不同地区的文化资源、民俗资源、人文资源、自然资源等优势，优化旅游资源配置，充分发挥传统文化资源的旅游经济价值，打造新型旅游目的地，提高旅游目的地的作用，重点提升旅游产品与服务的品质，促进旅游功能丰富化、多元化、优质化。

三是推动旅游产业融合发展布局，提升旅游产业的包容性，与地方经济发展相结合，统筹规划旅游业与其相关产业的发展规划，结合城市长期发展规划与乡村振兴战略规划，特别是要重视旅游产业作为纽带推动城乡统筹的

作用，整体布局城乡一体化的旅游生态系统，优化包容性旅游减贫内外环境。

（二）推动包容性旅游减贫的协同发展

一是从国家宏观层面而言，由于我国经济发展水平不一致，可以推动东部、中部、西部的旅游协同与合作，跨地区的旅游活动互惠协同，促进旅游市场形成良好互动的局面，加速国内各地区旅游市场要素高效流动，形成健康的旅游市场环境，为旅游业的健康发展提供良好的外部条件，为旅游企业发展和地区居民减贫制造良好契机。

二是从省市中观层面而言，加强各地区、各省、各市之间的交流合作，促进各区域之间的需求交流和供给对接，提高城市之间的信息、人才、资本、技术等各项资源的共享性，加快全国各地区的共同发展与进步。

三是从乡村微观层面而言，做好旅游优质服务，大力发展全域旅游，鼓励实施包容性旅游减贫措施，营造良好的旅游生态系统发展环境，注重旅游业的整体开发，创新旅游业态，打破不同地区间和不同部门间的行政壁垒，统筹协调包容性旅游减贫规划。

（三）制订包容性旅游减贫的战略规划

一是以政府优质服务为导向，将包容性旅游减贫发展规划纳入地区整体发展的战略中，全面结合国土、生态环境、城市建设、社会发展等规划，注重规划的统一性和整体性，突出旅游业在地区发展和社会减贫中的作用，在脱贫攻坚成果的基础上，衔接乡村振兴战略，并把工作抓手落实到基层，上有政策指导和支持，下有服务高效和到位，形成包容性旅游减贫的16字方针，即"服务优质、事业可观、居民友善、体验美好"的宣传口号和建设目标，全面打造旅游目的地建设包容性旅游的良好形象，不贪大求全，把一个条件成熟的旅游目的地做好做强，形成有示范和样本效应的包容性旅游事业发展的创新生态系统。

二是以涉旅企业参与为动力，用优惠政策和优质服务吸引企业参与旅游事业发展，并从中获取稳定的经济效益，营造企业良好的经营环境，杜绝官员腐败，让企业在旅游目的地经营能够畅通无阻地朝着良好态势发展。

三是以社区居民参与为保障，尊重社区居民的自身意愿，保护居民的合法权益和切身利益，提高居民参与包容性旅游减贫战略的积极性，鼓励社区居民根据自身条件，在旅游市场中找准发展机遇，通过资源变资产、资金变股金、失业变老板等方式，获得可持续的生计能力。

四是以游客消费参与为目的，通过各种政策激励和优质服务打造，在良好的旅游体验环境中，以旅游吸引物为抓手，刺激游客消费，提升游客参与能力和美好的体验感。

二、完善基础条件建设，夯实旅游发展基础

一是完善旅游目的地公共基础设施。结合"乡村振兴战略""全域旅游规划"等政策，全面部署提高旅游发展环境，综合考虑区域规划布局情况，按部就班地改善旅游目的地基础设施条件，提升旅游地的基础服务保障。加强旅游地的硬件设施建设，结合包容性旅游减贫的要求，规范旅游目的地的道路系统、网络系统、水电工程等基建设施，为旅游地居民谋求利益，提高居民的生活便利程度和工作舒适度。

二是升级包容性旅游减贫资源体系的条件。合理开发旅游目的地特色旅游资源，结合当代数字经济、人工智能、云计算、物联网等技术支撑，提高包容性旅游减贫的优质资源依托和资源转化为经济发展能力的水平，以新技术引领发挥地方资源特色和优势，彰显旅游目的地独特吸引能力，构建具有竞争力的旅游新兴市场。

三是优化包容性旅游减贫的服务管理体系。建立旅游减贫服务协调机制，通过现代科学技术建立包容性旅游减贫服务信息管理系统，借助现代化信息技术建立包容性旅游减贫监管体系和包容性旅游减贫数字服务平台。打造共建共享的旅游服务系统，为游客、居民、企业提供旅游服务和帮助，从旅游标识建设、参与减贫途径、旅游解说系统、安全保障措施等方面提高包容性减贫服务体系的功能。

三、丰富传统文化内涵，提升旅游产品品质

一是保护和发扬优秀的传统文化，通过旅游开发赋予更多传承动力和价值。首先，出台文化保护相关文件和政策，制定相应保障措施并严格按照规章制度执行，将文化遗产保护融入旅游发展规划，划定历史文物和文化遗产保护区，切实推进传统文化的保护工作。其次，健全法规和体制，传承与发扬优秀传统文化，包括各地区的饮食文化、服饰文化、耕种文化、节庆文化等，推动文化资源与旅游资源的融合发展，促进文旅融合在包容性旅游减贫中的积极作用。最后，推动研学旅游、教育旅游、体验旅游等旅游形式的发展和更新，依托文化传承基地，大力发展文化产业，提高传统文化在社会生活中的地位，确保国学文化在教育教学中的重要位置，借助文化传承推动旅

游业的发展，实现包容性旅游减贫目标。

二是丰富有旅游目的地特色的产品种类，通过政府政策引导和支持鼓励全民参与创造。根据旅游市场的多元化需求和居民减贫具体需要，结合本土特色和地区优势，按照包容性旅游减贫规划，通过多样化的全民创造参与，加快新型旅游产品的开发和旅游品牌的塑造，促进旅游产品的升级，进一步提升实施包容性旅游减贫的效果。

三是重视农村领域潜在的特色旅游产品，通过创新体验形式把"旅游+"进行跨行业融入。在乡村振兴战略背景下，结合"三农"战略措施和城市战略规划，建设新型旅游基地和包容性旅游减贫示范区，探索贫困乡村地区的旅游新业态，开发康养旅游、研学旅游、山地度假等多种旅游形式，促进旅游产品多元化发展，借助旅游为减贫目标创造更多渠道。以市场为导向，避免盲目的"假大空"旅游规划，更好发挥政府作用，引导旅游业实现高质量的发展，引入"旅游+"银行、药业、教育等多元化投资主体，开发更多特色旅游产品。

四、注重旅游品牌建设，加大旅游营销力度

一是构建体验美好的旅游品牌体系。首先，树立旅游地区管理者的品牌意识，整合地区资源，充分利用当地特色和优势，推出一批高质量的包容性旅游减贫示范区，并鼓励具有资源优势、地域优势、服务优势等条件的地区积极申报。其次，培养旅游地居民的品牌意识，重点培育一批高素质人才，提高居民参与程度，让旅游地居民成为品牌建立过程中的强有力力量，提高居民的主人翁意识，共同携手打造包容性旅游减贫全国品牌。最后，出台旅游减贫品牌保障政策，从政策、资金、技术、人才等方面为包容性旅游减贫示范地区提供保障，支持依靠"以点带面、面点结合"的方式，通过旅游减贫示范区带动周边地区的发展，通过旅游经济示范区的建立促进地区经济发展。

二是创新体验美好的旅游营销模式。制订旅游营销围绕发展目标的统筹行动方案，结合专业机构的指导和政府的配套服务，引导和鼓励全社会积极投身参与体验美好的旅游营销、宣传与推广，实现包容性旅游减贫的营销目标，拓宽其旅游参与范围、提高市场贡献率。广泛结合博览会、旅游宣传周、旅游节庆活动等渠道，通过传统媒体资源和现代化的新媒体网络资源，大力宣传包容性旅游减贫模式，充分利用自媒体开展网络宣传和在线推广，实时

更新营销模式和营销媒介。

三是重视电商或短视频平台的营销。在传统宣传营销的基础上，重视电商产品平台和短视频平台的创新营销策略，以直播美好的体验形式，助力旅游目的地品牌宣传、推广，提高旅游目的地优质体验项目和服务的曝光度，进而提升旅游产品的市场占有率，以及旅游形象的美誉度和知名度。

五、构建旅游减贫机制，保障居民利益分配

一是探索包容性旅游减贫合作模式。根据政府构建包容性旅游事业总体布局和方针，根据旅游目的地发展条件和特点，因地制宜积极探索"居民+"政府、企业、游客等关键要素单元，基于不同条件和时机的旅游合作模式。这种旅游合作模式不是固定不变的，而是以服务旅游目的地居民的合作共赢模式，目的在于满足居民客观发展需求，减少企业或游客等外来主体与当地居民的相关利益者矛盾，提高合作模式的自适应能力和稳定能力。"居民+"模式不是以居民获利为前提，而是以"居民"生活环境改善、社区氛围变好、生计机会增加、邻里关系提升、社会矛盾减少等影响居民生活、生产、生存相关要素优化的益他型合作模式。

二是加大包容性旅游减贫推广力度。首先，积极提高包容性旅游的减贫力度，扩大旅游减贫的受益范围，提高景区的辐射作用，探索"景区带动地区"发展的新格局，结合"能人带户、景区带村、村企共赢"等方式，进一步提高包容性旅游减贫的发展效益。其次，鼓励高学历、高素质人才积极参与到包容性旅游减贫战略中，带动全体居民共同打造包容性旅游减贫新格局，并推动旅游经济带动地区经济的发展，实现减贫和共同富裕的良好局面。最后，结合新时期的"共建共治共享"的社会治理格局，提高旅游业发展在生态保护和环境治理中的位置，探索生态平衡机制和包容性旅游减贫机制相结合的创新机制，推广"生态+旅游"的社会治理新模式。

三是完善包容性旅游减贫利益机制。首先，突出包容性旅游的基本原则，以"共建共治共享"为指导思想，保障旅游地居民的基本权益和根本利益，让旅游地区居民更好地享有旅游发展效益，提高居民参与能力，提升居民获得感、幸福感和安全感。其次，建立系统的居民资产投入回报机制，探索符合实际的资产入股方式和途径，与企业合作发展旅游，鼓励企业优先录用和培训当地居民就业，带动创业，保障居民利益不受损。最后，在各地政策制定中，明确规定产权、土地、生态保护和环境治理等制度，完善环境保护机

制，高度保障旅游地环境利益，支持旅游地居民参与管理和经营。

六、整合金融资源体系，强化旅游保障支持

一是深化包容性旅游减贫金融支持体系。首先，鼓励金融部门和机构积极为旅游减贫建设提供信贷支持，创新旅游减贫金融产品，结合地区实际需要降低贷款门槛和利率，在金融政策方面为旅游减贫地区提供优惠，并加大旅游减贫信贷投放力度。其次，扩大旅游减贫融资力度和规模，鼓励乡镇地区实行集体贷款和抵押制度，降低借贷风险，促进落后地区居民在参与减贫中实施"低风险、高回报"的包容性旅游减贫模式。最后，扩大金融业的业务范围，鼓励金融、保险等相关行业向乡村地区延伸，开展支持旅游减贫发展的金融产品和保险业务，为包容性旅游减贫提供金融支持和保障。

二是完善包容性旅游减贫财政支持机制。首先，建立多层次、全方位的财政服务机制，让落后地区在实施包容性旅游减贫战略时有充足的资金，避免因资金困难出现旅游发展问题，让居民保持参与热情，打造金融业和旅游业共同发展、共建共享的良好局面。其次，完善财政管理机制，加强财政部门对包容性旅游减贫战略的支持程度，扩大招商引资覆盖面，促进各区域间的互相帮扶，鼓励各企业、各部门积极投资旅游减贫项目。最后，完善财政投入和使用机制，保证旅游地财政支出和收入公开透明，鼓励投入大量资金改善环境和基础设施，各管理部门应发挥引导统筹功能，成立专项资金，投资建设旅游基础服务系统。

三是加强包容性旅游减贫用地保障支持。首先，在符合上层规划和政策制度的前提下，各地区应根据相关规定，结合土地实际使用情况和使用需求，整体统筹规划土地使用计划，优化土地结构和布局，促进包容性旅游减贫的发展。其次，自然资源、生态环境、农业管理等相关部门需要加强沟通，对土地进行统一规划、管理和使用，在充分保障农村居民土地使用权的基础上，鼓励居民通过土地流转、按股分红等方式加入旅游减贫中。最后，建议实施包容性旅游减贫规划的地区，根据旅游减贫规划需要将未使用土地、废弃土地等实行统一管理，按照旅游减贫规划要求和用地制度标准，打造旅游活动场所和旅游游览区域。

七、打造旅游人才工程，实现发展用人保障

一是做好人才培训计划。将包容性旅游人才计划列入培训计划，加强对

现行试验区的专项培训，拓展培训渠道，各级政府部门应该高度重视包容性旅游人才的培养，成立专门的培训机构，加大对地区管理人员、服务人员的技术技能培训。特别是对于一些文化程度较低的当地居民，一套再就业培训系统可以为旅游服务行业发展打造坚强的人才后盾。

二是实施人才优惠政策。充分做好引进高端人才的优惠政策，组织引导高等学校和外部社会组织的高素质人才走进包容性旅游减贫地区，重视本地人才外流引回的"大雁"工程，为人才实现安居工程、事业孵化工程、人居环境工程，以人才推进事业为核心，促进地区旅游业的创新发展。

三是推进人才项目落实。加强产教融合培养专业化的人才项目，采用校企结合、校农合作、校业结合等多种方式，对口培养高素质、高质量的旅游减贫人才，改善旅游业人才培养结构，加强包容性旅游减贫人才培养和包容性旅游减贫人才队伍的建设。

第三节 抓政策支持创新

抓政策支持创新，关键是帮扶益贫型涉旅企业，发挥旅游减贫的生产性作用，为贫困者提供更多的就业岗位。

一、发挥政府融资担保作用，切实支持益贫型涉旅企业参与

（一）聚焦益贫型涉旅企业的融资担保业务

一是要坚守政府性融资担保机构的"准公共定位"。政府性融资担保、再担保机构不能以营利为目的，应在可持续经营的前提下，保持较低的费率水平，切实为益贫型涉旅企业提供融资担保公共服务。

二是要明确支持范围，抓住融资担保重点对象。发展包容性旅游减贫的各级政府性融资担保、再担保机构要合理界定其服务企业的范围，抓住扶持重点，聚焦融资困难的小微企业和个体工商户，优先为产品有市场、项目有前景的益贫型涉旅企业提供担保增信，保障其实现可持续经营。

三是要加强业务引导。国家融资担保基金和省级担保、再担保基金（机构）要推行统一的业务标准和管理要求，市、县融资担保机构要主动对标，提高业务对接率，切实加强政府性融资担保服务在包容性旅游减贫战略中的

促进作用。

（二）降低益贫型涉旅企业的综合融资成本

一是引导降费让利。各级政府性融资担保、再担保机构要在可持续经营的前提下，适度降低再担保费率，降低担保服务门槛，切实缓解小微企业融资难、融资贵的现象，减轻益贫型涉旅企业参与包容性旅游减贫的经济压力。

二是实行差别费率。政府性融资担保、再担保机构可对资金实力不同的益贫型涉旅企业实行不同的再担保费率，优先与费率较低的融资担保、再担保机构开展合作，对于担保业务规模增长较快、代偿率较低的合作机构，可以适当返还再担保费。

三是清理规范收费。规范银行业金融机构和融资担保、再担保机构的收费行为，除贷款利息和担保费外，不得以保证金、承诺费、咨询费、注册费、资料费等名义向涉旅益贫型企业收取不合理费用，避免加重企业负担。

（三）提高益贫型涉旅企业融资的便利程度

一是要营造良好的信用环境。旅游目的地政府要落实政府性融资担保、再担保机构的属地管理责任和出资人职责，推进社会信用体系建设，强化守信激励和失信惩戒，严厉打击逃废债行为，为益贫型涉旅企业融资营造良好的信用环境。

二是要简化担保手续。国家融资担保基金和省级担保、再担保基金（机构）要引导融资担保机构加快完善信用评价和风险防控体系，逐步减少、取消反担保要求，简化审核手续，提供续保便利，降低益贫型涉旅企业的融资门槛。

三是要提升服务能力。各级政府性融资担保、再担保机构要充分发挥信用中介作用，针对益贫型涉旅企业的信用状况和个性化融资需求，提供融资规划、贷款申请、担保手续等方面的专业辅导，并加强经验总结和案例宣传，提高益贫型涉旅企业的融资便利度。

二、重视经济与社会效应统一，推进益贫型涉旅企业多元合作

（一）加强政府与益贫型涉旅企业的合作

一是要鼓励社会资本进入旅游减贫领域。引导社会需求稳定、具有可经营性、能够实现按效付费、公共属性较强的涉旅企业参与包容性旅游减贫，促进涉旅企业与农村农业、生态环境、传统文化等领域深度融合，发展PPP模式的乡村旅游，激发旅游创新活力。

二是要加强政府与益贫型涉旅企业的信息沟通。地方政府应主动了解各个益贫型涉旅企业的优势与劣势，在实行包容性旅游减贫的 PPP 模式中，实现政府与企业之间取长补短、协同合作、风险共担、利益共享，从而促进地区旅游经济发展。

三是要坚持把社会效益放在首位，使社会效益与经济效益相统一。引导益贫型涉旅企业积极参与 PPP 减贫项目，在平等协商的基础上签订合同，实现合作共赢。

（二）规范实施政企合作的益贫旅游项目

一是要严格筛选项目。各级旅游、财政部门要加强沟通协调，依托全国 PPP 综合信息平台，科学论证筛选，优先选择有经营性现金流、适宜市场化运作的旅游公共设施及公共服务项目，做好项目储备，明确年度及中长期项目开发计划，确保工作有序推进。

二是要确保企业公平竞争。各级旅游、财政部门要加强协作，指导旅游项目实施机构依法通过公开公平的竞争方式，选择与具备良好运营能力和履约能力的益贫型涉旅企业开展合作，保障包容性旅游减贫战略的顺利实施。

三是要强化信息公开。各级旅游部门和财政部门要认真贯彻 PPP 项目的相关要求，做好包容性旅游减贫中 PPP 项目全程的信息公开工作，及时、完整、准确地在相关信息平台录入旅游 PPP 项目信息，保障公众知情权，接受社会监督。

四是要合理分担风险。各级旅游、财政部门要加强协作，指导项目实施机构按照风险分担、利益共享的原则，充分识别、合理分配和有效应对包容性旅游减贫 PPP 项目风险；同时，要保障政府和企业相应的知情权。

五是要加强绩效考核，保障合理回报。各级旅游部门和财政部门要共同推动建立包容性旅游减贫 PPP 项目绩效考核机制，跟踪掌握项目实施和资金使用情况，推动形成项目监管与资金安排相衔接的激励制约机制，并根据项目特点构建合理的项目回报机制，保障参与项目的益贫型涉旅企业获得合理的收益。

（三）鼓励多种渠道与社区居民进行合作

一是鼓励与社区居民开展租赁合作。根据旅游发展的条件，鼓励企业对社区居民拥有的房屋、场地、仓库等固定资产设施进行合法租赁，并在同等条件下优先租赁贫困户相关资产，为贫困户创建资产生计渠道。

二是鼓励与社区居民开展经营合作。对一些有经营条件但是专业化程度不够的居民,可以引入涉旅企业专业的经营经营,搭建合作经营共赢平台。

三是鼓励与社区居民开展融资合作。对于一些有一定经济基础的居民,在自愿原则前提下,鼓励以融资入股形式开展与涉旅企业合作,谋求利润分红和收入结构的优化。

四是鼓励与社区居民开展劳动合作。社区居民通过积极参与涉旅企业相关生产性就业岗位工作,实现自身劳动就业收入,在工作中寻找自我价值和经济来源。

(四)打造综合性保障措施进行有效推进

一是要加强组织领导。各级政府部门要积极协调配合,鼓励各地建立跨部门的旅游减贫 PPP 工作协调机制,加强政府统一领导,落实相关部门职责分工,形成工作合力,及时研究解决包容性旅游减贫项目实施中的重大问题。

二是要优化资金投入方式。各级政府、财政部门要积极探索旅游减贫领域的资金投入机制,推动具备条件的财政资金从补建设向补运营转变,强化财政资金监督管理,切实提升投资有效性和公共资金使用效益。

三是要积极发挥典型项目带动作用。政府及相关部门要积极对参与包容性旅游减贫战略的优秀项目和企业方案进行宣传推广,并对其进行经验总结和带动学习,推动形成一批可复制、可推广的成功案例,从而发挥对其他企业或项目的带动作用。

三、优化企业市场营商环境,维护旅游市场稳定发展好局面

(一)保护市场主体

一是要确保政策公平。政府及有关部门应当依法平等对待各类市场主体,不得对益贫型涉旅企业在政府资金安排、土地供应、税费减免、资质许可、项目申报、职称评定、人力资源政策等方面实施歧视性政策措施。

二是要促进市场主体良性竞争。对于包容性旅游减贫战略中的招标投标项目要做到公正透明、公平公正,依法平等对待各类所有制和不同地区的市场主体,加强对招标投标和政府采购的监督,依法纠正和查处违法违规的不良市场行为。

三是要加大市场主体权益保护力度。完善中小投资者权益保护机制,保障其参与权、知情权等各项合法权益,建立统一的市场主体维权服务平台,提升益贫型涉旅企业维护自身合法权益的便利度。

(二)优化市场环境

一是要创造公平竞争的营商环境。政府有关部门应建立有效的经济活动

秩序管理规则，依法惩治偷税、漏税行为，加大对垄断行为和不正当竞争行为的执法力度，从而预防和制止扰乱市场经济活动的不良行为。

二是要充分发挥市场主体的创新价值。政府及其有关部门应当完善政策措施、强化创新服务，鼓励和支持益贫型涉旅企业拓展创新空间，持续推进旅游产品和发展模式的创新，突出益贫型涉旅企业在包容性旅游减贫战略中的主体地位。

三是要严格落实国家优惠政策。地方政府及有关部门应当严格落实国家对参与减贫企业实行的各项减税降费政策，确保减税降费等优惠政策能够及时、全面地惠及包容性旅游减贫的各个参与主体。

四是要加强行业协会对市场主体的管理。各类行业协会应按照法律、法规和章程，及时反映行业诉求，积极为市场主体提供信息咨询、宣传培训、市场拓展、纠纷处理、权益保护等方面的服务，为参与包容性旅游减贫的益贫型涉旅企业进行宣传推广和提供便利。

（三）加强监管执法

一是要落实监管职责。政府有关部门要明确监管对象和范围，厘清监管事权，依法对参与包容性旅游减贫的市场主体进行监管，对违法乱纪的市场行为进行严厉打击和制止，实现监管全覆盖，营造良好的市场秩序。

二是要抓住重点监管领域。对直接涉及公共安全和人民群众生命健康等特殊行业的企业实行重点监管，并严格规范重点监管程序，对通过投诉举报、转办交办、数据监测等发现的问题，应有针对性地进行检查并依法依规处理。

三是要提升监管精准化、智能化水平。政府及有关部门应充分运用互联网、大数据等技术手段，依托国家建立的统一在线监管系统，加强监管信息归集共享和关联整合，推行远程监管、移动监管、预警防控等非现场监管方式，强化对参与包容性旅游减贫企业的全面监管。

四是要推进公共法律服务体系建设。政府及有关部门应当整合律师、公证、司法鉴定、调解、仲裁等公共法律服务资源，加快推进公共法律服务体系建设，全面提升公共法律服务能力和水平，为优化营商环境提供全方位法律服务。

四、打造高质量发展行动力，提升益贫型涉旅企业服务质量

（一）提升旅游景区服务水平

一是要完善落实 A 级旅游景区复核和退出机制。政府有关部门应以问题

为导向对旅游景区进行深化整改，坚决清退不符合标准的 A 级景区，引导旅游景区加强运营管理、完善基础设施、提高服务质量、打造旅游精品。

二是要全面落实旅游景区流量控制制度。政府有关部门要及时根据旅游景区最大承载量要求发布客流预警信息，加快推广景区门票网上预约制度，引导游客安全出行，避免由于客流量的超载给当地环境造成破坏。

三是要严格实施旅游资源保护制度。地方旅游发展不能以破坏自然环境和文化遗产为代价，要切实遵守旅游度假区和生态旅游示范区标准，保护好国家自然文化遗产，促进旅游经济可持续发展。

（二）优化旅游接待业服务水平

一是要强化星级饭店评定复核工作，建立动态监管机制。政府有关部门要定期对旅游住宿业卫生、食品安全、消防安全等重点领域开展抽查，对不达标的星级饭店取消星级，对不合格的住宿企业进行处罚和停业整顿，全面落实标准化、规范化服务。

二是要加强对旅游住宿新业态的引导和管理。政府有关部门应加强对旅游住宿新业态标准的制定和推广，完善乡村旅游服务标准，推动民俗行业标准全面实施，促进乡村民俗服务质量提档升级。

三是要促进旅游住宿业多元化发展。政府应出台相关支持政策，鼓励当地居民创新创业，加快培育一批特色鲜明的文化主题旅游饭店、精品旅游饭店，定期举办旅游住宿业服务技能竞赛等活动，从而提高旅游住宿业服务质量。

（三）提升旅行社服务水平

一是要完善旅行社退出机制。政府应不定期对旅行社经营质量进行抽查，依法依规清理一批不缴纳旅行社质量保证金、长期未经营业务和违法违规的旅行社，全面开展旅行社等级评定及复核行动，提高旅行社管理水平和综合竞争力。

二是要规范旅行社经营活动。政府有关部门应针对旅行社服务不规范、不透明、不诚信等突出问题，出台相应政策，推动旅行社服务信息透明化，防范旅行社领域系统性经营风险。

三是要建立优质旅游服务承诺标识和管理制度。政府有关部门要加强对优质旅游服务品牌的培育，建立客观公平的评价体系，并对优秀的旅行社服务体系进行宣传推广。

四是要提高导游人员综合素质。政府有关部门要完善导游人员资格考试和等级考核制度，加快推进导游体制机制改革工作，实施导游专业素养研培计划，不断提升导游文化底蕴和业务能力。

（四）规范在线旅游经营服务

一是要完善在线旅游经营服务管理相关规定。建立符合在线旅游经营服务规律的市场检查制度，对平台经营者上传的文字、图片、音频、视频等形式展现的全部信息内容应进行严格审核，规范在线旅游企业的经营服务行为。

二是要加强线上市场监管，规范线上市场秩序。政府有关部门应联合市场监管、公安、网信、电信主管等部门依法依规实施监督检查，对于发布虚假宣传和游客好评、恶意删除游客差评的行为进行依法处理，严厉打击线上旅游企业的违法违规行为。

三是要引导和支持在线旅游企业成立行业组织。通过成立线上旅游企业的行业组织，发挥其沟通、协调和监督等作用，加强行业自律，倡导诚信经营，提升旅游服务质量。

第四节　抓政策引导创新

抓政策引导创新，关键是营造互助型旅游社区，发挥旅游减贫的互助化作用，充分发挥社区居民的能动作用。

一、做好工作计划，提升居民参与能力

（一）启动社区快乐居家计划

一是鼓励居民积极创业，根据旅游者需求和自身资源进行市场精准定位，启动社区居民快乐居家培育计划，以家庭体验式旅游供给或者农家乐形式，促进项目的健康绿色发展，对先行开展的项目进行财政补贴，支持创业先锋的引领带头发展。

二是开展农家乐的社区居民可以自行选择外包房产、委托他人、自行使用、变卖房屋等形式启动农家乐项目，引导建立高端设施和新型娱乐设施。

三是建立科学先进的管理制度，促进社区居民农家乐计划的规范性，从记账管理、服务管理、餐饮管理、娱乐管理等方面建立完备的管理体系，建立示范基地，选择一批经营科学、管理规范的农家乐作为示范单位。

（二）实施居民能力提升工程

一是从政策上为积极参与包容性旅游减贫的居民提供支持，从资金补贴、技术支持、培训帮扶等方面鼓励社区居民积极参与旅游减贫发展，各高校、企事业单位以及其他组织需要大力支持包容性旅游减贫规划的实施，为居民能力提升提供外部支持。

二是采取包容性旅游宣讲、旅游减贫知识培训、专业技术教学等形式大力支持社区居民参与包容性旅游减贫，将积极参与旅游减贫但技术不到位的地区和居民作为重点培训帮助对象，帮助社区居民提升在旅游业岗位中就业或创业的能力。

三是鼓励各地区教育部门和机构发挥引导作用，发挥能人带头的积极作用，带动实施包容性旅游减贫规划的地区实现共同发展。

（三）推行科技惠民知识工程

一是加快推广网络实施、科技服务、智慧应用等高端科技在旅游地的建设，扩大新兴科学技术在旅游业的应用范围，推广实用的新型技术，支持社区居民根据所需选择高端现代化的生活方式。

二是鼓励高等学校、企业和其他社会公益组织深入落后地区，对居民进行技术推广和指导，向社区居民展示新兴科技，引导高新技术企业将技术引进到旅游业发展中，发展智慧旅游城市或乡村智慧旅游基地。

三是将新型科学技术应用到旅游减贫社区的各区域和各环节，通过旅游发展科学化、管理水平现代化、旅游服务科技化、旅游减贫智慧化等方式，实现现代化社区的包容性旅游减贫。

二、构建运行机制，强化居民组织程度

（一）引导居民开展合作互助

一是支持并鼓励旅游地社区居民开展联合经营、共同创业，共同享有资源优势、实现优势互补，共同承担风险、实现风险分担，共同投资创业、降低经营创业成本，依托旅游业发展最终实现共同富裕。

二是促进形成居民协作互助机制，在发展过程中共同享有信息资源、服务资源和市场资源，提升社区居民的合作程度，提高居民的旅游市场参与能力，进一步扩大知名度，提升市场占有率和市场竞争力，共同实现包容性旅游减贫的目标。

三是引导协助创建居民联合会、旅游减贫产业协会和居民集体经济组织，

为居民就业创业等积极参与包容性旅游减贫行为提供组织保障。

（二）创新旅游社区组织机制

一是坚持旅游社区居民在社区组织中的主体地位，鼓励社区居民积极参与到旅游组织的监督体系中，发挥社区居民的监督管理作用，提升旅游社区组织的运行质量，切实保障全体社区居民的切身利益。

二是创新旅游社区的组织形式，建立社区居民合作社，支持社区居民以实物、资金、土地使用权等多种形式参与到合作社中，为居民提供组织保障。

三是旅游减贫组织或旅游减贫合作社应根据包容性旅游减贫规划实施的实际需要，完成营销宣传、旅游减贫信息公示、旅游减贫服务等工作，并将旅游业发展所得实际效益按入资比例分配，严格按照规定保障居民权益。

（三）发挥旅游企业带头作用

一是完善"居民+"多元主体合作模式，鼓励旅游企业承担起社会责任，为旅游目的地居民创造就业岗位和工作机会，完善利益分配机制，促进企业和居民形成利益共同体，保障旅游地区实现包容性旅游减贫目标。

二是对参与包容性旅游减贫规划的旅游企业给予政策支持，对旅游企业的长期投资应该给予金融支持和制度支持，提高旅游企业和项目投资的积极性，保障旅游企业的安全运营。

三是发挥旅游企业的先锋作用，鼓励大型旅游企业帮扶小型企业或乡镇新型旅游合作社，通过利益联结、资源共享、统一建设等方式，承担引领带头作用，实现龙头企业带动村企发展的目标。

三、打造生计平台，提高居民收益能力

（一）支持居民发展特色旅游产品

一是通过培训、宣传等方式，提高社区居民的思想和素质，引导旅游目的地居民拓宽经营思路，深入挖掘地区文化资源、历史遗产等地区特色，依靠地区特色资源和产品多样性打造旅游特色品牌，提升包容性旅游减贫效益。

二是引入现代化的经营管理理念，支持社区居民根据自身优势和技能，发展特色化、多元化的地区特色旅游商品，结合新型营销管理模式，实现规模化的产出和运营。

三是发展绿色旅游产品，根据新型的消费市场需求，打造多元化的旅游产品，依托"共建共治共享"理念，形成"生态化建设—标准化运营—规模化管理—共享化分配"的包容性旅游减贫新模式。

（二）带动社区发展旅游新型业态

一是拓展旅游业发展的新功能，推动旅游业与文化、生态、林业、农业等业态相融合，开拓旅游发展的新业态，打造现代化的旅游休闲度假区，延伸旅游业与其他行业融合发展的产业链条，发挥旅游业在教育、医疗、文化等行业的作用。

二是结合包容性旅游减贫规划，利用旅游地区特有的自然文化资源和社会经济资源发展不同形式的旅游新型业态，包括康养旅游、研学旅游、休闲度假游等形式，促进旅游业创造更多的价值。

三是支持社区居民结合自身资源，借助国家旅游业发展政策和旅游减贫相关文件，发展餐饮民宿、休闲娱乐、医疗养老等旅游项目，依托旅游业的发展，实现旅游减贫。

（三）鼓励旅游社区居民就业创业

一是从土地政策、资金支持、金融服务等方面创新包容性旅游减贫的政策体系，鼓励有条件和资源的社区居民积极参与到旅游减贫中，通过积极就业、带头创业的形式参与包容性旅游减贫规划。

二是各政府部门应根据包容性旅游发展规划需求，积极支持包容性旅游发展，通过政策支持和政策倾向为旅游地区的社区居民提供就业渠道和创业优惠，提高落后地区人口的劳动回报率，实现就业利益最大化。

三是坚决避免千篇一律的旅游发展模式，打造精品旅游项目，支持更多的居民以手工艺产品、服装饮食等独具特色的旅游商品参与到旅游业的发展中，丰富旅游商品，促进旅游市场的多样化发展，提高普通居民的收入。

四、做实保障措施，健全社区服务体系

（一）做好旅游社区就近就业的保障措施

一是建立生产性就业岗位保障机制，为就业人员提供组织保障，促进社区居民有更多的机会参与到包容性旅游中，为企业提供良好健康的营商环境，鼓励企业担负起更多的社会责任，实现包容性旅游减贫所遵循的"共建共治共享"原则。

二是建立健全生产性就业岗位服务机制，促进更多公益性旅游减贫组织的产生，与经营性旅游企业联合发展，形成更多适合低学历劳动人口的生产性就业岗位。

三是政府通过政策引导，推进旅游地区建立生产性就业岗位服务平台、

数字化就业岗位信息平台，优先为旅游地居民就业提供帮助和支持，为居民能够胜任生产性就业岗位提供培训指导。

（二）做好旅游社区智慧融合的保障措施

一是加快互联网、大数据、电子商务与旅游业的结合，提升网络媒介在传统旅游业发展中的地位和作用，将人工智能等高科技的产物引进乡村包容性旅游减贫规划，实现乡村旅游的智能化发展。

二是优化乡村居民的资源配置要素，深化旅游业电子平台的建设，鼓励乡村居民通过网络电子资源缩短和旅游者之间的空间距离，为旅游商品的进一步发展提供可能和空间。

三是提高旅游社区的智慧化程度，促进旅游目的地发展智慧旅游，建立新型智慧旅游信息系统，提供更加智能的旅游环境，同时为包容性旅游减贫提供更加现代化的科学体系，让旅游地居民实现信息化发展和便捷化生活。

（三）做好旅游社区专业服务的保障措施

一是为社区居民提供高效便捷的信息化平台，推动旅游产品的产销服务，提供电子商务平台，鼓励社区居民积极通过网络平台打造旅游商品服务市场，实现旅游商品产销对接的专业化服务。

二是建立服务质量评测系统，鼓励游客积极参与到旅游建设中，作为旅游景区服务的监督者，履行好自身义务与责任，对旅游景区服务进行实时评价和客观评述，进行旅游景区服务质量的评价与监测，打造以市场评价为导向的专业服务质量测评系统。

三是加强旅游行业服务标准的制定，完善旅游景区的服务制度，合理规范和规划包容性旅游实施区域的资源体系，推进旅游景区的服务多元化，促进旅游景区的功能多样性。

五、完善配套政策，鼓励居民参与建设

（一）完善包容性旅游减贫土地政策

一是对于农村地区发展包容性旅游，长期保持农村用地的家庭联产承包责任制，保障农村居民的土地使用权，并完善农村土地政策，引导农村居民自愿将各自土地合并统一运营，为乡村旅游业的发展提供充分的土地保障。

二是鼓励居民以土地使用权入股的形式参与到包容性旅游减贫中，并根据实际参股的比例和地区旅游效益产出情况进行分红，在旅游业发展中获得真正的收益。

三是建立土地管理制度，制定规范的土地运营制度，严格按照规范对乡村地区的土地进行整治、管理和规划，根据包容性旅游减贫规划，制定包容性旅游减贫用地政策，合理利用旅游地的土地资源，确保土地使用的科学和规范。

（二）构思包容性旅游减贫参与政策

一是制定包容性旅游居民参与政策和制度规范，坚持党的统一领导，为居民参与旅游减贫提供强有力的组织保障，从居民参与能力提升培训、居民参与过程中的权益保护、居民参与利益保障等各个环节制定合理的政策。

二是为积极参与创业的居民制定相关补贴政策，充分发挥财政制度的作用，健全包容性旅游减贫补贴机制，为居民积极创业提供制度保障。

三是制定居民就业保障政策，支持居民积极参与包容性旅游减贫就业，改变传统的思想观念，抓住地区旅游规划的良好契机实现大规模就业，建立健全包容性旅游减贫就业参与机制，为居民参与就业提供制度保障。

（三）配套包容性旅游减贫金融政策

一是制定规范的包容性旅游减贫金融保障政策，完善旅游减贫普惠政策和旅游减贫的信贷政策，确保旅游发展资金能够按时到位，切实加大对包容性旅游减贫规划的资金支持。

二是制定专门的包容性旅游减贫保险政策，建立健全包容性旅游减贫保险机制，拓宽保险业务在旅游地的覆盖面，降低小企业创业的风险。

三是成立包容性旅游减贫资金互助组织，督促旅游减贫相关金融政策的实施与落实，鼓励各金融行业、政府财政部门、银行机构、金融企业等为实施包容性旅游减贫规划的地区提供帮助，支持乡村金融机构的发展，为包容性旅游减贫政策的实行提供组织保障。

第五节　抓政策激励创新

抓政策激励创新，关键是激发责任型游客参与，强化旅游减贫的社会性作用，充分调动游客消费和参与旅游目的地建设的积极性。

一、升级重大举措，激发游客消费潜力

（一）推出惠民措施，降低游客消费成本

一是景区门票减免政策。根据旅游者的消费心理，各地政府结合当地实

际情况，推出景区门票减免、旅游套餐打折、淡季景区门票低价等政策，以降低游客景区消费成本的形式，促进游客消费的可持续发展，支持消费地的经济发展，共同实现包容性旅游减贫的目标。

二是举办消费体验活动。开展消费体验活动的旅游目的地可以结合当地的旅游资源特色自行选择消费季、消费月等形式，引导游客消费行为，推进游客消费升级，优化旅游消费环境。

三是建立旅游奖励机制。充分利用旅游奖励资金政策，支持本地承办各项会议、交流活动，扩大外地游客的流动性，为积极参与包容性旅游减贫的游客提供支持，从奖励与免费等理念入手鼓励游客积极参与旅游减贫发展。

（二）改善旅游环境，提升游客消费意愿

一是提高消费便捷程度。鼓励各类消费场所便捷支付，提高各类消费场所的移动支付率，依托旅游社区服务中心打造游客身边的消费网点，引导景点景区、演出等场所以及交通、住宿等地点线上购票、二维码验票等快捷服务。

二是推动旅游景区提质扩容。推动景区各项设施升级，保障景区游览安全，支持特色旅游项目创新，优化游览方式与空间，支持游客根据自身所需选择合适的游览方式。

三是丰富旅游产品的供给。鼓励打造各项旅游产品，引导旅游场所增加参与式体验项目，充分挖掘宝贵的旅游资源，积极扩展旅游消费的深度与广度，实现旅游减贫的目标。

（三）升级旅游项目，增加游客消费途径

一是推动产业融合发展。积极引导各类产业与旅游的融合，鼓励发展邮轮旅游、游艇旅游、康养旅游、体育旅游等旅游项目，支持民俗、红色旅游等创新融合发展，扩大旅游产业的有效供给，推动各项产业融合发展。

二是丰富旅游演艺。鼓励旅游演艺事业创新发展，推介具当地风格的优质演出活动，推动打造国家精品旅游演艺产品，进一步扩大文化旅游演艺消费市场规模，为包容性旅游减贫提供内生动力。

三是建设娱乐场所。鼓励建设特色商店、小剧场等娱乐场所，支持文化旅游单位开发旅游纪念品，扩大旅游消费范围，为游客积极参与包容性旅游减贫行为提供丰富途径。

二、促进各界交往，鼓励游客参与发展

（一）消费扶贫协作机制，增加游客参与动力

一是构建消费扶贫政策框架。将旅游消费扶贫纳入当地的政策框架，依

托当地特色旅游资源禀赋，调整优化旅游产业结构，积极吸引社会各界力量参与旅游消费扶贫。

二是推动国家单位带头参与消费扶贫。鼓励各级国家机关、国有企事业单位、高校、城市医疗、养老机构积极参与旅游消费扶贫，组织开展各界与旅游业进行合作，共同推进包容性旅游减贫工作的完成，营造全社会参与旅游扶贫的氛围。

三是动员企业参与消费扶贫。依托旅游企业的社会性，发挥旅游企业的社会功能，为当地策划相关活动，推广特色旅游资源，增强游客在包容性旅游减贫中的参与度。

（二）旅游服务提质升级，提升游客参与意愿

一是加大基础设施建设力度。改善当地旅游道路、景区景点连接线通行能力，提升交通通达性和游客便利度，加大对旅游基础设施的倾斜力度，扶持建设精品景区，提高游客的参与程度，实现龙头景区带动旅游消费的目标。

二是提升各项人员服务能力。依托高等院校与培训机构，支持服务人员参加相关专业技能培训，通过"请进来""走出去"等方式，帮助培训旅游人才，提供营销、服务、管理等方面的指导，提升服务规范化和标准化水平。

三是加强宣传推介力度。支持旅游地举办旅游相关主题活动，大力发展"互联网+"的运营模式，推介各种旅游精品线路，开展旅游减贫公益宣传，充分发挥游客的主体作用，为旅游减贫事业助力。

（三）保障措施政策兜底，加强游客参与力度

一是加强组织领导。国家各级部门对旅游消费扶贫工作统筹协调，制订实施方案，细化实化相关政策举措，积极推进旅游消费扶贫的深入开展。

二是推进政策激励。积极开展消费扶贫榜样制度，支持推进旅游减贫示范，对参与旅游消费扶贫有突出贡献的企业、社会组织和个人，采取适当方式给予奖励激励。

三是强化督促落实。加强对旅游减贫工作的指导与监督，及时进行跟踪反馈，督促工作进展情况，协调各项工作中的问题与难点，加大工作力度，积极将旅游减贫的各项任务与政策落到实处。

三、推动体系重构，强化游客参与建设

（一）旅游发展理论研究，加强建设宏观把控

一是旅游格局的变化。对于当下突如其来的世界性危机，国家旅游战略

应该会随着局势调整，党和国家全局工作中的旅游发展战略会激发新型旅游发展理论成果的出现，理论成果要服务于国家旅游战略。

二是旅游市场的变化。新冠病毒疫情过后游客活跃度的差异性导致旅游市场格局发生变化，旅游企业的倒闭率、旅游从业人员的转行率都有着不同程度的改变，重整旅游市场格局，恢复旅游市场秩序是旅游发展理论研究的重点。

三是游客的变化。新冠病毒疫情后游客的活动范围、出行意愿、闲暇时间分配都发生了或多或少的变化，支持旅游地区借助国家战略，结合游客的活动状态，推进旅游发展理论的研究。

（二）旅游发展措施研究，推动建设细节落实

一是政府的措施。政府及时传递产业振兴的信号，加快融合市场主体的业务，促进旅游与生活服务、金融、互联网等方面的全面融合，释放旅游发展的潜力，推进游客的参与，实现旅游市场的稳定发展，把旅游产业的潜在增长空间变成现实。

二是旅游企业的措施。加快推进旅游业在产品和服务上的变革性创新，重视改革新形势的旅游方式，如定制游、"网红"分享、社区营销等，积极探索旅游研究与公共卫生、医学康养的合作，进一步提高旅游市场的发展空间。

三是游客的措施。鼓励游客参加试点体验活动，支持游客献言献策，强化游客的交互反馈功能，充分发挥游客的积极作用，健全旅游发展措施落实机制，推动包容性旅游的发展。

（三）旅游发展主体研究，强化游客建设力度

一是从主体性的角度考虑。游客作为包容性旅游减贫的主体，对旅游市场有着高度的参与性，完善"游客＋"的发展模式，保障游客的主体地位，帮助游客提升在旅游社区中的相关能力，实现带动包容性旅游发展的目标。

二是从整体性的角度考虑。通过一定的政策支持，加强游客与其他主体的互动与联系，提高游客的融合程度，促进主体之间形成利益共同体，发挥整体效应的优势，共同实现包容性旅游减贫的目标。

三是从社会性的角度考虑。强化游客的社会责任感，完善游客的社会关系，发挥游客的社会性功能，推动其参与建设高质量的旅游社区。

四、加强诚信建设，激励优化旅游氛围

（一）旅游信用体系建设，推动健全诚信机制

一是政府着力健全信用公示机制。各级旅游主管部门完善旅游信用公示

机制，落实行政许可、信用奖惩、信息公开透明等制度，引导旅游环境保持良好氛围，形成包容性旅游减贫的良好新风尚。

二是旅游企业健全信用记录机制。引入绿色健康发展的理念，及时完善旅游绿色经营企业信用等级评估制度，坚持完善从业人员信用信息及信用档案，打造信用机制健全的旅游企业。

三是游客参与健全信用守约机制。根据健康旅游市场的要求，引导游客积极参与信用守约记录的完善，通过互联网等多种渠道推动游客维持个人守约记录。

（二）旅游诚信宣传教育，加强提升思想觉悟

一是政府着力推进诚信宣传教育。大力倡导社会主义核心价值观和中华民族传统的城市守信文化，统筹安排旅游诚信宣传活动，发挥报纸、互联网等媒体的宣传引领作用，形成诚实守信的旅游风气。

二是旅游企业举办行业诚信活动。支持旅游行业树立行业道德标杆，借助"3·15"国际消费者权益保护日、"6·14"信用记录关爱日等公益宣传日进行行业诚信宣传，鼓励举办旅游行业文明诚信创新活动，营造诚实守信的行业氛围。

三是游客积极参与诚信宣传教育。依托旅游行业文明诚信风尚，促进游客积极参与诚信宣传教育，建立良好的旅游环境，提供更加美好的旅游体验，同时为包容性旅游减贫提供更加适宜的环境。

（三）失信联合惩戒机制，促进完善奖惩体系

一是政府加强落实惩戒制度。各级旅游主管部门积极协调社会力量，加强与公安机关等政府部门的工作沟通，确保做好旅游行业失信惩戒工作，优化包容性旅游减贫的内外环境，促进旅游行业系统化与优质化建设。

二是企业推进完善惩戒体系。旅游企业加强与政府的工作沟通，利用信用信息共享平台，严格监督从业人员的信息，完善旅游行业的安全性布局，提升游客的安全感，推动建设和谐稳定、悠然放松的旅游环境。

三是游客自觉遵守惩戒措施。将惩戒措施应用到旅游减贫社区的各个环节，引导游客自觉遵守旅游环节中的惩戒制度，支持更安全、更放松的旅游体验，为游客实现包容性旅游减贫的社会责任提供组织保障。

五、完善管理措施，促进旅游提质建设

（一）完善技术管理，提升旅游效率

一是物联网技术。依托物联网技术打破互联网"在线"的局限，发展

"线上线下旅游"，实现游客与物品、游客与旅游企业、旅游企业与游客物品等形式的实时互动，为游客提供良好的消费环境，强化游客的参与效果。

二是云计算技术。加快云计算技术与旅游的结合，推进"旅游云""旅游云计算"等平台的发展，简化旅游者信息查询、在线预订、支付等程序，控制旅游游览时间，减少旅游生态影响，实现旅游地的有效保护。

三是人工智能技术。为旅游社区提供智能的信息服务平台，有效处理游客的数据与信息，检测游客的安全与日常体验，智能预测游客的需求，让信息化和便捷化的旅游生活成为主流，提升游客的游览效率，促进负责任旅游的发展。

（二）完善方式管理，减缓旅游压力

一是发展夜间旅游。积极探索夜间旅游的各种形式，充分挖掘乡村旅游中夜间旅游资源，开发夜间旅游项目，丰富夜间旅游市场，鼓励游客参与夜间旅游消费，降低游览密度，缓解旅游的空间压力，推动游客承担保护旅游目的地的责任，加强管理保持夜间旅游消费的增长态势，稳步推进包容性旅游减贫的工作。

二是发展假日旅游。把握节假日旅游消费集中的规律，灵活安排错峰旅游，缓解高峰旅游的压力，优化无污染化旅游管理，保证旅游地的长效发展。

三是发展公益旅游。依托政府建立的公益平台，通过旅游部门的规划，积极开展旅游消费帮扶，主张游客承担旅游社区建设的责任，满足游客的社会责任感，提升游客参与公益旅游的热度，刺激游客的长效性消费，推动实现责任性游客大规模增长的目标。

（三）完善品牌管理，提升旅游感知

一是特色旅游路线。充分挖掘当地的地理特征、季节性产品等特色，依托探险性的主题，制定到高山、峡谷、沙漠、洞穴等人迹罕至区域的探险旅行，以及踏勘、参观、科考等旅游路线，满足游客的旅游需求，缩短游客自身体验与旅游期望之间的距离，加快推进旅游社区的建设。

二是特色旅游产品。为乡村旅游制定区域性旅游产品标识，采取"共享共用共推"等方式，打造区域性特色旅游产品品牌，增加民族手工艺品等旅游品牌展示和推介机会，推介旅游产品品牌，提高乡村旅游特色农产品的辨识度，提升当地旅游产品的竞争力，增进游客与当地居民之间的互信程度，保证旅游社区的可持续发展。

三是特色旅游形式。安排旅游者乐于参与的内容，如自备帐篷、参与餐食准备等活动,改变游客被动性的旅游状态,增强游客的参与感,切实加大包容性旅游中游客的参与度,从而发挥游客自身的责任感。

根据包容性旅游减贫的理论阐释做好政策构思,关键是围绕"四位一体"的中心思路,抓好政策的协同创新、思路创新、支持创新、引导创新和激励创新五个方面。抓政策协同创新,关键是做好"一个服务,三个参与"的协同推进。抓政策思路创新,关键是加强服务型政府建设。抓政策支持创新,关键是帮扶益贫型涉旅企业。抓政策引导创新,关键是营造互助型旅游社区。抓政策激励创新,关键是激发责任型游客参与刺激消费。政策构思关键是要政府统筹引导,"五级"书记重视一手抓,发挥社会主义制度的优越性,把旅游反贫困工作纳入乡村发展建设的可选战略,为持续推进乡村全面振兴贡献力量。

附　录

附录1　包容性旅游减贫政府服务能力的调查问卷

问卷编号：

A					此部分由调研组填写

尊敬的先生/女士：

您好！我们是国家社科基金项目《2020年后包容性旅游减贫战略的路径设计与政策构思研究》的调查员。我们正在进行一项社会调查，目的是摸清楚包容性旅游减贫的政府服务能力基本情况。问卷回答没有对错之分，您只要根据真实情况作答就行。对于您的回答，我们将按照《中华人民共和国统计法》的规定，严格保密，并且只用于统计分析，请您不要有任何顾虑。

请您在选项上打"√"，或在横线上填写相关信息。题目若无特殊说明，均为单选题。衷心感谢您的支持和协助！

A1. 您所在地区是_____省_____市_____县_____乡（镇）_____村。

A2. 本村总人口_____人；总户数_____户；本村劳动力数量_____人，其中农业劳动力_____人；脱贫_____人。

A3. 您对本地区相关扶贫政策的了解程度？（单选）
A. 非常不了解　B. 不太了解　C. 一般了解　D. 比较了解　E. 非常了解

Q1—Q4. 您所在地区政府在旅游行业中统筹规划方面，有怎样的表现？请您用1—7分进行打分（分值越高表示认同程度越高）。

Q1. 当地政府有明确、有效的旅游业发展计划吗？	1	2	3	4	5	6	7
Q2. 当地政府是否有关于优化旅游资源应用的举措？	1	2	3	4	5	6	7
Q3. 当地政府是否有倾向地引导旅游业投资？	1	2	3	4	5	6	7
Q4. 当地政府是否有政策鼓励贫困人口参与到贫困发展中？	1	2	3	4	5	6	7

Q5—Q8. 您所在地区政府在公共服务方面，有怎样的表现？请您用1—7分进行打分（分值越高表示认同程度越高）。

Q5. 当地政府对贫困户参与旅游进行信息化管理了吗？	1	2	3	4	5	6	7
Q6. 当地交通是否便捷？	1	2	3	4	5	6	7
Q7. 政府是否出台了旅游惠民政策？	1	2	3	4	5	6	7
Q8. 政府是否采取了旅游业服务质量规范化发展？	1	2	3	4	5	6	7

Q9—Q11. 您所在地区的政府在市场监管方面，是否有相应的措施呢？请您用1—7分进行打分（分值越高表示认同程度越高）。

Q9. 当地政府各相关部门执法配合情况好不好？	1	2	3	4	5	6	7
Q10. 当地政府是否能有效监控旅游服务价格？	1	2	3	4	5	6	7
Q11. 当地政府是否建立了完善的诚信体系？	1	2	3	4	5	6	7

Q12—Q14. 您所在地区政府在社会服务方面，是否重视开展相关工作？请您用1—7分进行打分（分值越高表示认同程度越高）。

Q12. 政府是否采取措施鼓励游客融入当地文化？	1	2	3	4	5	6	7
Q13. 政府是否开展了居民互帮互助的教育培训？	1	2	3	4	5	6	7
Q14. 政府是否向当地居民宣传安全保卫意识？	1	2	3	4	5	6	7

Q15—Q17. 您所在地区政府在环境保护方面，是否有相应的制度支持，执行效果如何？请您用1—7分进行打分（分值越高表示认同程度越高）。

Q15. 当地环保制度执行得好不好？	1	2	3	4	5	6	7
Q16. 当地政府是否着手完善废弃物处理的基础设施？	1	2	3	4	5	6	7
Q17. 当地政府是否对游客破坏环境的行为进行了有效监管？	1	2	3	4	5	6	7

Q18. 请问您对政府服务当地减贫工作的总体评分为（百分制）_____分。

问卷到此结束，非常感谢您！

附录 2　包容性旅游减贫企业参与能力的调查问卷

问卷编号：

B					此部分由调研组填写

尊敬的先生/女士：

您好！我们是国家社科基金项目《2020年后包容性旅游减贫战略的路径设计与政策构思研究》的调查员。我们正在进行一项社会调查，目的是摸清楚包容性旅游减贫的企业参与能力基本情况。问卷回答没有对错之分，您只要根据真实情况作答就行。对于您的回答，我们将按照《中华人民共和国统计法》的规定，严格保密，并且只用于统计分析，请您不要有任何顾虑。

请您在选项上打"√"，或在横线上填写相关信息。题目若无特殊说明，均为单选题。衷心感谢您的支持和协助！

A1. 您所在地区是 _____ 省 _____ 市 _____ 县 _____ 乡（镇）_____ 村。

A2. 请问您的性别？（单选）A. 男　B. 女

A3. 请问您的年龄？（单选）A. 18—30岁　B. 31—40岁　C. 41—55岁　D. 56岁及以上

A4. 请问您的学历？（单选）
A. 初中及以下学历　B. 高中学历　C. 大学学历　D. 研究生及以上学历

A5. 请问您所在企业的类型为？（单选）
A. 国有企业　B. 集体所有制企业　C. 私营企业　D. 股份制企业　E. 其他_____

A6. 请问您所在企业的工资性收入大约为？（单选）
A. ≤3 000元　B. 3 001—5 000元　C. 5 001—7 000元　D. 7 001—10 000元　E. ≥10 001元

A7. 您所在企业工作的岗位类别为？（单选）
A. 基层员工　B. 中层干部　C. 高层领导　D. 其他_____

A8. 您所在企业已经成立多少年？（单选）

A. ≤1年　　　B. 2—5年　　　C. 6—10年　　　D. ≥11年

A9. 您所在企业在旅游市场中主要盈利业务来自于？

A. 餐饮业　　B. 接待业　　C. 交通业　　D. 观光业　　E. 零售业

F. 娱乐业　　G. 会展业　　H. 其他_____

Q1—Q3. 您所在企业在旅游市场中可持续盈利方面，有怎样的表现？请您用1—7分进行打分（分值越高表示认同程度越高）。

Q1. 您所在企业目前的盈利情况如何？	1	2	3	4	5	6	7
Q2. 您觉得企业有能力承担债务风险吗？	1	2	3	4	5	6	7
Q3. 您认为企业在日常盈利业务中现金流充足吗？	1	2	3	4	5	6	7

Q4—Q8. 您所在企业包容性文化建设方面，有怎样的表现？请您用1—7分进行打分（分值越高表示认同程度越高）。

Q4. 您认为老板是一个胸襟宽广的人吗？	1	2	3	4	5	6	7
Q5. 您觉得领导尊重员工、重视员工个人发展吗？	1	2	3	4	5	6	7
Q6. 您认为岗位分工合理、令人工作愉快吗？	1	2	3	4	5	6	7
Q7. 您所在企业减少内部矛盾的方法有效吗？	1	2	3	4	5	6	7
Q8. 您认为企业目前内外沟通的渠道畅通吗？	1	2	3	4	5	6	7

Q9—Q12. 您所在企业在对当地贫困户工作方面，是否有相应的措施呢？请您用1—7分进行打分（分值越高表示认同程度越高）。

Q9. 经过简单培训，多数人可以胜任您公司的工作吗？	1	2	3	4	5	6	7
Q10. 您所在企业会优先考虑贫困户就业吗？	1	2	3	4	5	6	7
Q11. 您所在企业有针对贫困户开展岗位技能培训吗？	1	2	3	4	5	6	7
Q12. 您所在企业对待贫困户员工能一视同仁吗？	1	2	3	4	5	6	7

Q13—Q16. 您所在企业在社区社会责任方面，是否重视开展相关工作？请您用1—7分进行打分（分值越高表示认同程度越高）。

Q13. 您觉得企业在旅游市场中诚信经营的情况怎么样？	1	2	3	4	5	6	7
Q14. 您认为企业在生产经营中是否有危害环境的行为？	1	2	3	4	5	6	7
Q15. 您所在企业是否为当地困难群众提供过帮助？	1	2	3	4	5	6	7
Q16. 您所在企业在经营活动中是否有恶意的市场竞争行为？	1	2	3	4	5	6	7

Q17—Q19. 您所在企业在内生动力益贫发展中，是否有相应的制度支持，执行效果如何？请您用 1—7 分进行打分（分值越高表示认同程度越高）。

	1	2	3	4	5	6	7
Q17. 您所在企业是否有支持当地减贫工作的制度、规定？	1	2	3	4	5	6	7
Q18. 您所在企业是否有明确的行动方案参与当地减贫？	1	2	3	4	5	6	7
Q19. 您觉得同事们都有减贫意识和社会责任感吗？	1	2	3	4	5	6	7

Q20. 请问您对所在企业参与当地减贫工作的总体评分为（百分制）_____分。

Q21. 您对下表中的描述同意程度如何？（用 1—7 分评价，1 分表示非常不同意，7 分表示非常同意）。

	同意程度						
01 我对减贫政策不了解。	1	2	3	4	5	6	7
02 我能配合政策要求做些减贫工作。	1	2	3	4	5	6	7
03 我们公司很重视减贫工作。	1	2	3	4	5	6	7
04 脱贫攻坚主要是政府的责任。	1	2	3	4	5	6	7
05 我一直积极帮助贫困人口脱贫。	1	2	3	4	5	6	7
06 我觉得我能做的脱贫相关工作很有限。	1	2	3	4	5	6	7
07 我认为这里旅游发展潜力大。	1	2	3	4	5	6	7
08 我认为企业应该参与当地减贫工作。	1	2	3	4	5	6	7
09 我认为发展旅游是脱贫的好方法。	1	2	3	4	5	6	7
10 我不是很关注扶贫相关的信息。	1	2	3	4	5	6	7

问卷到此结束，非常感谢您！

附录3 包容性旅游减贫居民参与能力的调查问卷

问卷编号：

C				此部分由调研组填写

尊敬的先生/女士：

您好！我们是国家社科基金项目《2020年后包容性旅游减贫战略的路径设计与政策构思研究》的调查员。我们正在进行一项社会调查，目的是摸清楚包容性旅游减贫的居民参与能力基本情况。问卷回答没有对错之分，您只要根据真实情况作答就行。对于您的回答，我们将按照《中华人民共和国统计法》的规定，严格保密，并且只用于统计分析，请您不要有任何顾虑。

请您在选项上打"√"，或在横线上填写相关信息。题目若无特殊说明，均为单选题。衷心感谢您的支持和协助！

A1. 您所在地区是＿＿＿＿＿省＿＿＿＿＿市＿＿＿＿＿县＿＿＿＿＿乡（镇）＿＿＿＿＿村。

A2. 请问您的性别？（单选）A. 男　B. 女

A3. 请问您的年龄？（单选）A. 18—30岁　B. 31—40岁　C. 41—55岁　D. 56岁及以上

A4. 请问您的学历？（单选）
A. 初中及以下学历　B. 高中学历　C. 专科　D. 大学学历　E. 研究生及以上学历

A5. 请问您是否愿意参与到旅游业的发展当中？（单选）A. 愿意　B. 不愿意

A6. 请问您目前以何种方式参与旅游？（单选）
A. 民宿　B. 饭店　C. 商铺　D. 娱乐设施　E. 交通运输　F. 未参与　G. 其他＿＿＿＿＿

A7. 请问您的职业？（单选）
A. 务农　B. 专业养殖　C. 城里务工　D. 技术工　E. 行政办事员　F. 商业服务人员　G. 无固定职业　H. 在读学生　I. 其他＿＿＿＿＿

A8. 请问您目前的收入大约为？（单选）

A. ≤3 000 元　B. 3 001—5 000 元　C. 5 001—7 000 元　D. 7 001—10 000 元　E. ≥10 001 元

Q1—Q3. 您愿意参与旅游发展的目的是什么？请您用 1—7 分进行打分（分值越高表示认同程度越高）。

Q1. 您想通过参与旅游发展赚钱、学会新技术吗？	1	2	3	4	5	6	7
Q2. 您想通过参与旅游发展减轻当地贫困吗？	1	2	3	4	5	6	7
Q3. 您了解旅游发展中关于社区建设的相关政策吗？	1	2	3	4	5	6	7

Q4—Q6. 您所参与的旅游发展具备哪些机会？请您用 1—7 分进行打分（分值越高表示认同程度越高）。

Q4. 当地居民在参与旅游发展中有参与决策的机会吗？	1	2	3	4	5	6	7
Q5. 当地居民有参加过政府或企业旅游方面的就业培训吗？	1	2	3	4	5	6	7
Q6. 当地居民在参与旅游发展中就业机会公平吗？	1	2	3	4	5	6	7

Q7—Q9. 您认为您具备哪些参与旅游发展的条件？请您用 1—7 分进行打分（分值越高表示认同程度越高）。

Q7. 您了解旅游从业相关知识、具备基本从业能力吗？	1	2	3	4	5	6	7
Q8. 您有从事旅游业工作的资金或其他物质条件吗？	1	2	3	4	5	6	7
Q9. 您的亲友能在旅游相关工作方面帮助您吗？	1	2	3	4	5	6	7

Q10—Q12. 您参与旅游发展的方式是什么？请您用 1—7 分进行打分（分值越高表示认同程度越高）。

Q10. 您有为景区或者旅游相关企业工作吗？	1	2	3	4	5	6	7
Q11. 您在旅游方面有创业吗？	1	2	3	4	5	6	7
Q12. 您有参加过与扶贫相关的公益活动吗？	1	2	3	4	5	6	7

Q13. 请问您对自己参与当地减贫工作的总体评分为（百分制）_____ 分。

Q14. 您对下表中的描述同意程度如何？（用 1—7 分评价，1 分表示非常不同意，7分表示非常同意）。

	同意程度						
01 我认为发展旅游能有更多就业机会。	1	2	3	4	5	6	7
02 我对旅游业的发展不太关心。	1	2	3	4	5	6	7
03 我认为旅游业会破坏环境。	1	2	3	4	5	6	7
04 我对当地扶贫政策不太了解。	1	2	3	4	5	6	7
05 我非常支持本地发展旅游业。	1	2	3	4	5	6	7
06 旅游使越来越多年轻人回乡。	1	2	3	4	5	6	7
07 我认为减贫工作主要是政府的责任。	1	2	3	4	5	6	7
08 我可以配合政府参与一些扶贫工作。	1	2	3	4	5	6	7
09 我喜欢看游人来来往往。	1	2	3	4	5	6	7
10 旅游带来了更多的生活垃圾。	1	2	3	4	5	6	7

问卷到此结束，非常感谢您！

附录4　包容性旅游减贫游客参与能力的调查问卷

问卷编号：

D					此部分由调研组填写

尊敬的先生/女士：

您好！我们是国家社科基金项目《2020年后包容性旅游减贫战略的路径设计与政策构思研究》的调查员。我们正在进行一项社会调查，目的是摸清楚包容性旅游减贫的游客参与能力基本情况。问卷回答没有对错之分，您只要根据真实情况作答就行。对于您的回答，我们将按照《中华人民共和国统计法》的规定，严格保密，并且只用于统计分析，请您不要有任何顾虑。

请您在选项上打"√"，或在横线上填写相关信息。题目若无特殊说明，均为单选题。衷心感谢您的支持和协助！

A1. 您所在地区是_____省_____市_____县_____乡（镇）_____村。

A2. 请问您的性别？（单选）　A. 男　B. 女

A3. 请问您的年龄？（单选）　A. 18—30岁　B. 31—40岁　C. 41—55岁　D. 56岁及以上

A4. 请问您的学历？（单选）

A. 初中及以下学历　B. 高中学历　C. 大学学历　D. 研究生及以上学历

A5. 请问您的家庭月收入大约为？（单选）

A. ≤3 000元　B. 3 001—5 000元　C. 5 001—7 000元　D. 7 001—10 000元　E. ≥10 001元

A6. 请问您的职业？（单选）

A. 务农　B. 专业养殖　C. 城里务工　D. 技术工　E. 行政办事员　F. 商业服务人员　G. 无固定职业　H. 在读学生　I. 其他_____

Q1—Q8. 您在该景区有怎样的感受体验？请您用1—7分进行打分（分值越高表示认同程度越高）。

Q1. 您认为该景区整体建设情况如何？	1	2	3	4	5	6	7
Q2. 您对该景区的服务水平满意吗？	1	2	3	4	5	6	7
Q3. 您对该景区的餐饮服务质量满意吗？	1	2	3	4	5	6	7
Q4. 您对该景区的住宿条件满意吗？	1	2	3	4	5	6	7
Q5. 您认为该景区的交通方便吗？	1	2	3	4	5	6	7
Q6. 您在该景区的观光体验符合您的预期吗？	1	2	3	4	5	6	7
Q7. 您认为在该景区进行的消费价格合理吗？	1	2	3	4	5	6	7
Q8. 您对该景区的娱乐活动满意吗？	1	2	3	4	5	6	7

Q9—Q11. 您在该景区的消费情况如何？请您用1—7分进行打分（分值越高表示认同程度越高）。

Q9. 您在该景区的消费支出是？

A. <1 000元 B. 1 000—3 000元 C. 3 001—5 000元 D. 5 001—7 000元 E. >7 000元

Q10. 您愿意在景区内消费吗？	1	2	3	4	5	6	7
Q11. 您愿意在景区每天平均消费500元以上吗？	1	2	3	4	5	6	7

Q12—Q14. 您对该景区建设的参与情况如何？请您用1—7分进行打分（分值越高表示认同程度越高）。

Q12. 您愿意对该景区进行评价、提出建议吗？	1	2	3	4	5	6	7
Q13. 您愿意参与景区的公益活动吗？	1	2	3	4	5	6	7
Q14. 您愿意参与景区的扶贫活动吗？	1	2	3	4	5	6	7

Q15—Q18. 您在该景区的旅游行为如何？请您用1—7分进行打分（分值越高表示认同程度越高）。

Q15. 您认为游客的旅游行为使当地社会环境更和谐了？	1	2	3	4	5	6	7
Q16. 您会有意识地保护该景区的生态环境吗？	1	2	3	4	5	6	7
Q17. 您愿意了解当地特色民族文化吗？	1	2	3	4	5	6	7
Q18. 您愿意遵守当地的制度规范吗？	1	2	3	4	5	6	7

Q19. 请问您对游客参与当地减贫工作的总体评分为（百分制）_____分。

Q20. 您对下表中的描述同意程度如何？（用1—7分评价，1分表示非常不同意，7分表示非常同意）。

	同意程度						
01 我认为需要继续改进基础设施以满足游客的需求。	1	2	3	4	5	6	7
02 我可以接受政府的旅游扶贫号召。	1	2	3	4	5	6	7
03 我不太关注旅游景区的发展情况。	1	2	3	4	5	6	7
04 我非常希望在旅游期间了解到更多的当地民族文化和民俗风情。	1	2	3	4	5	6	7
05 我认为自己玩得开心就好。	1	2	3	4	5	6	7
06 旅游给当地带来的变化跟我关系不大。	1	2	3	4	5	6	7
07 我希望在景区内能了解和享受到更多的向导服务。	1	2	3	4	5	6	7
08 旅游重要的是过程，形式不重要。	1	2	3	4	5	6	7
09 我愿意参与公益活动帮助当地居民。	1	2	3	4	5	6	7
10 我一直非常关注旅游景区的人文环境和社会环境。	1	2	3	4	5	6	7

问卷到此结束，非常感谢您！

参考文献

[1] 彭建交. 基于VAR模型的旅游业发展、劳动力转移与贫困减缓关系研究 [J]. 生态经济, 2020, 36 (04): 139-144.

[2] 洪占东, 殷滋言. 精准扶贫视角下的安徽省乡村旅游开发模式与规划布局研究 [J]. 长春师范大学学报, 2020, 39 (04): 117-122.

[3] 詹万龙, 付宇. 乡村旅游支持精准扶贫的发展研究——以重庆市万州区为例 [J]. 农家参谋, 2020 (08): 7.

[4] 文斌, 信奥争, 岳浩洁. 河南省确山县乡村旅游精准扶贫工作探究 [J]. 天中学刊, 2020, 35 (02): 50-54.

[5] 徐晓婧, 肖洪磊, 邓小海, 王元元. 云南民族地区旅游精准扶贫中的主要问题及对策研究 [J]. 云南农业大学学报（社会科学）, 2020, 14 (02): 104-108.

[6] 胡明, 任海军. 西北民族地区生态产业发展与减贫效应研究 [J]. 中外企业家, 2020 (11): 114-115.

[7] 陈政, 曹巍, 赵少平, 赵晓军, 邓蔺珂. 基于AHP——熵权法的湖南省衡阳市乡村旅游精准扶贫效果评价研究 [J]. 经济师, 2020 (04): 215-216.

[8] 曾文悦, 冯温喻. 富川旅游扶贫攻坚面临的问题与对策 [J]. 合作经济与科技, 2020 (07): 160-163.

[9] 官长春, 罗金华, 李想. 森林旅游精准扶贫组织化与利益联结机制优化探讨——以河北省围场县为例 [J]. 长春大学学报, 2020, 30 (03): 20-25.

[10] 谢爱良, 刘佳. 中国红色旅游研究特征与趋势研究——基于科学知识图谱视角 [J]. 资源开发与市场, 2020, 36 (05): 537-543.

[11] 高川淋, 高川云. "精准扶贫"背景下三农题材纪实短视频的创作

价值 [J]. 西部广播电视, 2020 (06): 108 - 109 + 112.

[12] 李佳, 田里. 旅游精准扶贫对民族村落农户生计影响的比较——基于云贵民族村落的调查数据 [J]. 贵州民族研究, 2020, 41 (03): 87 - 93.

[13] 熊涛, 杨莎, 郭昌钰, 陈雪, 刘君妍, 秦趣. 乡村旅游与精准扶贫协调发展的 SWOT 分析——以贵州省六盘水市娘娘山为例 [J]. 农村经济与科技, 2020, 31 (05): 90 - 92 + 118.

[14] 夏明海, 曹烨程, 周少臣. 精准扶贫视域下贫困农村地区体育资源开发的机制与发展路径 [J]. 沈阳体育学院学报, 2020, 39 (02): 8 - 15.

[15] 王瑜, 胡尹慧. 乡村旅游资源与精准扶贫对接的机制及实现路径研究 [J]. 云南行政学院学报, 2020, 22 (02): 12 - 16.

[16] 郑寒旭, 刘奇东. 精准扶贫背景下红色旅游商业模式创新研究——以花垣县十八洞村为例 [J]. 经营与管理, 2020 (03): 18 - 20.

[17] 李策. 怀化旅游精准扶贫面临的问题与优化路径 [J]. 怀化学院学报, 2020, 39 (01): 68 - 71.

[18] 王新敏, 苏建军, 宋咏梅. 山西太行特困区生态旅游精准扶贫的现状与对策研究 [J]. 忻州师范学院学报, 2020, 36 (01): 49 - 54.

[19] 孙爱真. 滇西农村反贫困道路中发挥生态优势研究 [J]. 文山学院学报, 2020, 33 (01): 32 - 35.

[20] 李秋娴, 刘紫薇, 米利红, 曹亚凡, 丁乐奇. 基于茶品牌推广的精准扶贫新模式探索——以金寨县大湾村为例 [J]. 品牌研究, 2020 (04): 27 - 28.

[21] 王凯, 朱芳书, 甘畅. 武陵山片区旅游发展水平与多维贫困的耦合关系研究 [J]. 重庆社会科学, 2020 (02): 66 - 78.

[22] 王万涛, 周雪梅. 精准扶贫影响因素的探讨——以贵州省为例 [J]. 国土与自然资源研究, 2020 (01): 33 - 37.

[23] 代海军. 精准扶贫视角的民族地区发展旅游业相关探究 [J]. 现代交际, 2020 (03): 75 - 76.

[24] 刘慧乾, 于立新, 王会战. 社区参与视角下乡村旅游精准扶贫机制研究——以西安水泉子村为例 [J]. 北方经贸, 2020 (02): 156 - 157.

[25] 郭萌, 王怡. 深度贫困地区产业发展与精准扶贫的耦合协调分析——以陕南秦巴山区为例 [J]. 湖北农业科学, 2020, 59 (03): 197 - 200.

[26] 吴政翰. 全域旅游背景下郑州市旅游精准扶贫模式构建研究 [J].

农家参谋, 2020 (03): 52+60.

[27] 邱守明, 唐雪琼. 生态旅游发展对少数民族地区农户精准扶贫效应研究 [J]. 生态经济, 2020, 36 (02): 127-130+137.

[28] 宋福英. 乡村振兴视域下农产品营销创业方案——以"陇南食用菌"为例 [J]. 现代农业, 2020 (02): 13-16.

[29] 苏琨. 旅游专业助力精准扶贫的探索与实践 [J]. 农村经济与科技, 2020, 31 (02): 60-61.

[30] 张淑华. 精准扶贫背景下"互联网+"乡村旅游的发展研究——以吉林市马虎头村为例 [J]. 福建茶叶, 2020, 42 (01): 93.

[31] 潘昕, 张娇娇, 刘怡然, 李学婷. 精准扶贫背景下农户参与乡村旅游项目路径研究——基于可持续生计框架 [J]. 湖北农业科学, 2020, 59 (02): 194-200.

[32] 李倩. 精准扶贫背景下深度贫困村旅游精准扶贫的有效路径 [J]. 江西农业, 2020 (02): 136.

[33] 陈超凡, 王赟. 连片特困区旅游扶贫效率评价及影响因素——来自罗霄山片区的经验证据 [J]. 经济地理, 2020, 40 (01): 226-233.

[34] 李静. 亲贫困增长视角下我国乡村旅游经济的发展 [J]. 农业经济, 2020 (01): 62-63.

[35] 马慧强, 谢东伶. 集中连片特困区旅游扶贫的产业融合发展模式研究——以山西兴县蔡家崖村为例 [J]. 河北大学学报 (哲学社会科学版), 2020, 45 (01): 130-137.

[36] 王颖凌, 刘亢. 海南省乡村旅游精准扶贫实现路径研究 [J]. 经济研究导刊, 2020 (02): 105-107.

[37] 张颖, 陈祖展, 孙红凯, 冯凯. 精准扶贫政策下湖南申家村空置住房整合利用影响因素调查与分析 [J]. 南华大学学报 (社会科学版), 2019, 20 (06): 109-114.

[38] 吕蓉. 发展体育特色小镇, 助力乡村精准扶贫加速江西体育产业振兴——福建屏南调研培训引发的思考 [J]. 农业开发与装备, 2019 (12): 72-73.

[39] 陈强. 乡村振兴战略背景下红色旅游扶贫研究——以四川省泸州市为例 [J]. 安顺学院学报, 2019, 21 (06): 20-24.

[40] 陈建梅, 余丽琼. 四川省巴中市万寿村旅游扶贫发展现状及对策研

究［J］．经济研究导刊，2019（35）：25-26．

［41］刘小凤，陈国生，范文锋，彭文武．湖南省汝城县乡村旅游精准扶贫开发研究［J］．经济师，2019（12）：137-139+141．

［42］骆桂花，切羊卓玛，陈卫东．藏区文化产业的减贫效能研究——以热贡艺术相关产业为例［J］．西北民族研究，2019（04）：80-89．

［43］胡宪洋，花菲菲．西安典型旅游村落的景观特质——以上王村和家佛堂村为例的网络结构分析［J］．干旱区资源与环境，2020，34（02）：202-208．

［44］唐承财，万紫微，孙孟瑶，卓玛措，马金刚，李子娇．深度贫困村旅游精准扶贫模式构建［J］．干旱区资源与环境，2020，34（01）：202-208．

［45］何星，曹兴华．精准扶贫视阈下四省藏区生态旅游业综合评价研究［J］．克拉玛依学刊，2019，9（06）：48-55+2．

［46］梁海兰．乡村旅游精准扶贫实现路径研究——以重庆市石柱县绿桃村为例［J］．农业经济，2019（11）：75-77．

［47］杨宏伟．乡村旅游精准扶贫的瓶颈制约与破解研究［J］．农业经济，2019（11）：80-81．

［48］闫鸿鹏．开放经济条件下城镇化与减贫关系研究［J］．东北财经大学学报，2019（06）：56-64．

［49］华萍．金融支持乡村旅游精准扶贫研究——以河南省为例［J］．金融理论与实践，2019（11）：113-118．

［50］李静宇．我国乡村旅游与精准扶贫一体化发展模式研究——评《乡村旅游扶贫理论与实践》［J］．中国果树，2019（06）：27．

［51］李元昊，谢洪忠．县域旅游精准扶贫中贫困人口经济收益影响因子诊断研究——以云南省马关县为例［J］．旅游研究，2019，11（06）：16-27．

［52］张琼．河南省乡村旅游与精准扶贫耦合性分析［J］．中国农业资源与区划，2019，40（11）：250-256．

［53］胡庸，陈建设．借助精准扶贫生态力量深度发展湘西州生态旅游［J］．内蒙古财经大学学报，2019，17（06）：96-100．

［54］黄江玉，曹富国．我国PPP模式的减贫效应研究：基于可持续生计理论［J］．财政研究，2019（11）：102-114．

［55］康家佳，张静．金寨：红色热土焕发新活力［J］．党建，2019

(11): 37-38.

[56] 罗文斌, 唐叶枝, 张辛欣. 乡村旅游精准扶贫农户参与行为的影响因素分析——基于嵌入性社会结构理论 [J]. 湖南农业大学学报（社会科学版）, 2019, 20 (05): 24-30+37.

[57] 巫昊燕. 基于精准扶贫的重庆市乡村旅游发展模式及空间分布格局研究 [J]. 中国农业资源与区划, 2019, 40 (10): 244-249.

[58] 张俊英. 青海乡村旅游精准扶贫的实现路径 [J]. 青海社会科学, 2019 (05): 158-162.

[59] 陈瑾. 乡村旅游精准扶贫创新路径: 江西实证研究 [J]. 企业经济, 2019, 38 (10): 74-81.

[60] 何琼峰, 宁志中. 旅游精准扶贫助推贫困地区乡村振兴的思考 [J]. 农业现代化研究, 2019, 40 (05): 721-727.

[61] Ali I, Son H H. Measuring Inclusive Growth [J]. Ssrn Electronic Journal, 2007, 24: 11-20.

[62] Ali I. Inequality and the Imperative for Inclusive Growth in Asia [J]. Comparative Economic & Social Systems, 2016, 24 (2): 23-33.

[63] George G, Mcgahan A M, Prabhu J. Innovation for Inclusive Growth: Towards a Theoretical Framework and a Research Agenda [J]. Journal of Management Studies, 2012, 49 (4): 661-683.

[64] Bank T W. India - Inclusive growth and service delivery: building on India's success - development policy review [J]. 2006: 1-242.

[65] Ali I, Son H H. Defining and measuring inclusive growth: Application to the Philippines [J]. South East Asia Research, 2007, 19 (2): 273-291.

[66] Ganesh Rauniyar, Ravi Kanbur. Inclusive growth and inclusive development: a review and synthesis of Asian Development Bank literature [J]. Journal of the Asia Pacific Economy, 2010, 15 (4): 455-469.

[67] Grguric I. Europe 2020 - European strategy for smart, sustainable and inclusive growth [J]. Revija Za Socijalnu Politiku, 2011, 18 (1): 119-124.

[68] Hall J, Matos S, Sheehan L, et al. Entrepreneurship and Innovation at the Base of the Pyramid: A Recipe for Inclusive Growth or Social Exclusion? [J]. Journal of Management Studies, 2012, 49 (4): 785-812.

[69] Carayannis E G, Rakhmatullin R. The Quadruple/Quintuple Innovation

Helixes and Smart Specialisation Strategies for Sustainable and Inclusive Growth in Europe and Beyond [J]. Journal of the Knowledge Economy, 2014, 5 (2): 212 - 239.

[70] Dev S M, Mahendra D S. Inclusive growth in India: agriculture, poverty and human development. [J]. Oup Catalogue, 2008, 4 (2): 314 - 317.

[71] Balakrishnan R, Steinberg C, Syed M. The Elusive Quest for Inclusive Growth: Growth, Poverty, and Inequality in Asia [J]. Social Science Electronic Publishing, 2013, 13 (185): 691 - 696.

[72] Bhalla S. Inclusive Growth? Focus on Employment [J]. Social Scientist, 2007, 35 (7/8): 24 - 43.

[73] Rao C H H. Inclusive Growth: Recent Experience and Challenges Ahead [J]. Economic & Political Weekly, 2009, 44 (13): 16 - 21.

[74] Tilak J B G. Inclusive Growth and Education: On the Approach to the Eleventh Plan [J]. Economic & Political Weekly, 2007, 42 (38): 3872 - 3877.

[75] Tsokhas K. Poverty, Inequality, and Inclusive Growth in Asia: Measurement, Policy Issues, and Country Studies [J]. Journal of Contemporary Asia, 2013, 43 (1): 201 - 205.

[76] Kumar S, Maredia M K, Chauhan S. Research Priorities for Faster, Sustainable and Inclusive Growth in Indian Agriculture [J]. Indian Journal of Agricultural Economics, 2013, 68 (3): 373 - 388.

[77] Anyanwu J. Determining the correlates of poverty for inclusive growth in Africa [J]. European Economics Letters, 2014, 3 (1): 12 - 17.

[78] Ranieri R, Almeida Ramos R. Inclusive growth: Building up a concept [C] //International Policy Centre for Inclusive Growth, 2013: 155 - 191.

[79] Anyanwu J C. Working Paper 181 - Determining the Correlates of Poverty for Inclusive Growth in Africa [J]. Working Paper, 2013: 12 - 17.

[80] Roy A. Slum - free cities of the Asian century: Postcolonial government and the project of inclusive growth [J]. Singapore Journal of Tropical Geography, 2014, 35 (1): 136 - 150.

[81] Lederman D. International trade and inclusive growth: a primer [J]. Indian Growth and Development Review, 2013, 6 (1): 88 - 112.

[82] Berdegué J A, Carriazo F, Jara B, et al. Cities, Territories, and

Inclusive Growth: Unraveling Urban – Rural Linkages in Chile, Colombia, and Mexico [J]. World Development, 2015, 38: 56 – 71.

[83] Leschke J, Theodoropoulou S, Watt A. How do economic governance reforms and austerity measures affect inclusive growth as formulated in the Europe 2020 Strategy? [M] //A Triumph of Failed Ideas: European Models of Capitalism in the Crisis. 2012: 99 – 112.

[84] Akoojee S. Skills for inclusive growth in South Africa: Promising tides amidst perilous waters [J]. International Journal of Educational Development, 2012, 32 (5): 674.

[85] David A C, Petri M. Inclusive Growth and the Incidence of Fiscal Policy in Mauritius—Much Progress, But More Could Be Done [J]. Imf Working Papers, 2013, 13 (116): 1.

[86] Kahle H N, Dubiel A, Ernst H, et al. The democratizing effects of frugal innovation: Implications for inclusive growth and state – building [J]. Journal of Indian Business Research, 2013, 5 (4): 220 – 234.

[87] Bank A D. Higher Education in Dynamics Asia No. 3: Counting the Cost: Financing Asian Higher Education for Inclusive Growth [J]. Adb Reports, 2012 (3): 274.

[88] Anand R, Mishra S, Peiris S J. Inclusive Growth: Measurement and Determinants [J]. Imf Working Papers, 2013, 13 (135): 27 – 28.

[89] Fasih F. Inclusive growth in India through Islamic banking [J]. Procedia – Social and Behavioral Sciences, 2012, 37 (37): 97 – 110.

[90] Estrada G B, Lee S H, Park D. Fiscal Policy for Inclusive Growth: An Overview [J]. Occup Outlook Q, 2014: 114.

[91] Manafi I, Marinescu D E. The Influence of Investment in Education on Inclusive Growth – Empirical Evidence from Romania vs. EU [J]. Procedia – Social and Behavioral Sciences, 2013, 93 (1): 689 – 694.

[92] Briones R M. Small Farmers in High – Value Chains: Binding or Relaxing Constraints to Inclusive Growth? [J]. World Development, 2014, 72: 43 – 52.

[93] Heshmati A, Kim J. A Survey of the Role of Fiscal Policy in Addressing Income Inequality, Poverty Reduction and Inclusive Growth [J]. Social Science Electronic Publishing, 2014, 133 (1 – 4): 65 – 68.

[94] Swain S. Inclusive Growth in Australia: Social Policy as Economic Investment [J]. Australian Journal of Politics & History, 2013, 59 (3): 486 – 487.

[95] Kumah F Y, Sandy M. In Search of Inclusive Growth: The Role of Economic Institutions and Policy [J]. Modern Economy, 2013, 4 (11): 758 – 775.

[96] Boarini R, Murtin F, Schreyer P. Inclusive Growth: The OECD Measurement Framework [J]. Oecd Statistics Working Papers, 2015, 43 (1): 1 – 11.

[97] Taneja P K. Economic Development and Inclusive Growth: China and India [M] //Inclusive Growth in Australia. 2013: 3 – 18.

[98] Venkataraman L N. Growth, Inequality and Social Development in India: Is Inclusive Growth Possible? [J]. The European Journal of Development Research, 2013, 25 (2): 329 – 330.

[99] Levine R. Finance, Regulation and Inclusive Growth [J]. Sourceoecd Social Issues/migration/health, 2012, volume 2011 (23): 13 – 19 (7).

[100] Macdonald A W. Inclusive Growth, Development and Welfare Policy: A Critical Assessment, Edited by Reza Hasmath [J]. The Journal of Development Studies, 2016 (3): 1 – 2.

[101] Chakrabarti S. Interrogating inclusive growth: formal – informal duality, complementarity, conflict. [J]. Cambridge Journal of Economics, 2013, 37 (6): págs. 1349 – 1380.

[102] Kaplinsky R. What Contribution Can China Make to Inclusive Growth in Sub – Saharan Africa? [J]. Development and Change, 2013, 44 (6): 1295 – 1316.

[103] Lee I H, Syed M H, Wang A X. Two Sides of the Same Coin? Rebalancing and Inclusive Growth in China [C] //International Monetary Fund, 2013: 691 – 696.

[104] Lee I, Syed M, Wang X. Two Sides of the Same Coin? Rebalancing and Inclusive Growth in China [J]. Social Science Electronic Publishing, 2013, 13 (185): 1.

[105] Naqvi S N H. The Idea of Inclusive Growth and Development Policy [J]. Pssp Working Papers, 2012: 1 – 21.